Hotelführer
für
Zwei- und Vierbeiner

Tierfreundliche Hotels und Ferienunterkünfte

GESAMTAUSGABE

Deutschland, Österreich,

Schweiz, Frankreich,

Italien (Südtirol und Toskana),

Spanien

Keck Verlag

Tiere willkommen

www.tierfreundliche-hotels.de

Impressum

Hotelführer für Zwei- und Vierbeiner
Gesamtausgabe D / A / CH / F / I / E

Autorin/Redaktion: Maria Keck
Keck Verlag
Wallstadter Strasse 4 A
D-63811 Stockstadt
Tel. ++49-(0)6027–1681
Fax ++49-(0)6027–3589
Internet: www.tierfreundliche-hotels.de
E-Mail: info@tierfreundliche-hotels.de

Layout/Grafik: Gerlinde Kronawitter
GK Design
Im Kreuzbruch 29
D-64859 Eppertshausen
Tel. ++49-(0)6071–303611
Fax ++49-(0)6071–303612
Internet: www.gk-design.de

Alle Informationen in diesem Hotelführer sind sorgfältig recherchiert und geprüft, erfolgen aber ohne Gewähr. Der Verlag kann für Angaben zu Tatsachen, Adressen, Preisen und allgemeiner Art keine Haftung übernehmen.

5. Auflage

Printed in Germany.

ISBN 3-9805401-8-9

Inhalt

Tipps zum Reisen mit Tieren

Kann ich mit meinem Tier verreisen?

Bei Hunden kann diese Frage meist uneingeschränkt mit Ja beantwortet werden. Bei Katzen ist das schon schwerer, da gibt es reisefreudige und Stubenhocker. Kleintiere und Vögel sollten nur im klimatisierten Auto mitreisen. Hitze und krasse Temperaturveränderungen werden oft schlecht vertragen. Kreislaufbeschwerden oder Durchfall können die Folge sein.

Kümmern Sie sich rechtzeitig vor der Reise um die erforderlichen Impfungen, sprechen Sie sich mit Ihrem Tierarzt ab. Packen Sie neben Leine, Halsband, Maulkorb (falls erforderlich), Wasserflasche, Trink-, Futternapf, Tierspielzeug und "Gassi-Set" auch eine Kopie der Tier-Haftpflichtversicherungspolice und den Impfpass ein.

Wie schon erwähnt, reist es sich für Zwei- wie Vierbeiner am besten in einem klimatisierten Auto. In allen Ländern ist es Pflicht, Tiere gesichert zu transportieren. In manchen Ländern wird Nichtbeachtung mit Bußgeld belegt. Hunde sind am besten hinter einem stabilen Trenngitter im Wagen aufgehoben, Katzen und Kleintiere sollten nur in einer Transportbox mitgenommen werden. Den Wagen nie in der prallen Sonne parken. Bei Pausen die Tiere auf keinen Fall im geschlossenen Auto zurücklassen. Auch ein teilweise geöffnetes Fenster bietet keine ausreichende Luftzirkulation.

Informieren Sie sich nicht nur über die Bestimmungen Ihres Ziellandes, sondern auch über die Vorschriften der Transitländer.
Lesen Sie dazu auch die „Reise-Informationen“ in den entsprechenden Länderteilen im Buch.

Tipps zum Reisen mit Tieren

Buchung und Ankunft am Urlaubsort

Bitte melden Sie Ihr Tier bei der Buchung mit an, da nicht alle Zimmer für Tiere geeignet sind (z.B. Allergikerzimmer).

Wir haben jedes Hotel und jeden Haus-/Wohnungsbesitzer zur Bewegungsfreiheit der Tiere während des Aufenthaltes befragt. Folgende Möglichkeiten hatten wir vorgegeben:

- Tiere dürfen sich frei bewegen, angeleint in Hausbereich/Frühstücksraum/ Restaurant.
- Tiere angeleint im Hausbereich, kein Zutritt zu Frühstücksraum/Restaurant.
- Tiere dürfen sich frei bewegen, außer ... (z. B. Spielplatz)

Die Auswahl, die die einzelnen Anbieter aus diesen drei Möglichkeiten getroffen haben, finden Sie in den Anzeigen. Wenn Sie weitere Fragen haben oder mehr Details wissen möchten, sprechen Sie Ihren Gesprächspartner bei der Buchung darauf an. Dann ist von vornherein klar, welche Rechten und Pflichten Gast und Gastgeber haben.

Bei der Ankunft im Hotel sollte eine kurze Abstimmung speziell zum mitgebrachten Tier erfolgen. Das vermeidet von vornherein Missverständnisse. Die meisten Hotels erwarten, dass Hunde innerhalb des Hauses angeleint sind. Auch Katzen sollten, schon aus Sicherheitsgründen, nicht unbeaufsichtigt auf Erkundungsgang gehen. **In Nassbereichen wie Hallenbad, Schwimmbad, Sauna, Wellnessbereich etc. sowie in Küchenbereichen haben Tiere generell keinen Zutritt.**

Wenn in Frühstücksraum oder Restaurant ein Buffet angeboten wird, dürfen aufgrund gesetzlicher Bestimmungen in Deutschland keine Tiere anwesend sein.

Beim Aufenthalt in einer Ferienwohnung oder einem Ferienhaus sollte ebenfalls eine Vorinformation erfolgen. Wenn sich hier Einschränkungen ergeben, sollte man sich daran halten. Sie helfen, den Aufenthalt für Zwei- wie Vierbeiner problemlos zu gestalten.

Wir wünschen eine gute Reise !

Erklärungen

Hotels/ Pensionen/ Gästehäuser

Ferienwohnungen/ -häuser

Hotels/Pensionen/ Gästehäuser mit Ferienwohnungen

H	**H**und
K	**K**atze
KT	**K**lein**t**iere – Nager, Vögel etc. (im Käfig)
P	**P**ferd

Gliederung des Buches	nach Postleitzahlen
Alphabetisches Ortsverzeichnis	Zahlen verweisen auf die entsprechende Seite im Buch, Buchstaben **(P-H-K-KT)** auf die willkommenen Tiere (siehe oben)
Landkarten	Zahlen hinter den Ortsnamen verweisen auf die entsprechende Seite im Buch
🐾	Hundestrand-Symbol

Objektangaben:

★★★★	Hotels, Pensionen, Gästehäuser (Sterne)
✻✻✻✻	Urlaub am Bauernhof (Blumen)
✹✹✹✹	Privatunterkünfte oder FeWo (Sonnen)
✉	Symbol, falls Postanschrift abweicht
DLG-Gütezeichen	Klassifizierung durch die Deutsche Landwirtschafts-Gesellschaft (Bauern-, Winzer-, Reiter-, Ökohöfe)
DLG-Prüfzeichen	Klassifizierung durch die Deutsche Landwirtschafts-Gesellschaft (Privatpensionen, Gästehäuser, Landhotels)
Klassifizierungen	Angaben erfolgten durch die Anbieter
Hotel/Pension	Frühstück im Zimmerpreis enthalten, soweit nicht anders vermerkt
FeWo/FH	Frühstück nicht im Preis enthalten, soweit nicht anders vermerkt

Erklärungen

Bodenbelag:	Teppichboden oder glatte Böden (Fliesen, Parkett o.ä., alle feucht zu reinigen).
Tiere	Bei Einschränkungen zur Bewegungsfreiheit, Details bitte direkt erfragen (s. a. Reise-Tipps, S. 4)

Abkürzungen:

a.A.	auf Anfrage
App.	Appartement
Behind. Einr.	Behindertengerechte Einrichtungen
CHF	Schweizer Franken (Währung)
DU/WC	Dusche/WC
DZ	Doppelzimmer: *Preis pro Zimmer und Übernachtung/ Frühstück, soweit nicht anders vermerkt*
EZ	Einzelzimmer: *Preis pro Zimmer und Übernachtung/ Frühstück, soweit nicht anders vermerkt*
FeWo	Ferienwohnung, *Preis pro Tag und Einheit*
FH	Ferienhaus, *Preis pro Tag und Einheit*
HP	Zuschlag Halbpension: *Pro Person und Tag*
KÜ	Küche
MB	Mehrbettzimmer: *Preis pro Zimmer und Übernachtung, soweit nicht anders vermerkt*
NR-Zimmer	Nichtraucherzimmer
p.P.	pro Person
Rest.	Restaurant
SZ	Schlafzimmer
TV	TV-Gerät im Zimmer oder Gemeinschaftsraum
Ü	Übernachtung
ÜF	Übernachtung mit Frühstück
VP	Zuschlag Vollpension: *Pro Person und Tag*
WZ	Wohnzimmer

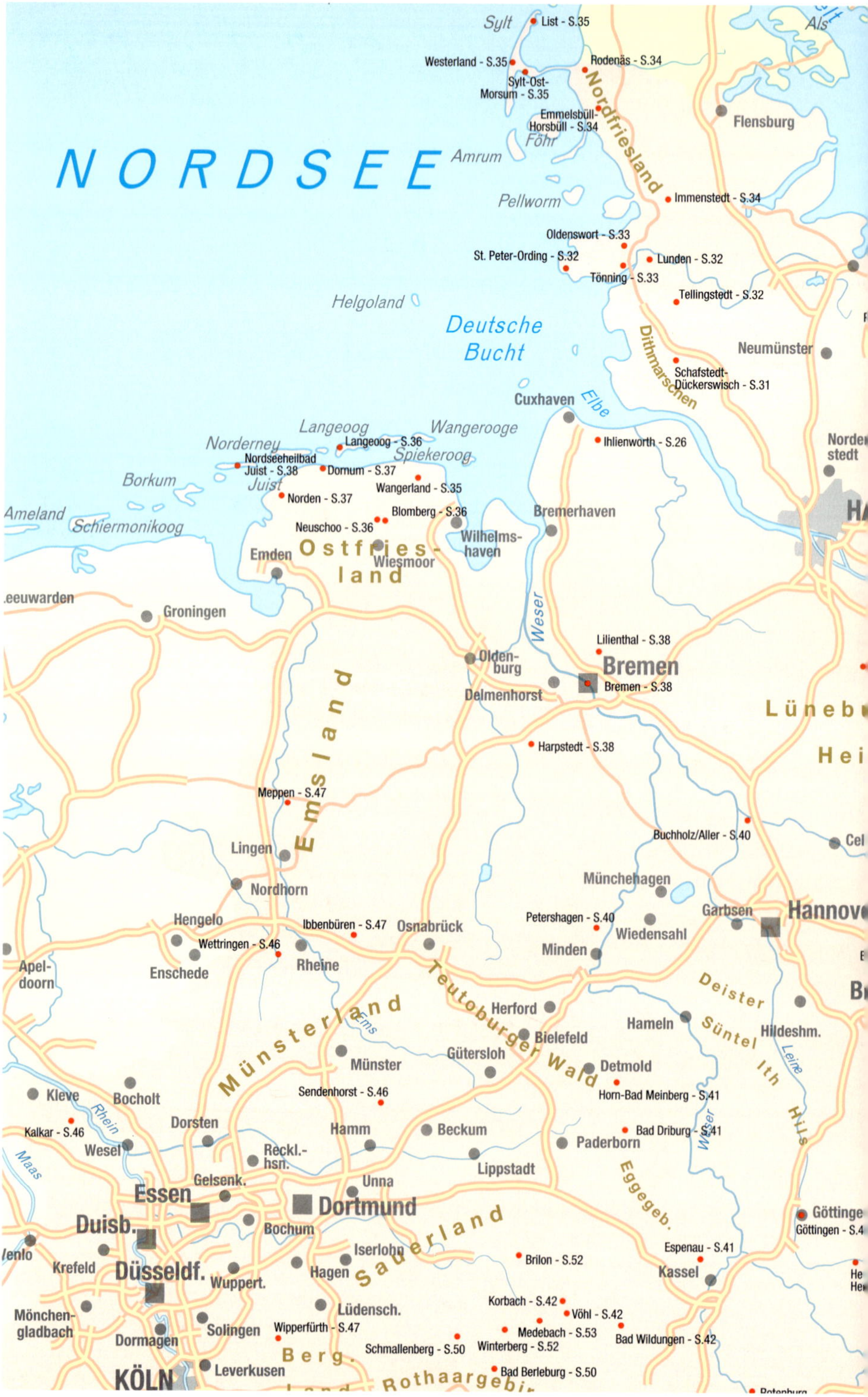
Sylt
List - S.35
Westerland - S.35
Rodenäs - S.34
Sylt-Ost-
Morsum - S.35
Emmelsbüll-
Horsbüll - S.34
Föhr
Nordfriesland
Flensburg
Als
NORDSEE
Amrum
Pellworm
Immenstedt - S.34
Oldenswort - S.33
St. Peter-Ording - S.32
Lunden - S.32
Tönning - S.33
Tellingstedt - S.32
Helgoland
Deutsche
Bucht
Dithmarschen
Neumünster
Schafstedt-
Dückerswisch - S.31
Cuxhaven
Elbe
Langeoog
Wangerooge
Norderney
Langeoog - S.36
Spiekeroog
Nordseeheilbad
Juist - S.38
Dornum - S.37
Ihlienworth - S.26
Borkum
Juist
Wangerland - S.35
Norden - S.37
Ameland
Schiermonikoog
Blomberg - S.36
Neuschoo - S.36
Bremerhaven
Wilhelms-
haven
Ostfries-
land
Wiesmoor
Emden
Leeuwarden
Groningen
Weser
Lilienthal - S.38
Olden-
burg
Bremen
Bremen - S.38
Delmenhorst
Emsland
Harpstedt - S.38
Lüneb
Hei
Meppen - S.47
Buchholz/Aller - S.40
Lingen
Cel
Münchehagen
Nordhorn
Hengelo
Petershagen - S.40
Garbsen
Hannov
Ibbenbüren - S.47
Osnabrück
Wiedensahl
Wettringen - S.46
Minden
Apel-
doorn
Rheine
Enschede
Deister
Münsterland
Teutoburger Wald
Herford
Hameln
Ems
Bielefeld
Süntel
Hildeshm.
Gütersloh
Münster
Detmold
Ith
Leine
Sendenhorst - S.46
Horn-Bad Meinberg - S.41
Kleve
Bocholt
Rhein
Hils
Kalkar - S.46
Dorsten
Hamm
Beckum
Bad Driburg - S.41
Wesel
Paderborn
Maas
Reckl.-
hsn.
Weser
Lippstadt
Eggegeb.
Gelsenk.
Unna
Essen
Dortmund
Göttinge
Göttingen - S.4
Duisb.
Bochum
Sauerland
Venlo
Iserlohn
Espenau - S.41
Krefeld
Brilon - S.52
Düsseldf.
Wuppert.
Hagen
Kassel
Mönchen-
gladbach
Lüdensch.
Korbach - S.42
Vöhl - S.42
Medebach - S.53
Solingen
Wipperfürth - S.47
Bad Wildungen - S.42
Dormagen
Schmallenberg - S.50
Winterberg - S.52
Berg.
Leverkusen
KÖLN
Rothaargebir
Bad Berleburg - S.50
Rotenburg

OSTSEE
Langeland
Møn
Lolland
Falster
Rügen
Fehmarn
Mecklenburger Bucht
Ummanz - S.25
Stralsund
Göhren - S.25
Pommersche Bucht
Riepsdorf - S.28
Dahme - S.28
Bad Malente - S.27
Grömitz - S.28
Nienhagen - S.24
Rostock
Greifswald
Usedom
Timmendorfer Strand - S.27
Groß Schwansee - S.30
Wismar-Wohlenberg - S.30
Wismar
Bröbberow - S.25
Rubkow-Bömitz - S.24
Lübeck
Schwerin - S.26
Schwerin
Neubrandenburg
Mecklenburgische Seenplatte
Waren - S.22
Müritz
Szczecin
Zislow - S.22
Groß Nemerow - S.21
Userin - S.23
Potzlow - S.24
Elbe
Havel
Uckermark
Templin - S.24
Vissum - S.39
Benkendorf - S.39
Eberswalde
Oder
Altmark
Havel
Havelland
BERLIN
Berlin - S.19
Wolfsburg
Brandenburg
Potsdam
Frankfurt (Oder)
Tucheim - S.45
Werder - S.20
Mittenwalde - S.21
Magdeburg
Fläming
Wiesenburg/Mark - S.20
Buchholz - S.20
Eisenhüttenstadt
Spree
Derenburg - S.45
Dessau
Lübbenau-Leipe - S.16
Cottbus
Vetschau - S.16
Schierke - S.45
Elbe
Breitenstein - S.17
Bad Sachsa - S.44
Saale
Spremberg
Ilfeld - S.89
Hoyerswerda
Halle
Merseburg - S.17
Leipzig
Lausitz
Wachau - S.17
Diera-Kleinzadel - S.15
Unstrut
Moritzburg - S.15
Sundhausen - S.89
Mulde
Dresden
Erfurt
Wohlsborn - S.89

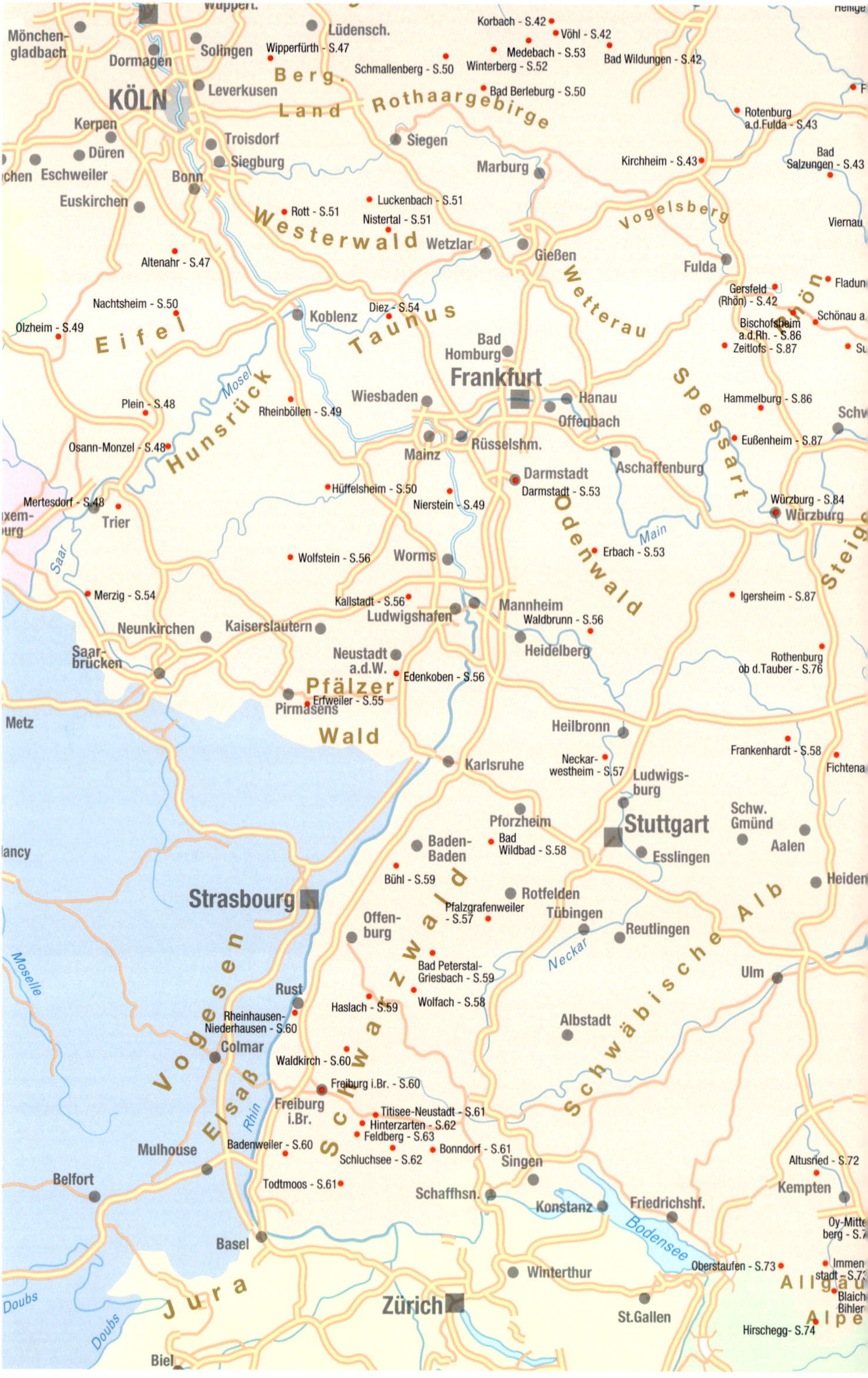

Mönchen-gladbach
Dormagen
Solingen
Lüdensch.
Wipperfürth - S.47
Korbach - S.42
Vöhl - S.42
Medebach - S.53
Bad Wildungen - S.42
Schmallenberg - S.50
Winterberg - S.52
Berg. Land
KÖLN
Leverkusen
Bad Berleburg - S.50
Rothaargebirge
Rotenburg a.d.Fulda - S.43
Kerpen
Troisdorf
Siegen
Düren
Eschweiler
Siegburg
Bonn
Marburg
Kirchheim - S.43
Bad Salzungen - S.43
Euskirchen
Luckenbach - S.51
Rott - S.51
Nistertal - S.51
Westerwald
Vogelsberg
Viernau
Wetzlar
Gießen
Altenahr - S.47
Fulda
Wetterau
Gersfeld (Rhön) - S.42
Fladun
Nachtsheim - S.50
Diez - S.54
Schönau a.
Olzheim - S.49
Eifel
Koblenz
Taunus
Bischofsheim a.d.Rh. - S.86
Zeitlofs - S.87
Bad Homburg
Frankfurt
Mosel
Plein - S.48
Rheinböllen - S.49
Wiesbaden
Hanau
Offenbach
Hammelburg - S.86
Spessart
Hunsrück
Osann-Monzel - S.48
Mainz
Rüsselshm.
Aschaffenburg
Eußenheim - S.87
Darmstadt
Darmstadt - S.53
Hüffelsheim - S.50
Nierstein - S.49
Mertesdorf - S.48
Trier
Würzburg - S.84
Würzburg
Odenwald
Main
Saar
Wolfstein - S.56
Worms
Erbach - S.53
Steig
Merzig - S.54
Kallstadt - S.56
Ludwigshafen
Mannheim
Igersheim - S.87
Waldbrunn - S.56
Neunkirchen
Kaiserslautern
Heidelberg
Saar-brücken
Neustadt a.d.W.
Rothenburg ob d.Tauber - S.76
Edenkoben - S.56
Pfälzer Wald
Erfweiler - S.55
Pirmasens
Metz
Heilbronn
Frankenhardt - S.58
Karlsruhe
Neckar-westheim - S.57
Ludwigs-burg
Fichtena
Pforzheim
Stuttgart
Schw. Gmünd
Aalen
Baden-Baden
Bad Wildbad - S.58
Esslingen
Bühl - S.59
Heiden
Strasbourg
Rotfelden
Pfalzgrafenweiler - S.57
Tübingen
Offen-burg
Reutlingen
Schwarzwald
Neckar
Moselle
Bad Peterstal-Griesbach - S.59
Schwäbische Alb
Ulm
Rust
Haslach - S.59
Wolfach - S.58
Rheinhausen-Niederhausen - S.60
Vogesen
Albstadt
Colmar
Waldkirch - S.60
Freiburg i.Br. - S.60
Freiburg i.Br.
Titisee-Neustadt - S.61
Elsaß
Rhin
Hinterzarten - S.62
Feldberg - S.63
Mulhouse
Badenweiler - S.60
Bonndorf - S.61
Schluchsee - S.62
Singen
Altusried - S.72
Belfort
Todtmoos - S.61
Kempten
Schaffhsn.
Konstanz
Friedrichshf.
Bodensee
Basel
Oberstaufen - S.73
Winterthur
Allgäu
Jura
Doubs
Zürich
St.Gallen
Hirschegg- S.74
Biel

Unstrut
Wachau - S.17
Diera-Kleinzadel - S.15
Moritzburg - S.15
Görlitz
Sundhausen - S.89
S.89
Gotha
Erfurt
Wohlsborn - S.89
Weimar
Jena
Mulde
Dresden
Sächsische Schweiz
Neugersdorf - S.16
Bad Schandau - S.15
Schmölln - S.17
Callenberg - S.18
Gera
Chemnitz
Freienorla - S.18
Saale
Linda - S.18
Zwickau
Thalheim - S.19
Hormersdorf - S.19
Ehrenfriedersdorf - S.19
Aue - S.18
Erzgebirge
Ústí n.L.
Teplice
Most
Labe
Bücheloh - S.88
Thüringer Wald
Gräfenthal - S.88
Frankenwald
Plauen
Ohře
Karlovy Vary
Kladno
Rödental - S.84
Main
PRAHA
Berounka
Fichtelgebirge
Wunsiedel - S.83
Bad Alexandersbad - S.83
Bayreuth
Bayreuth - S.83
Bamberg
Windischeschenbach - S.78
Oberpfälzer Wald
Plzeň
Ebrach - S.84
Gößweinstein - S.76
Erlangen
Fürth
Fürth - S.76
Nürnberg
Amberg - S.78
Rötz - S.78
Furth i. Wald
Fränkische Alb
Böhmer Wald
Naab
Cham - S.79
Vltava
Gunzenhausen - S.77
Greding - S.76
Langdorf - S.82
Viechtach - S.81
Regensburg
Bayerischer Wald
Frauenau - S.82
České Budějovice
Titting - S.71
Kinding - S.71
Altmühltal
Ihrlerstein - S.79
Kirchdorf i.Wald - S.82
Philippsreut - S.81
Haidmühle - S.80
Kipfenberg - S.71
Pappenheim - S.78
Neureichenau - S.79
Ingolstadt
Jandelsbrunn - S.80
Donau
Obernzell - S.80
Passau
Landshut
Mühlviertel
Augsburg
Linz
MÜNCHEN
Julbach - S.70
München - S.63
Hausruck
Wels
Schäftlarn/Ebenhausen - S.64
Salzach
Enns
Wolfratshausen - S.67
Attersee
Traunsee
Anger - S.68
Peiting - S.71
Siegsdorf - S.67
Bad Tölz - S.68
Bad Wiessee - S.69
Schliersee - S.70
Chiemg. Alpen
Salzburg
Oberammergau - S.65
Reit i.Winkl - S.67
Tegernsee - S.69
Fischbachau - S.70
Bayer. Alpen
Berchtesgaden - S.68
Füssen - S.74
Dachsteingeb.
Wallgau - S.66
Grainau - S.65
Mittenwald - S.64
Inn
Innsbruck
Hohe Tauern

Alphabetisches Ortsverzeichnis Deutschland

DEUTSCHLAND

Willkommene Tiere:
H = Hund
K = Katze
KT = Kleintier
P = Pferd

Moritzburg

Pension Bräuer

Kötzschenbrodaer Straße 30, 01468 Moritzburg
Brigitte Bräuer, Tel. 035207-81213, Fax 035207-89785
penbraeuer@aol.com, www.pension-braeuer.de

H K KT

Unterkunft: Ü, ÜF; 5 EZ oder DZ, 2 MB, 1 FeWo
Preise: EZ ab 33 €/Tag, DZ ab 43 €/Tag, FeWo/Pauschalangeb. a.A.
Ausstattung: DU, WC, TV. Gartenterrasse, kostenlose Parkplätze.
Tiere: Hunde, Katzen. Kleintiere a.A. Hund/Katze je 3 €/Tag, Tiere angeleint im Hausbereich, kein Zutritt zum Speiseraum. Grünflächen rund um das Haus. Hundetoiletten. Tierarzt: gegenüber. Tierfuttereinkauf: 6 km. Tiere vor Ort: Katzen.
Beschreibung: Ruhige Lage am Ortsrand. Hausprospekt vorhanden.

Diera/Kleinzadel

Galerie u. Ferienhaus Leonhardt + Mayer

Elbstraße 36, 01665 Diera/Kleinzadel (bei Meissen)
Michaela Mayer, Tel. 03521-714061 und 0173-3511703, Fax 03521-714062
info@galerieundferienhaus.de, www.galerieundferienhaus.de

H K KT

Unterkunft: Ü; 1 FH, 2 Zimmer bis 4 Pers., Aufbettung möglich
Preise: 2 bis 5 Pers. ab 59 €/Tag, Pauschalangebote a.A.
Ausstattung: DU, Bad, WC, KÜ, TV, Waschmaschine. Kostenl. Parkpl.
Tiere: Hunde, Katzen. Kleintiere a.A. Hund, Katze je 1,50 €/Tag. Vorrat an Hunde-/Katzenfutter. Tiere dürfen sich frei bewegen, außer in den privaten Räumen des Vermieters. Tierarzt und Tierfuttereinkauf: 5 km.
Beschreibung: Elbeschifferhaus von 1835, Hof mit Fachwerkhaus, mit bäuerlichen Möbeln eingerichtet, offener ruhiger Garten mit alten Gehölzen. Sächsische Weinstraße.

Bad Schandau

Hotel Gasthof Forsthaus

★★★

Kirnitzschtalstraße 5, 01814 Bad Schandau
Weka Touristik GmbH, Tel. 035022-5840, Fax 035022-584188
forsthaus@weka-touristik.de, www.weka-touristik.de

H K KT

Unterkunft: ÜF, HP, VP; 3 EZ, 23 DZ, 2 MB, 1 Suite
Preise: EZ 35 bis 49 €/Tag, DZ 56 bis 80 €/Tag, Zuschlag HP 15 €, VP 24 €, MB, Suite und Pauschalangebote a.A.
Ausstattung: DU, WC, TV, Fön, Telefon, Restaurant und Bar. Kostenlose Parkplätze.
Tiere: Hunde, Katzen. Kleintiere a.A. Hund 5 €/Tag, Katze kostenlos. Futternapf, Tierdecke, Spielzeug, Hundeleckereien. Kleiner Vorrat an Hundefutter. Tiere angeleint im Hausbereich, kein Zutritt zum Frühstücksraum. Grünflächen ums Haus. Tierarzt/Tierfuttereink.: 4 km. Tiere vor Ort: Hund, Schafe.
Kinder: Spielsachen, Spielmöglichkeiten im Haus und vor dem Haus, Kinderspeisekarte im Restaurant.
Beschreibung: Ideales komplett renoviertes, denkmalgeschütztes Familien- und Wanderhotel im Nationalpark Sächsische Schweiz. Hausprospekt vorhanden.

Neugersdorf — Zur Alten Jugendherberge

Haydnstraße 11, 02727 Neugersdorf
Kerstin Grafe, Tel. 03586-789480, Fax 03586-789482
alte-jugendherberge@gmx.de, www.alte-jugendherberge.de

H K KT

Unterkunft: Ü, ÜF, HP, VP; 1 EZ, 6 DZ, 2 FeWo
Preise: EZ 30 €/Tag, DZ 50 €/Tag, Zuschlag HP 10 €, VP 18 €, FeWo/Pauschalangeb. a.A.
Ausstattung: DU, WC, TV, Restaurant. Kostenlose Parkplätze.
Tiere: Hunde, Katzen. Kleintiere a.A. Pro Tier 1 €/Tag. Decken, Freß-/Wassernapf. Kleiner Vorrat an Hunde-/Katzenfutter. Tiere dürfen sich frei bewegen, angeleint im Hausbereich. Grünflächen rund um das Haus. Entfernung Tierarzt: 500 m, Tierfuttereinkauf: 300 m.
Beschreibung: Die Pension und Gaststätte "Zur Alten Jugendherberge" liegt ruhig und idyllisch auf einem ehemaligen Steinbruch. Hausprospekt vorhanden.

Lübbenau — Pension Spreewaldhof

Leiper Dorfstraße 2, 03222 Lübbenau-Leipe
Christa Buchan, Tel. 03542-2805, Fax 03542-2890
info@spreewaldhof-leipe.de, www.spreewaldhof-leipe.de

H K KT

Unterkunft: Ü, ÜF, HP, VP; 1 EZ, 7 DZ
Preise: EZ 32 bis 36 €/Tag, DZ 52 bis 58 €/Tag, MB a.A.
Ausstattung: DU, WC, Teppichboden, NR-Zimmer, Restaurant. Kostenlose Parkplätze.
Tiere: Hunde, Katzen. Kleintiere a.A. Hund, Katze je 2 €/Tag. Willkommensleckerli, Freß-/Wassernapf, Vorrat an Hunde-/Katzenfutter. Tiere dürfen sich frei bewegen, angeleint im Hausbereich. Eingezäuntes Grundstück, Grünflächen um das Haus. Tierarzt und Tierfuttereinkauf: 8 km. Tiere vor Ort: Hunde, Katzen, Schafe, Ziege.
Beschreibung: Hausprospekt vorhanden.

Vetschau — Privatpension im Spreewald ★

Bahnhofstraße 9, 03226 Vetschau/Spreewald
Frau A. Stein-Siemon, Tel. 035433-72552, Fax 035433-72146
info@spreewald-pension-siemon.de, www.spreewald-pension-siemon.de

H K KT

Unterkunft: ÜF; 2 EZ, 4 DZ
Preise: EZ 35 €/Tag, DZ 60 €/Tag
Ausstattung: DU, WC, TV, Radio, Kühlschrank, Teeküche, Couchliegen, Sitzgruppe, Teppichboden, NR-Zimmer. Terrasse mit Sonnenliegen.
Sonstiges: Fahrradgarage, Fitnessraum, Party- und Tischtennisraum. Getränkeverkauf. Parkplätze im Hof.
Tiere: Hunde, Katzen. Kleintiere a.A. Hunde und Katzen pauschal je 18 €. Freß-/Wassernapf. Tiere dürfen sich frei bewegen, angeleint im Hausbereich. Entfernung Grünflächen, Tierarzt und Tierfuttereinkauf: 30 m.
Kinder: Kinderbetreuung nach Vereinbarung möglich.
Beschreibung: In unserem liebevoll sanierten Bürgerhaus im historischen Stadtkern, mit umfriedetem begrüntem Innenhof, finden Sie Gemütlichkeit und Ruhe.

Wachau b. Leipzig — Atlanta Hotel International

★★★★

Südring 21, 04416 Wachau b. Leipzig (Markkleeberg)
Frau Mietzke, Tel. 034297-84-0, Fax 034297-84-999
info@atlanta-hotel.de, www.atlanta-hotel.de/leipzig

H K KT

Unterkunft: ÜF, HP, VP; 191 EZ oder DZ, 6 Suiten
Preise: EZ 58-110, DZ 72-120 €/Tag, HP 14,50, VP 26 €/Tag
Ausstattung: DU, Bad, WC, TV/Radio, Rest., Bar. Kostenl. Parkpl.
Tiere: Hunde, Katzen. Kleintiere a.A. Hund/Katze je 8 €/Tag. Willkommensleckerli, Näpfe. Tiere dürfen sich frei bewegen, angeleint im Hausbereich, Frühstücksraum/ Rest. Grünflächen um das Haus. Hundestrand: 1,5 km und 4 km, Tierarzt und Tierfuttereinkauf: 100 m.
Beschreibung: Zwischen City Leipzig und neuseenl@nd gelegenes modern u. freundlich eingerichtetes First Class Hotel.

Schmölln — Hotel Bellevue

★★★

Am Pfefferberg 7, 04626 Schmölln
Heidi Klotzek, Tel. 034491-7000, Fax 034491-70077
hotel.bellevue.schmoelln@t-online.de, www.bellevuehotel.de

H KT

Unterkunft: ÜF, HP, VP; 4 EZ, 10 DZ, 1 MB
Preise: EZ 50 bis 70 €/Tag, DZ 70 bis 100 €/Tag, Zuschlag HP 15 €, VP 30 €
Ausstattung: DU, WC, Radio/TV, Telefon, Teppichb., NR-Zimmer, Restaurant. Kostenl. Parkpl.
Tiere: Hunde. Kleintiere a.A. Hund 6 €/Tag. Freß-/Wassernapf, Tiere dürfen sich frei bewegen, angeleint im Hausbereich. Grünflächen rund um das Haus. Entfernung Tierarzt und Tierfuttereinkauf: 1 km.
Beschreibung: Aufwendig restaurierte Jugendstilvilla über den Dächern von Schmölln. Hausprospekt vorhanden.

Merseburg — Pension Saaleblick

Krautstraße 16, 06217 Merseburg
Heike Maier, Tel. 03461-47310, Mobil 0179-2252307, Fax 03461-473131
mebu-info@t-online.de, www.mebu-info.de

H K KT

Unterkunft: ÜF; 5 EZ oder DZ, 2 MB, 2 App.
Preise: EZ 29 €/Tag, DZ 39 €/Tag, MB/App./Pauschalangebote a.A.
Ausstattung: DU, WC, TV, NR-Zimmer, Sauna, Solarium, Hometrainer. Kostenlose Parkplätze.
Tiere: Hunde, Katzen. Kleintiere a.A. Hunde je 4 €/Tag, Katzen je 3 €/Tag. Körbchen, Decke, Zwinger, Näpfe. Kleiner Vorrat an Hunde- und Katzenfutter. Tiere dürfen sich frei bewegen. Grünflächen rund um das Haus. Tierarzt: 1 km, Tierfuttereinkauf: 500 m. Tiere vor Ort: Hund, Katze, Nager, Fische, Vögel.
Beschreibung: Mit riesigem Garten, direkt an der Saale. 5 Gehminuten zum Stadtzentrum.

Breitenstein — Ferienhaus Kolbe

Mühlgasse 25, 06547 Breitenstein
Ralf Kolbe, Margitta Liebau, Tel. 034654-855851, Fax 034654-516
margitta.liebau@online.de, www.harzferien.net

H K KT

Unterkunft: Ü; 1 FH (1 WZ, 2 SZ)
Preise: 2 bis 6 Pers. 34 bis 40 €/Tag, Energie nach Verbrauch, Pauschalangebote a.A.
Ausstattung: DU, Bad, WC, KÜ, glatte Böden/Teppichb., Frühstück a. Wunsch. Kostenl. Parkpl.
Tiere: Hunde. Katzen und Kleintiere a.A. Hund je 1€/Tag, Tiere dürfen sich frei bewegen, angeleint im Objektbereich. Extra Hundewiese vorhanden (getrennter Bereich, deshalb kein Zutritt zur Liegewiese). Zwei Hundezwinger. Grünflächen um das Haus, eingezäuntes Grundstück. Tierarzt: 5 km, Tierfuttereinkauf: vor Ort.
Kinder: Kleinspielzeug (Bälle, Sprungseil usw.) im Haus. Spielplätze, Inline-/Skateplatz im Ort.
Beschreibung: Ehemalige Mühle am Ortsrand. Zentral im Harz. Wandern, Tennis, Angeln, Ski.

Freienorla — Farbenkinderhof

Dorfstraße 100, 07768 Freienorla
Tel. 036423-22428, Fax 036423-22296
mail@farbenkinderhof.de, www.farbenkinderhof.de

P KT

Unterkunft: Ü, ÜF, HP, VP; 2 DZ, 5 MB, 2 FeWo
Preise: DZ als EZ 10 €/Tag, DZ 20 €/Tag, HP 12 €, VP 17 €, FeWo: 1 bis 4 Pers. 35 €/Tag, weitere Pers. je 5 €/Tag
Ausstattung: FeWo: DU, Bad, WC, KÜ, Mikrowelle, gl. Böden, Terrasse. Wäsche-/Brötchenservice. Kostenl. Parkplätze.
Tiere: Pferde. Kleintiere a.A. Pferd: Box je 4 €/Tag, Box/Auslauf je 6 €/Tag. Vorrat an Pferdefutter. Tierarzt/Tierfuttereinkauf: 12 km. Tiere vor Ort: Pferde, Ziegen, Kühe, Hund, Katzen.
Behind. Einr.: Eine FeWos ist rollstuhlgerecht eingerichtet.
Beschreibung: Reiten auf endlosen Reitwegen durch das Saaletal.

Linda — Ferienhof Wolschendorf

DLG-Gütezeichen ★★★
ADAC-Partner

Köthniz 11, 07819 Linda b. Neustadt an der Orla
Peter Wolschendorf, Tel. 036481-22792, Fax 036481-83800,
pwolschendorf@aol.com, www.ferienhof-wolschendorf.de

H K KT

Unterkunft: Ü, ÜF; 3 DZ, 1 FeWo (max. 6 Pers.)
Preise: DZ als EZ: 20-22,60 €/Tag, DZ 30-35,20 €/Tag, FeWo ab 35 €/Tag
Ausstattung: DU, WC, TV, glatte Böden, Terrasse. Bade-/Angelteiche, Grillplatz, kostenl. Parkpl.
Tiere: Hunde, Katzen. Kleintiere a.A. Pro Tier 3 €/Tag. Freß-/Wassernapf. Vorrat an Hunde- und Katzenfutter. Tiere dürfen sich frei bewegen, angeleint in Hof und Garten. Grünflächen um das Haus. Tierarzt: 10 km, Tierfuttereinkauf: 7 km. Tiere vor Ort: Schafe, Hühner, Ziegen, Hasen, Katzen, Hund.
Beschreibung: Der Ferienhof befindet sich in einem kleinen idyllisch gelegenen Ort im Saaleland Ostthüringens, in wald- u. seenreicher Landschaft. Sauna, Dampfbad. Holzbackofen.

Aue — Pension Erzgebirgshof

Alberodaer Straße 168, 08280 Aue
Rolf Schettler, Tel. und Fax 03771-35615
erzgebirgshof@gmx.net, www.erzgebirgshof.de

H K KT

Unterkunft: ÜF, HP; 2 EZ, 4 DZ, 2 App., 2 Suiten
Preise: EZ 25 €/Tag, DZ 36 €/Tag, Zuschlag HP 6 €, App./Suite a.A.
Ausstattung: DU, WC, TV, Radiowecker, Fön, Sauna, Angelteich. Kostenlose Parkplätze.
Tiere: Hunde, Katzen. Kleintiere a.A. Hund 2 €/Tag, Katze 1 €/Tag, andere Tiere kostenlos. Vorrat an Hunde- und Katzenfutter vorhanden. Tiere dürfen sich frei bewegen. Grünflächen rund um das Haus. Hundetoiletten in der Umgebung. Tierarzt: 4 km, Tierfuttereinkauf: 2 km. Tiere vor Ort: Pferde, Hunde, Katzen.
Kinder: Darts, Schaukel, Tischtennis, Fahrrad- und Schlittenverleih.
Beschreibung: Ländliche Pension mit viel Grundstück. Hausprospekt vorhanden.

Callenberg — Ferienhaus Fichtenthal

Am Fichtenthal 4, 09337 Callenberg-Langenberg
Jürgen Müller, Tel. 03723-47365, Fax 03723-6272779
j.mueller-fichtenth@t-online.de, www.kooikerhund-sachsen.de

H K KT

Unterkunft: ÜF; 1 FH, 2 FeWo (je 2 Zimmer).
Preise: 1 bis 4 Pers. 15 bis 60 €/Tag, weitere Pers. 15 €/Tag
Ausstattung: DU, Bad, WC, KÜ, Mikrowelle, TV, Tel., glatte Böden, Wäscheserv. Kostenl. Parkpl.
Tiere: Hunde, Katzen. Kleintiere a.A. Hund 2,50 €/Tag, Katzen kostenlos. Vorrat an Tierfutter vorhanden, Willkommensleckerli, Freß-/Wassernapf, Tiersitterservice. Tiere dürfen sich frei bewegen. Hundezwinger vorhanden. Grünflächen um das Haus. Tierarzt und Tierfuttereinkauf: 2 km. Tiere vor Ort: Hund, Kaninchen.
Beschreibung: Grillplatz, Gartenbenutzung, Wandern, Schwimmbad im Ort, Karl-May-Geburtsstadt.

Thalheim — Pension & Café Wiesenmühle

Chemnitzer Straße 48, 09380 Thalheim/Erzgebirge
Bernd Hascheck, Tel. 03721-23371, Fax 03721-22334
www.pension-wiesenmuehle.de

H K KT

Unterkunft: Ü, ÜF; 4 EZ, 9 DZ, 1 MB, 1 FH, 2 FeWo
Preise: EZ 28 bis 33 €/Tag, DZ 42 bis 46 €/Tag, FH/FeWo a.A.
Ausstattung: DU, WC, TV. FH, FeWo: DU, WC, Küche, WZ, SZ, Teppichb., separate Eingänge. Café, Liegewiese, überdachter Kamingrill. Kostenlose Parkplätze. Wanderwege.
Tiere: Hunde, Katzen. Kleintiere a.A. Hund 3 €/Tag, Katzen kostenlos. Tiere dürfen sich frei bewegen, angeleint im Hausbereich. Tierarzt: 2 km, Tierfuttereinkauf: 200 m.
Beschreibung: Idyllische und ruhige Lage, umgeben von Wiesen und Wäldern. Erlebnisbad, Tennishallen und andere Sportmöglichkeiten im Ort. Hausprospekt vorhanden.

Hormersdorf — Ferien- und Reiterhof Sittel

Hauptstraße 86, 09395 Hormersdorf
Familie Sittel, Tel. und Fax 03721-38606
sittelhof@web.de, www.sittelhof.de

P H K KT

Unterkunft: Ü, ÜF, HP, VP; 1 EZ, 3 DZ, 1 FeWo
Preise: EZ 16 €/Tag, DZ 32 €/Tag, HP 5 €/VP 12 €, FeWo a.A.
Ausstattung: DU, WC, Bar, glatte Böd./Teppichboden. Reitmöglichkeit.
Tiere: Hunde, Katzen, Pferde. Kleintiere a.A. Hunde/Katzen kostenlos. Pferd: Box/Auslauf 8 €/Tag. Decke, Näpfe. Vorrat an Pferde-/Hundefutter. Tiere dürfen sich frei bewegen. Grünflächen ums Haus. Tierarzt: 6 km, Tierfuttereinkauf: 50 m. Tiere vor Ort: Pferde, Ziegen, Hund.
Beschreibung: Ruhige und zentrale Lage in einem der 10 schönsten Dörfern des Erzgebirges am Landschaftsschutzgebiet.

Ehrenfriedersdorf — Ferienwohnungen "Villa Panther"

★★★★★

Chemnitzer Straße 41 A, 09427 Ehrenfriedersdorf
Frau Lux, Tel. 037341-51835, Fax 037341-51836
villapanther@aol.com, www.villapanther.de

H K KT

Unterkunft: Ü; 2 FeWo, 100 qm, 120 qm, 1 bis 9 Personen
Preise: 1 Pers. 14 bis 18 €/Tag, Pauschalangebote a.A.
Ausstattung: DU, Bad, WC, KÜ, Spül-/Waschmasch., TV, gl. Böden/ Teppichb., Wäsche-/Brötchenservice. Kostenl. Parkpl.
Tiere: Hunde, Katzen. Kleintiere a.A. Hunde und Katzen kostenlos. Willkommensleckerli, Näpfe, Gassidienst, Tiersitterservice. Tiere dürfen sich frei bewegen. Grünflächen um das Haus, eingezäuntes Grundstück. Entfernung Tierarzt: 5 km, Tierfuttereinkauf: 100 m.
Beschreibung: Wellness-/Fitnessbereich. Wandern, Langlauf, Heilstollen.

Berlin — Haus La Garde

G★★★

Bergengruenstraße 16, 14129 Berlin-Schlachtensee
Frau Rathgeb, Tel. 030-8013009, Fax 030-8024008
info@haus-la-garde.de, www.haus-la-garde.de

H

Unterkunft: ÜF; 2 EZ, 2 DZ, 1 MB (NR-Zimmer)
Preise: EZ ab 55 €/Tag, DZ 90 €/Tag, inkl. Frühstück (Buffet)
Ausstattung: DU, WC, Kabel-TV, CD-Player, Video, Radiowecker, Tel., Fön, Bademäntel, Safe, Minibar. Fahrradverleih.
Tiere: Hunde, kostenlos, evt. Endreinigung. Tiere dürfen sich frei bewegen, angeleint im Frühstücksraum. Entfernung Grünflächen und Tierfuttereinkauf: 1 km, Tierarzt: 3 km. Tiere vor Ort: Hunde.
Beschreibung: Idyllische Villa im grünen Bereich Zehlendorfs, Komfortzimmer, DZ mit Balkon. Hausprospekt vorhanden.

Werder (Havel) Hotel Zur Insel

Am Markt 6, 14542 Werder (Havel)
Familie Katzmann, Tel. 03327-66160, Fax 03327-661666
www.hotel-zur-insel.de

H K

Unterkunft: Ü, ÜF, HP; 16 EZ, 26 DZ (Aufbettung möglich), 2 Suiten
Preise: EZ 50 bis 53 €/Tag, DZ 70 bis 73 €/Tag, Zuschlag HP 13 €, MB, Suiten und Pauschalangebote a.A.
Ausstattung: DU, WC, TV, NR-Zimmer, Lift, Restaurant. Kostenl. Parkplätze (begrenzte Anzahl).
Tiere: Hunde, Katzen. Pro Tier 2 €/Tag, bei größeren Hunde evt. extra Zuschlag. Decke, Freß-/Wassernapf, kleiner Futtervorrat. Grünflächen rund um das Haus. Eingezäuntes Grundstück. Tierarzt: 10 km, Tierfuttereinkauf: 50 m. Tiere vor Ort: Katzen, Hund.
Beschreibung: Einziges Hotel auf der Inselstadt Werder/Havel. Hausprospekt vorhanden.

Buchholz b. Beelitz Pension u. Campingplatz "Gartenidylle"

DLG-Prüfzeichen

Dorfstraße 4, 14547 Buchholz bei Beelitz
Anneliese und Willi Siebach, Tel. 033204-33977, Fax 033204-607998
www.landurlaub-siebach.de

H K KT

Unterkunft: Ü, ÜF; 1 Zimmer als EZ oder DZ, 2 FH
Preise: EZ 15 bis 20 €/Tag, DZ 25 bis 40 €/Tag, Frühstück pro Pers. 4 €, FH und Pauschalangebote a.A.
Ausstattung: DU, WC, TV, Fön, Rest., Sauna, Terrasse mit Grill. Fahrräder, kostenl. Parkplätze.
Tiere: Hunde, Katzen. Kleintiere a.A. Hund 4 €/Tag, Katze 2 €/Tag. Vorrat an Tierfutter. Tiere dürfen sich frei bewegen, außer auf den Parzellen der Dauercamper. Grünflächen rund um das Haus. Tierarzt: 400 m, Tierfuttereinkauf: 9 km. Tiere vor Ort: Hund, Katze, Kaninchen, Meerschweinchen, Hühner, Schafe.
Beschreibung: In der Nähe von Potsdam und Wittenberg. Hausprospekt vorhanden.

Wiesenburg/Mark Waldhotel "Alte Hölle"

Alte Hölle 1, 14827 Wiesenburg/Mark OT Reetzerhütten
Grazyna Schmitz-Bienek, Tel. 033849-7979, Fax 033849-79755
alte-hoelle@t-online.de, www.alte-hoelle.de

H K KT

Unterkunft: ÜF, HP, VP; 25 DZ, 2 Suiten; 3 FH, 2 App.
Preise: DZ als EZ 35 bis 40 €/Tag, DZ 50 bis 56 €/Tag Zuschlag HP 10,50 €, VP 18 €, Suiten/FH/App./Pauschalangebote a.A.
Ausstattung: DU, WC, NR-Zimmer, alle Zimmer mit Balkon. FH/App.: DU, WC, je FH 3 DZ, 1 App. mit 2 SZ, Teppich, Wäscheservice. Rest., Bar, Sauna, Solarium.
Sonstiges: Schulungsräume, Beautyangebote, Fahrradverleih, Grillplatz, Tischtennis, Volleyballplatz, Liegewiese, Terrasse, Freibad. Kostenlose Parkplätze.
Tiere: Hunde, Katzen. Kleintiere a.A. Hund und Katze je 4 €/Tag, Preis für Kleintiere nach Absprache und je nach Reinigung der Zimmer. Gassidienst, Tiersitterservice, Tierbedarf und Katzen-/Nagerfutter nach Absprache. Kleiner Vorrat an Hundefutter. Tiere dürfen sich frei bewegen, Grundstück ist eingezäunt. Grünflächen rund um das Haus, 34.000 qm. Tierarzt: 5 km, Tierfuttereinkauf: 1-5 km. Tiere vor Ort: Hunde, Katze.
Kinder: Spielzimmer, Video, Planschbecken, Tischtennis, Spielplatz.
Behind. Einr.: Verschied. Einrichtungen, bitte anfragen.
Beschreibung: Wir bieten Kegeln, Tanz, Seniorenangebote, Wochenendaktivitäten. Neben Wandermöglichkeiten, Jagd- und Reitvermietung oder Kutschfahrten, sind vom Hotel aus viele Sehenswürdigkeiten zu erreichen: Schloß Wiesenburg, Burg Rabenstein, Burg Eisenhard, Burg Ziesar, Wörlitzer Park, Berlin, Potsdam. Hausprospekt vorhanden.

Mittenwalde Hotel-Restaurant "Waldschlösschen"

Am Waldschlösschen 3, 15749 Mittenwalde
B. Lidia Krennmayr, Agnes Pankowiak, Tel. 033764-24580, Fax 033764-245825
schloesschen-amweinberg@t-online.de, www.mittenwalde.de/weinberg

H K

Unterkunft: Ü, ÜF; 3 EZ, 9 DZ, 1 MB, 1 Suite
Preise: EZ 40 bis 46 €/Tag, DZ 57 bis 62 €/Tag, Pauschalangebote a.A.
Ausstattung: DU, WC, TV, Tel., Teppichb., teilw. Balkon. Rest., Fitnessbereich. Kostenl. Parkpl.
Tiere: Hunde, Katzen, je 3 €/Tag. Näpfe, kleiner Vorrat an Tierfutter vorhanden. Tiere dürfen sich frei bewegen, angeleint im Hausbereich. Grünflächen um das Haus. Hundestrand: 1,5 km, Tierarzt: 6 km, Tierfuttereinkauf: 1,5 km. Tiere vor Ort: Hund.
Kinder: Spielplatz, Tischtennis, verschiedene Spiele, Sandkasten, Hängematte.
Beschreibung: Reiten, Golf, Fahrrad, Tennis, Spazierwege (Laufen).

Groß Nemerow Hotel Bornmühle ★★★★

Bornmühle 35, 17094 Groß Nemerow
Familie Wiegert, Tel. 039605-600, Fax 039605-60399
info@bornmuehle.com, www.bornmuehle.com

P H KT

Unterkunft: ÜF, HP; 13 EZ, 47 DZ, 6 Suiten
Preise: EZ 70 bis 80 €/Tag, DZ 90 bis 105 €/Tag, Suite 115 bis 125 €/Tag, Zuschlag HP 19 €
Ausstattung: DU, WC, TV, Minibar, Schreibtisch, Sitzecke, Radio, Tel., Bademantel, Fön, 2 Restaurants mit mehrfacher Empfehlung, Bar, Seeterrasse, Hallenerlebnisschwimmbad, Aquatraining, Sauna, Solarium, Bäder, Fitnessraum, Physiotherapie, Beautybereich, Wireless Lan, Nordic Walking.
Sonstiges: Liegewiese, Fahrradverleih, kostenl. Parkplätze.
Tiere: Hunde, Pferde. Kleintiere a.A. Pferd: Box 12 €/Tag, Hund 5 €/Tag. Freß-/Wassernapf, Watercooler für Hunde. Vorrat an Hunde-/Pferdefutter. Tiere dürfen sich frei bewegen, angeleint im Hausbereich. Grünflächen um das Haus. Tierarzt: 3 km, Tierfuttereinkauf: 12 km. Tiere vor Ort: Hunde, Katzen, Pferde.
Beschreibung: Ihr Logenplatz in der Natur! Alleinlage am Ostufer des Tollensesees vor den Toren der Stadt Neubrandenburg. 9-Loch-Golfanlage 400 m entfernt.

DEUTSCHLAND

Waren

Hotel Kleines Meer

★★★★

Alter Markt 7, 17192 Waren
Kati Strasen, Tel. 03991-6480, Fax 03991-648222
info@kleinesmeer.com, www.kleinesmeer.com

H K KT

Unterkunft: ÜF, HP; 3 EZ, 23 DZ, 2 Studios, 2 Suiten
Preise: EZ 64 bis 99 €/Tag, DZ 79 bis 129 €/Tag, Zuschlag HP 29 €. Studios, Suiten und Pauschalangebote a.A.
Ausstattung: DU, WC, TV, Minibar, Safe, W-Lan. Rest., Bar, Sauna, Sanarium. Parkplätze geg. Geb.
Tiere: Hunde, Katzen. Kleintiere a.A. Hund/Katze je 7 €/Tag. Willkommensleckerli, Freß-/Wassernapf. Gassidienst und Tiersitterservice a.A. Tiere dürfen sich frei bewegen, angeleint im Hausbereich. Grünflächen in 100 m Entfernung vom Haus. Tierarzt: 1,5 km, Tierfuttereinkauf: 300 m.
Beschreibung: Das Hotel liegt direkt am Übergang von der historischen Altstadt Warens zur Müritz. Hausprospekt vorhanden.

Zislow

Piano unter den Eichen

★★★★

Zylinderberg 9, 17209 Zislow
Alona Hochmuth-Schulte, Tel. 039924-79847, Fax 039924-79943
info@piano-zislow.de, www.piano-zislow.de

H K KT

Unterkunft: Ü; 6 FeWo, 1 x bis 2 Pers, 2 x bis 5 Pers, 3 x bis 6 Pers.
Preise: 2 Pers. 30 bis 52 €/Tag, weitere Pers. je 8 €, Pauschalangebote a.A.
Ausstattung: DU, Bad, WC, KÜ, Spülmaschine, TV, glatte Böden, Terrasse.
Sonstiges: Sauna. Wassersport, Angeln. Kostenlose Parkplätze.
Tiere: Hunde, Katzen. Kleintiere a.A. Hunde, Katzen einmalig je 15 €. Agility, Nordic Walking/Fastenwandern mit Hund. Hundestrand. Tiere dürfen sich frei bewegen, außer Spielplatz und Liegewiese. Grünflächen um das Haus, eingezäuntes Grundstück. Tierarzt/Tierfuttereinkauf: 12 km. Tiere vor Ort: Hunde.
Kinder: Tischtennis, viele Spiele. Reiterhof im Ort.
Beschreibung: Zislow, ein kleiner verträumter Ferienort am Ostufer des Plauer Sees. Unser Ferienhaus liegt am Ortsrand, umgeben von Wiesen und Wäldern, abseits der Wege. Hausprospekt vorhanden.

Userin-Zwenzow

Villa Kunterbunt

Das Wohlfühlhotel für Mensch + Hund

Dorfstraße 50, 17237 Userin-Zwenzow
Alice Borchard, Tel. 039832-281010, Fax 039832-281022
info@borchards-beauty-villa.de, www.doggy-wellness-mv.de

H K KT

Unterkunft: ÜF, HP; 4 EZ, 4 DZ, 2 FH

Preise: EZ 39 bis 59 €/Tag, DZ 78 bis 115 €/Tag, Zuschlag HP 25 €. FH 575 bis 800 €/Woche. Pauschalangebote auf Anfrage.

Ausstattung: DU, WC, TV, Telefon, Teppichboden, teilweise Balkon.

Sonstiges: Wellnessbereich (Schwimmbad, Sauna, Dampfbad), Sportmöglichkeiten: Rad fahren, Wandern, Wassersport (eigener Bade- und Bootssteg). Restaurant und Bar im 1500 m entfernten Romantik Hotel Borchard's Rookhus (Schwesternbetrieb), Transfer möglich. Kostenlose Parkplätze.

Tiere: Hunde, Katzen. Kleintiere a.A. Ein Hund pro Zimmer kostenlos, jeder weitere 5 €/Tag. Katzen kostenlos. Willkommensleckerli, Decke, Näpfe, Gassidienst, Hundesitting. Doggy-Wellness im Doggy-Pavillon (Pfoten-, Ohren-, und Rückenmassage für Hunde). Hundeschule vor Ort. Tierfutter vorhanden. Tiere dürfen sich frei bewegen, angeleint in Frühstücksraum und Restaurant. Grünflächen um das Haus. Hundestrand. Tierarzt und Tierfuttereinkauf: 4 km.
Tiere vor Ort: Hunde, Katzen, Vögel.

Beschreibung: Die Villa Kunterbunt hat eine großzügige Parkanlage, liegt direkt am großen Labussee - mit Bademöglichkeiten auch für ihren Hund - und hat den Müritz Nationalpark, mit unzähligen Spazier- und Radfahrmöglichkeiten, vor der Tür.
Außerdem erwarten Sie traumhafte Wellness-Behandlungen - für Ihren Hund in einem separaten "Doggy-Pavillon".
Persönliche Betreuung garantiert.

Templin — Gut Netzow

Gut Netzow, 17268 Templin
Anna Michel, Tel 03987-3029, Fax 03987-54724
mail@gutnetzow.de, www.gutnetzow.de

H K KT

Unterkunft: Ü; 3 FeWo
Preise: Bis 6 Pers. 65-85 €/Tag; unter 1 Wo. 25 € einm. Zuschl.
Ausstattung: DU, Bad, WC, KÜ, TV, Spülmaschine. Tischtennis, Kanu, Ruderboot, Trecking-Fahrräder, kostenl. Parkpl.
Tiere: Hunde, Katzen. Kleintiere a.A. Hund/Katze kostenlos. Tiere dürfen sich frei bewegen. Grünflächen rund um das Haus. Tierarzt und Tierfuttereinkauf: 7 km. Tiere vor Ort: Hund, Katze, Bauernhoftiere: Kühe, Hühner.
Beschreibung: Landwirtschaftsbetrieb mit historischem Gutshof, direkt am Netzowsee. Wunderschöne Badestrände.

Potzlow/Oberuckersee — Pferdehof Ruhnau

DLG-Gütezeichen

Abbau, 17291 Potzlow/Oberuckersee
Giorgio Scopel, Tel. 039863-6010, Fax 039863-60199
info@pferdehof-ruhnau.de, www.pferdehof-ruhnau.de

P H K KT

Unterkunft: Ü, ÜF; 6 FeWo, je 2 Zimmer und Bad
Preise: 1 bis 2 Pers. 50 bis 65 €/Tag, weitere Pers. 6 €, Pauschalangebote a.A.
Ausstattung: Bad, WC, KÜ, TV, Tel., Mikrowelle, glatte Böden, Terrasse. Kostenlose Parkplätze.
Tiere: Hunde, Katzen, Pferde. Kleintiere a.A. Pferd: Box inkl. Futter/Streu 12 €/Tag. Hund/Katze je 6 € pauschal. Reithalle, Platz, Führanlage, Weide für Pferde. Kleiner Vorrat an Hunde-/Katzenfutter vorhanden. Tiere angeleint im Hausbereich, Frühstücksraum. Grünflächen rund um das Haus. Hundestrand: 1 km, Tierarzt: 16 km, Tierfuttereinkauf: 3 km. Tiere vor Ort: Pferde, Hund, Katzen.
Beschreibung: Reitschule, Ausritte, Lehrgänge, Lage im Biosphärenreservat. Billard, Schwimmen.

Rubkow-Bömitz — Rittergut Landhotel Bömitz

★★★

Dorfstraße 14, 17390 Rubkow-Bömitz (b. Anklam)
Adelheid Neumann, Tel. 039724-22540, Fax 039724-22541
info@landhotel-boemitz.de, www.landhotel-boemitz.de

P H K KT

Unterkunft: ÜF, HP, VP; 1 EZ, 14 DZ, 3 Suiten, 1 FeWo
Preise: EZ 46 bis 53 €/Tag, DZ 56 bis 77 €/Tag, Zuschlag HP 18 €, VP 25 €
Ausstattung: DU, WC, TV, Telefon, Restaurant, Kutschfahrten. Kostenlose Parkplätze.
Tiere: Hunde, Katzen, Pferde. Kleintiere a.A. Pferd: Box 15 €/Tag, Hunde und Katzen je 8 €/Tag. Hundezwinger, Freß-/Wassernapf, Tiersitterservice. Vorrat an Pferde- und Hundefutter. Tiere dürfen sich frei bewegen, angeleint im Hausbereich. Grünflächen rund um das Haus. Tierarzt und Tierfuttereinkauf: 2 km. Tiere vor Ort: Katzen, Pferde, Schafe.
Beschreibung: Elegantes Herrenhaus in der Nähe der Insel Usedom. Hausprospekt vorhanden.

Nienhagen — Ferienpark Seepferdchen

Kliffstraße 17, 18211 Ostseebad Nienhagen
Frau Arvai, Tel. 038203-82440, Fax 038203-82442
info@ferienpark-seepferdchen.com, www.ferienpark-seepferdchen.com

H K KT

Unterkunft: Ü; 78 FH für 2 bis 4, 4 bis 6 und 6 bis 8 Pers.
Preise: ab 46 €/Tag, inklusive Nebenkosten (bei unter 3 Tagen Aufenthalt Endreinigung 31 €) und Nutzung der Saunalandschaft.
Ausstattung: DU, Bad, WC, KÜ, TV, gl. Böden, Wellnessbereich, Wäscheservice. Kostenl. Parkpl.
Tiere: Hunde, Katzen. Kleintiere a.A. Hund, Katze je 5 €/Tag. Tiere dürfen sich frei bewegen, es besteht jedoch Leinenzwang für Hunde im gesamten Ostseebad Nienhagen. Grünflächen um das Haus. Tierarzt: 10 km, Tierfuttereinkauf: 3 km.
Beschreibung: Ganzjährig geöffnete Ferienanlage, direkt an der Ostsee. Hausprospekt vorhanden.

Bröbberow — Ferienhaus "Holiday" in MV

★★★★

Dorfstraße 26, 18258 Bröbberow-Klein Grenz
✉ Frau Bigalke, Dorfstraße 9, 18258 Bröbberow, Tel. 03844-8900401, Fax 03844-812060
holiday-in-mv@web.de, www.holiday-in-mv.de

H K KT

Unterkunft: Ü; 1 FH (3 Zimmer, Wohnküche, 2 Bäder, Terrasse 50 qm)
Preise: 1 bis 8 Personen 55 bis 75 €/Tag, Energie nach Verbrauch
Ausstattung: DU, WC, KÜ, TV, Spülmasch., Mikrowelle, gl. Böden. Terrasse. Kostenl. Fahrräder, Parkpl.
Tiere: Hunde, Katzen. Kleintiere a.A. Hunde und Katzen kostenlos. Hundezwinger. Tiere dürfen sich frei bewegen. Grünflächen um das Haus, eingezäuntes Grundstück. Hundestrand: 25 km, Tierarzt und Tierfuttereinkauf: 7 km.
Kinder: Fußballplatz.
Beschreibung: Zweigeschossiges Ferienhaus in ländlicher Idylle mit Ostseenähe.

Ummanz — Rügen´s Urlaubsidylle

★★★★

Haus Nr. 3, 18569 Ummanz-Lüßvitz/Rügen
✉ Lorenz Thomsen, Neuendorf Nr. 8, 18528 Parchtitz-Boldevitz,
Tel. 03838-313608, Mobil 0172-3275846, Fax 03838-313610
www.urlaubsidylle-thomsen.m-vp.de

H K KT

Unterkunft: Ü; 3 FH (Aufbettung möglich)
Preise: 4-6 Pers. 65-80 €/Tag, 10 Tage buchen: Gratis-Kutschfahrt
Ausstattung: DU, Bad, WC, KÜ, TV, gl. Böden/Teppichb., Mikrowelle, Spül-/Waschmaschine, Grill, kostenl. Parkpl.
Tiere: Hunde, Katzen. Kleintiere a.A., kostenlos. Tiere dürfen sich frei bewegen, außer in den oberen Schlafräumen. 3000 qm Grünflächen rund um das Haus. Tierarzt und Tierfuttereinkauf: 5 km. Tiere vor Ort: Hund.
Beschreibung: Rund um das Haus Natur und viel Platz zum Toben ohne Zaungrenzen, 500 m zum Wasser.

Göhren — Hotel Garni Deutsches Haus

Carlstraße 3, 18586 Ostseebad Göhren/Rügen
Familie Zobel, Familie Schmidt Tel. und Fax 038308-2111
deutsches-haus-goehren@t-online.de, www.deutsches-haus-goehren.de

H K KT

Unterkunft: Ü, ÜF; 13 DZ, 5 MB, 1 FH
Preise: DZ als EZ 50 bis 55 €/Tag, DZ 60 bis 75 €/Tag. FH/Pauschalangebote a.A.
Ausstattung: DU, WC, TV, Fön, Tel., glatte Böden/Teppichb. Gartenanlage, kostenl. Parkplätze.
Tiere: Hunde, Katzen. Kleintiere a.A. Hund/Katze je 5 €/Tag. Tiere dürfen sich frei bewegen, angeleint im Hausbereich. Automaten mit Hundetoilettenbeutel in der Nähe. Tierarzt: 20 km, Tierfuttereinkauf: 100 m. Tiere vor Ort: Hund.
Beschreibung: Das Haus liegt im Ortszentrum des Ostseebads Göhren, 3 Hotelgebäude auf 4600 qm Gartenanlage, 5 Min. bis zum Hundestrand. Hausprospekt vorhanden.

Göhren — Hotel Hanseatic Rügen

Nordperdstraße 2, 18586 Göhren/Rügen
Tel. 038308-515, Fax 038308-51600
info@hotel-hanseatic.de, www.hotel-hanseatic.de

H K KT

Unterkunft: ÜF, HP; 74 DZ, 18 App., 15 Suiten
Preise: DZ als EZ 59-112 €/Tag, DZ 90-138 €/Tag, HP 19,50 €
Ausstattung: DU, Bad, WC, TV, gl. Böden, Rest., Bar, Fitness-/Wellnessbereich, Beauty-Studio. Kostenl. Parkplätze.
Tiere: Hunde, Katzen. Kleintiere a.A. Hund, Katze je 10 €/Tag. Näpfe, Haustierdecke. Tiere dürfen sich frei bewegen, angeleint im Hausbereich. Grünflächen um das Haus. Tierarzt: 15 km, Tierfuttereinkauf: 200 m.
Behind. Einr.: Zwei behindertengerechte Zimmer.
Beschreibung: Kassenzulassung für Kur- und Heilbehandlungen.

Schwerin — Altstadthotel Ritters Reichshof

★★

Grunthalplatz 15 – 17, 19053 Schwerin
Axel Trapp, Tel. 0385-565798, Fax 0385-5213468
www.altstadthotel-schwerin.de

H K KT

Unterkunft: Ü, ÜF, HP, VP, 3 EZ, 15 DZ, 1 MB
Preise: EZ 45 €/Tag, DZ 60 €/Tag, Zuschlag HP 8,50 €, VP 17 €, Pauschalangebote. a.A.
Ausstattung: DU, Bad, WC, TV, Restaurant. Kostenlose Parkplätze.
Tiere: Hunde, Katzen. Kleintiere a.A. Hund/Katze je 5 €/Tag. Willkommensleckerli, Freß-/Wassernapf. Vorrat an Hunde-/Katzenfutter. Tiere angeleint im Hausbereich, kein Zutritt zu Frühstücksraum und Rest. Nächste Grünanlage ca. 100 m entfernt. Tierarzt: 1 km, Tierfuttereinkauf: 50 m. Tiere vor Ort: Hund, Katze, Vögel, Fische.
Beschreibung: Beliebtes Hotel in der historischen Altstadt. Hausprospekt vorhanden.

Oldendorf (Luhe) — App./Ferienpension Lindenhof

★★★★

Alte Dorfstraße 2, 21385 Oldendorf-Marxen am Berge (Luhe)
Familie Stelter, Tel. 04132-380, Fax 04132-7577
k.stelter.lindenhof@t-online.de, www.lindenhof-online.de

P H K KT

Unterkunft: Ü, ÜF; 4 DZ, 2 MB, 7 FeWo (5x 1 Zimmer, 2x 3 Zimmer)
Preise: DZ 22 bis 25 €/Tag, FeWo 42 bis 67 €/Tag, Endreinigung 23-30 €
Ausstattung: DU, WC, TV, Teppichboden, SB-Bar. Kostenlose Parkplätze.
Tiere: Hunde, Katzen, Pferde. Kleintiere a.A. Pferd: Box (Weidegang n. Abspr.) 8 €/Tag, Hunde, Katzen kostenlos. Vorrat an Tierfutter. Willkommensleckerli. Tiere dürfen sich frei bewegen, angeleint im Hausbereich. Grünflächen um das Haus. Tierarzt und Tierfuttereinkauf: 5 km. Tiere vor Ort: Hund, Katze, Pferde, Schweine.
Beschreibung: Ponyreiten für Kinder, Tischtennis, Federball. Hausprospekt vorhanden.

Oldendorf (Luhe) — Mühlenhof Wohlenbüttel

★★★

Wohlenbüttel Nr. 2, 21385 Oldendorf-Wohlenbüttel (Luhe)
Ulrike Stegen, Tel. 04132-8414, Fax 04132-7607
muehlenhof@amelinghausen.de, www.muehlenhof-stegen.de

P H K KT

Unterkunft: Ü; 5 FeWo 1 x 2 Zimmer, 4 x 3 Zimmer
Preise: 2 Pers. 32-45 €/Tag, weitere Pers. 6 €/Tag, Endrein. 32 €, Energie n. Verbrauch
Ausstattung: DU, WC, KÜ, Waschmaschine, TV, glatte Böden/Teppichboden. Kostenl. Parkpl.
Tiere: Hunde, Katzen, Pferde. Kleintiere a.A. Pferd: Box 8 €/Tag, Hund 5 €/Tag, Katze 3 €/Tag. Pferdefuttervorrat. Tiere dürfen sich frei bewegen. Grünflächen um das Haus. Tierarzt: 3 km, Tierfuttereinkauf: 2 km. Tiere vor Ort: Pferde, Hund, Katze.
Kinder: Großer Spielplatz mit Spielhaus, Ponyreiten kostenlos.
Beschreibung: Hausprospekt vorhanden.

Ihlienworth — Ferienhaus Heidrich

Wetternweg 27, 21775 Ihlienworth
✉ Frau Heidrich, Am Buchhagen 23, 57399 Kirchhundem
Tel. 02723-740021, Fax 02723-3008
chrissykresse@web.de, www.ferienangebot.com

H K KT

Unterkunft: Ü; 1 FH (110 qm, 3 Zimmer)
Preise: 1 bis 5 Pers. 30 bis 70 €/Tag, Pauschalangebote a.A.
Ausstattung: DU, Bad, WC, KÜ, TV, Mikrowelle, Spül-/Waschmasch., glatte Böden. Kostenl. Parkpl.
Tiere: Hunde, Katzen. Kleintiere a.A. Hunde und Katzen kostenlos. Willkommensleckerli, Decke, Näpfe. Tiere dürfen sich frei bewegen. Grünflächen um das Haus, eingezäuntes Grundstück. Hundestrand: 8 km, Tierarzt und Tierfuttereinkauf: 2 km.
Beschreibung: Wunderschöne Alleinlage. Komfortables, ehemaliges Bauernhaus. 6000 qm großes Wiesengrundstück mit kleinem Flußlauf. Angeln, Bogenschießen.

Timmendorfer Strand — Kurparkresidenz Weedkroog

★★★

H

Weedkroog 13, 23669 Timmendorfer Strand
✉ Susanne Fleck, Hartenbrakenstr. 1, 30659 Hannover,
Tel. 0511-6909882, Fax 0511-6490022

Unterkunft: Ü; 1 FeWo (52 qm, WZ, SZ, Gäste-WC)
Preise: 1 bis 3 Pers. 49 bis 88 €/Tag, Bettwäsche und Endreinigung ab 65 €
Ausstattung: DU, WC, Gäste-WC, KÜ, TV, Teppichb. Waschmasch./Trockner im Haus. Kostenl. Parkpl.
Tiere: Hunde, kostenlos. Tiere dürfen sich frei bewegen, angeleint im Treppenhaus und auf der Liegewiese. Nächste Grünanlage: 100 m, Tierarzt: 2 km, Tierfuttereinkauf: 500 m.
Beschreibung: Ruhiges Haus direkt am Kurpark. Elegant eingerichtetes 2-Zimmer-App. Nur wenige Schritte bis zum Wald. Hausprospekt vorhanden.

Bad Malente — Pension Hof Bast

★★★★

P H KT

23714 Bad Malente
Katja und Jörg Graage, Tel. 04523-3336, Fax 04523-4824
info@hof-bast.de, www.hof-bast.de

Unterkunft: Ü, ÜF; 2 EZ, 6 DZ, 3 App., 6 FeWo, 4x2 Zi., 2x3 Zi.
Preise: EZ 28 bis 33 €/Tag, DZ 52 bis 66 €/Tag, FeWo/App. a.A.
Ausstattung: DU, WC, teilw. TV/Radio, Teppichb., Balk. Kostenl. Parkpl.
Tiere: Hunde, Pferde. Kleintiere a.A. Pferd: Box mit Auslauf 9 €/Tag, Hund 3 €/Tag. Tiere dürfen sich frei bewegen, kein Leinenzwang auf dem Hofgelände. Hundezwinger vorhanden. Grünflächen um das Haus. Tierarzt: 2 km, Tierfuttereinkauf: 1 km. Tiere vor Ort: Hunde, Katzen, Bauernhoftiere.
Beschreibung: Der Hof liegt idyllisch am Ortsrand von Malente.

Bad Malente — Gästehaus "Diana"

H K

Harringsredder 2, 23714 Bad Malente-Gremsmühlen
Familie Schmeer, Tel. 04523-3474, Fax 04523-988721
hotel-diana@online.de, www.hotel-diana.de

Unterkunft: ÜF; 4 EZ, 8 DZ, 2 MB
Preise: EZ 30 bis 33 €/Tag, DZ 49 bis 55 €/Tag, MB a. A.
Ausstattung: DU, Bad, WC, TV, Teppichboden, Balkon oder Terrasse.
Sonstiges: Liegewiese, kostenlose Parkplätze.
Tiere: Hunde, Katzen. Alle Tiere kostenlos. Näpfe. Kleiner Vorrat an Katzenfutter vorhanden. Tiere dürfen sich frei bewegen, angeleint im Hausbereich und Frühstücksraum. Grünflächen rund um das Haus. Hundetoiletten in der Nähe. Entfernung Hundestrand: 30 km, Tierarzt: 500 m, Tierfuttereinkauf: 700m. Tiere vor Ort: Katzen.
Beschreibung: Das Gästehaus “Diana” (Hotel Garni) liegt im Kneippheilbad und Luftkurort Bad Malente-Gremsmühlen im Herzen der Holsteinischen Schweiz, zwischen Lübeck und Kiel. Unser Haus ist der ideale Ausgangspunkt für Wanderungen und Radtouren. Die vielen Seen bieten zahlreiche Bademöglichkeiten und die Ostsee ist mit dem Auto in einer halben Stunde zu erreichen.

Riepsdorf — Hotel Lindenkrug

Dorfstraße 12, 23738 Riepsdorf-Thomsdorf
Familie Graunke, Tel. 04366-400, Fax 04366-645
info@lindenkrug-thomsdorf.de, www.lindenkrug-thomsdorf.de

H

Unterkunft: ÜF; 4 DZ
Preise: DZ als EZ 27 bis 35 €/Tag, DZ 38 bis 58 €/Tag, Kurtaxe frei, Pauschalangeb. a.A.
Ausstattung: DU, WC, Radio/TV, Tel., Teppichboden, Rest. Kostenl. Parkpl., Parkhaus geg. Geb.
Tiere: Hunde, je 3 €/Tag. Willkommensleckerli, Gassidienst, Decke, Freß-/Wassernapf. Vorrat an Hundefutter. Tiere dürfen sich frei bewegen, angeleint im Hausbereich. Nächste Grünanlage: 100 m. Entfernung Tierarzt: 5 km, Tierfuttereinkauf: 2 km. Tiere vor Ort: Hunde, Katzen, Pferde, Kühe, Kaninchen, Vögel.
Beschreibung: Wir beherbergen Sie auch für 1 Nacht. Holsteinische Schweiz, Fehmarn, Reiten.

Grömitz — Haus Godehoop

★★★

Hamburger Straße 24, 23743 Grömitz
Harry Krönke, Tel. 04562-3475, Fax 04562-267660
info@godehoop.de, www.godehoop.de

H KT

Unterkunft: Ü; 4 FeWo, 1 x 1 Zimmer, 3 x 2,5 Zimmer
Preise: 1 bis 5 Personen 45 bis 76 €/Tag
Ausstattung: DU, WC, KÜ, TV, Tel., glatte Böden, Waschmaschine, Terrasse. Kostenl. Parkpl.
Tiere: Hunde. Kleintiere a.A. Hunde kostenlos. Näpfe, Hundetoilettenbeutel. Tiere dürfen sich frei bewegen. Grünflächen um das Haus, eingezäuntes Grundstück. Hundestrand: 500 m, Tierarzt: 1 km, Tierfuttereinkauf: 500 m. Tiere vor Ort: Hütehund.
Kinder: Spielwiese, Bollerwagen, Tischtennis, Fahrräder, Hochstuhl, Kinderbett.
Beschreibung: Ruhige, strandnahe Lage. Fünf Minuten bis zum Hundestrand. Näherer Infos entnehmen Sie bitte unserer Homepage: www.godehoop.de

Dahme — Feriengarten Kampland Nr. 6

Am Kampland 6, 23747 Ostseeheilbad Dahme
Hilde Sygulla, Tel. 04364-9623, Fax 04364-1885
www.feriengarten-kampland.de

H KT

Unterkunft: Ü; 3 FeWo, 2 x 3 Zimmer, 1 x 4 Zimmer
Preise: 1 bis 5 Personen 28 bis 79 €/Tag, Endreinigung 35 €, Pauschalangebote a.A.
Ausstattung: DU, WC, KÜ, Waschmaschine, TV, Tel., glatte Böden, 12 qm Terrasse je FeWo.
Sonstiges: Wäscheservice, Garage kostenlos im Haus.
Tiere: Hunde. Kleintiere a.A. Hunde je 2 €/Tag (bis max. 20 €). Willkommensleckerli, Hundetoilettenbeutel. Tiere dürfen sich frei bewegen, angeleint im Hausbereich. Grünflächen um das Haus, eingezäuntes Grundstück. Entfernung Hundestrände: 500 m, 2 km, Tierarzt: 5 km, Tierfuttereinkauf: 700 m.
Kinder: Spielwiese, Bollerwagen, Kinderbett/-hochstuhl.
Beschreibung: Ruhig ohne Verkehrslärm mit freiem Landschaftsblick gelegen. Wanderwege rundherum. Wir sind ganzjährig für Sie da und bieten Ihnen Preisvorteile im Frühjahr, Herbst und Winter.

Empfehlen Sie uns Unterkünfte:

Sie kennen ein neues tierfreundliches Haus?
Wir sind für einen Tipp von Ihnen dankbar
(per Fax: 06027-3589 oder E-Mail: info@tierfreundliche-hotels.de)

Dahme — Haus Sonnenstrahl ★★

An der Allee 28, 23747 Ostseeheilbad Dahme
Helmut Kalo, Tel. 04364-499068, Fax 04364-499068

H

Unterkunft: Ü; 4 FeWo (4 x 3 Zimmer)
Preise: 2 bis 4 Pers. 42 bis 60 €/Tag, Endreinigung 30 €, für Hundebesitzer 40 €
Ausstattung: DU, WC, KÜ, Mikrowelle, TV, Teppichboden. Brötchenservice, kostenl. Parkplätze.
Tiere: Hunde. Großer Hund 5 €/Tag, kleine Hunde kostenlos. Willkommensleckerli, Hundetoilettenbeutel. Tiere dürfen sich frei bewegen, angeleint im Außenbereich. Auslaufflächen in der Nähe. Tierarzt: 8 km, Tierfuttereinkauf: 500 m.
Kinder: Hochstuhl, Kinderbett.
Beschreibung: Ruhige Lage zwischen Wald und Meer. Garage für Fahrräder. Hausprospekt vorh.

Dahme — Haus Styrnol ★★

Wittenwiewerbarg 12, 23747 Ostseeheilbad Dahme
Barbara Styrnol, Tel. und Fax 04364-9180

H K KT

Unterkunft: Ü; 4 FeWo (4 x 2 Zimmer), Balkon oder Terrasse
Preise: 1 bis 4 Pers. 30 bis 70 €/Tag, Pauschalangebote a.A.
Ausstattung: DU, Bad, WC, KÜ, Waschmaschine, TV, Teppichboden.
Sonstiges: Wäscheservice. Fahrräder, Roller. Kostenlose Parkplätze.
Tiere: Hunde, Katzen. Kleintiere auf Anfrage. Hunde und Katzen kostenlos. Näpfe, Decke und Hundetoilettenbeutel vorhanden. Tiere dürfen sich frei bewegen. Grünflächen rund um das Haus. Tierarzt: 5 km, Tierfuttereinkauf: vor Ort.
Kinder: Kinderbett, Hochstuhl, diverses Spielzeug.
Beschreibung: 100 m zum Strand, Fitness-Studio, Meerwasser-Bad. Hausprospekt vorhanden.

Dahme — Haus Scarlett

Cismarer Straße 6, 23747 Ostseeheilbad Dahme
✉ Evelyn Schenck, Klein Sarau 39, 23627 Groß Sarau,
Tel. 04509-8197, Fax 04509-7079801
hbrsche@aol.com, www.ferienhaus-schenck.de

H K KT

Unterkunft: Ü; 7 FeWo (1x3 Zimmer, 3x2 Zimmer, 3x1 Zimmer)
Preise: 2-6 Pers. 31-69 €/Tag, Endreinigung 21-38 €
Ausstattung: DU, WC, KÜ, glatte Böden/Teppichboden, Terrasse oder Balkon. Kostenlose Parkplätze
Tiere: Hunde, Katzen. Kleintiere a.A. Hunde, Katzen kostenlos. Willkommensleckerli. Tiere dürfen sich frei bewegen, außer auf dem Hausparkplatz. Nächste Grünanlage: 150 m. Tierarzt: 3 km, Tierfuttereinkauf: 500 m.
Kinder: Kinderbett und Hochstuhl.
Beschreibung: 2 Hundestrände, Hauptkurstrand 500 m. Hausprospekt.

Groß Schwansee — Ferienwohnung Weber

Seeweg 1 A, 23942 Groß Schwansee
Karin und Ulrich Weber, Tel. und Fax 038827-7777
weber_gross_schwansee@yahoo.de, www.ferienmitdemhund.de

H KT

Unterkunft: Ü; 1 FH, 1 FeWo (1 x 1 Zimmer, 1 x 2 Zimmer)
Preise: 38 bis 48 €/Tag
Ausstattung: DU, WC, KÜ, TV, Mikrowelle, Spülmaschine, Waschmaschine, glatte Böden, Balkon. Brötchenservice. Kostenlose Parkplätze.
Tiere: Hunde. Kleintiere a.A. Hunde kostenlos. Willkommensleckerli, Decke, Näpfe. Tiere dürfen sich frei bewegen. Grünflächen am Haus. Hundestrand: 1 km, Tierarzt und Tierfuttereinkauf: 10 km. Tiere vor Ort: Dackel.
Beschreibung: Strandnah und ruhig gelegen. Erholung für Mensch und Hund.

Wismar-Wohlenberg — Feriendorf an der Ostsee ★★★★

An der Chaussee 5, 23948 Wohlenberg/Klütz
Helmut Bley, Tel. 038825-22408 oder 410, Fax 038825-41100
info@ostsee-feriendorf.de, www.feriendorf-ostsee.de

H K KT

Unterkunft: Ü, ÜF, HP, VP; 5 EZ, 50 DZ davon 20 als MB buchbar, 5 Suiten, 2 FH, 45 FeWo
Preise: EZ 38 bis 70 €/Tag, DZ 50 bis 100 €/Tag, Zuschlag HP 13 €, VP 20,50 €, MB/FH/FeWo/Pauschalangebote a.A.
Ausstattung: DU, Bad, WC, TV, Minibar, Fön, App.-Küche. FH/FeWo: KÜ, Wäscheservice, PVC/Teppichboden. Lift, Restaurant, Bar, Sauna, Solarium, Dart, Billard, Kicker, TV-Gerätefußball.
Sonstiges: Fahrradverleih. Kostenlose Parkplätze.
Tiere: Hunde, Katzen. Kleintiere a.A. Hund, Katze je 9 €/Tag. Körbchen, Näpfe, Hundezwinger vorhanden. Tiere angeleint im Hausbereich, kein Zutritt zu Frühstücksraum und Restaurant. Grünflächen um das Haus. Tierarzt und Tierfuttereinkauf: 5 km.
Beschreibung: Direkt am Ostseestrandbad der Wohlenberger Wick.

Plön — Ferienwohnung Plön ★★★

Lütjenburger Straße 57, 24306 Plön
Thies Thiessen, Tel. 04522-4825

H KT

Unterkunft: Ü; 1 FeWo, 2 Zimmer
Preise: 1 bis 3 Pers. ab 35 €/Tag. Pauschalangebote a.A.
Ausstattung: DU, Bad, WC, KÜ, Waschmaschine, glatte Böden, Wäscheservice. Kostenlose Parkplätze.
Tiere: Hunde, kostenlos. Kleintiere a.A. Willkommensleckerli, Freß-/Wassernapf. Kleiner Vorrat an Hundefutter. Tiere dürfen sich frei bewegen. Grünflächen rund um das Haus. Tierarzt: 3 km, Tierfuttereinkauf: 1 km.
Beschreibung: Großes Grundstück am Ortsrand. Wald- und Seenähe, Großer Plöner See. Hausprospekt vorhanden.

Plön — Ferienwohnung Schöhsee-Panorama

★★★

Steinbergweg 42, 24306 Plön
✉ M. Stolzenburg, Kalvslohreystr. 6, 22457 Hamburg, Tel. und Fax 040-5506840
pamblond@web.de

H KT

Unterkunft: Ü; 1 FeWo, 2 Zimmer, Bad, separate Küche
Preise: 1 bis 4 Pers. 49 bis 58 €/Tag, Pauschalangebote a.A.
Ausstattung: DU, Bad, WC, KÜ, Mikrowelle, TV, glatte Böden/ Teppichb., Waschmaschine. Kostenlose Parkplätze.
Tiere: Hunde. Kleintiere a.A. Hund je 2 €/Tag. Willkommens-leckerli, Näpfe, Hundetoilettenbeutel. Tiere angeleint im Hausbereich. Grünflächen ums Haus, eingezäuntes Grundstück. Tierarzt: 2 km, Tierfuttereinkauf: 1 km.
Beschreibung: Seegrundstück mit privatem Steg und Liegewiese, Grillplatz. Beide Zimmer mit Aussicht zum See.

Hohwacht — Ferienwohnungen Glenewinkel

Am Hohen Ufer, 24321 Ostseeheilbad Hohwacht
✉ Familie Glenewinkel, Seestraße 11 A, 24321 Hohwacht
Tel. 04381-6855, Fax 04381-417197
idyll55@hotmail.com, www.ostsee-idylle.de

H K KT

Unterkunft: Ü; 5 FH, 4 FeWo
Preise: 2 bis 8 Pers. ab 45 €/Tag, zuzüglich Endreinigung, Pauschalangebote a.A.
Ausstattung: DU, Bad, WC, KÜ, TV, Waschmaschine, Telefon, Balkon oder Terrasse, teilweise mit Meerblick, Fliesen, Teppichboden. Kostenlose Parkplätze.
Tiere: Hunde, Katzen. Kleintiere a.A. Alle Tiere kostenlos. Tiere dürfen sich frei bewegen. Grünflächen rund um das Haus. FH mit eingezäunten großen Gärten. Tierarzt (mit Physiotherapie): 5 km, Tierfuttereinkauf: vor Ort.
Beschreibung: Hohwacht liegt umgeben von Wäldern und Naturschutzgebieten direkt an der Ostsee, mit hundefreundlichen Stränden. Hausprospekt vorhanden.

Schafstedt-Dückerswisch — Ferienhaus Marianne

★★★★

Lehmberg 1, 25725 Schafstedt-Dückerswisch
✉ Dr. Christine Bothmann, Dellbrück 8, 25704 Bargenstedt,
Tel. 04806-364, Fax 04806-990171
soenke.bothmann@t-online.de, www.haus-marianne.de

P H K KT

Unterkunft: Ü; 1 FH
Preise: Bis 8 Personen 90 €/Tag, Energie für Sauna nach Verbrauch
Ausstattung: Wohn-/Eßzimmer mit TV; 4 DZ, 1 EZ, 2 Bäder, sep. WC, KÜ mit Spülmaschine, Mikrowelle, Waschmaschine, Wäscheservice, ca. 140 qm groß, separate Sauna, Solarium, Teppich und Fliesen.
Sonstiges: Großer Garten, Alleinlage, Grill, Gartenmöbel, Kamin. Kostenl. Parkpl.
Tiere: Hunde, Katzen, Pferde. Kleintiere a.A. Pferde: Preis nach Absprache, andere Tiere kostenlos. Kleiner Vorrat an Hundefutter, Decke, Freßnapf. Tiere dürfen sich frei bewegen. Grünflächen rund um das Haus. Hundetoiletten in der Nähe. Besitzerin ist Tierärztin, Tierfuttereinkauf: 2 km. Tiere vor Ort: Hund, Katzen, Pferd, Rinder (eigener landwirtschaftlicher Betrieb: 10 km).
Kinder: Kinderbett, Kinderstuhl, Spiele, Spielplatz. "Kinderplus"-Klassifizierung.
Beschreibung: Traumhafte Terrassenlage direkt am Nord-Ostsee-Kanal, kein öffentlicher Weg, 3000 qm Privatgelände, viele Spazier- und Radwege in direkter Nähe. Hausprospekt vorhanden.

Lunden

Ferienhaus Müller

Am Kliff 23, 25774 Lunden
✉ Regina Müller, Körnerstraße 41, 76135 Karlsruhe
Tel. 0721-849125, Fax 0721-841902

H K KT

Unterkunft: Ü; 1 FH (3 Zimmer)
Preise: 30 €/Tag, Endreinigung 26 €
Ausstattung: Bad, WC, KÜ, Spül-/Waschmaschine, TV, glatte Böden. Kostenlose Parkplätze.
Tiere: Hunde, Katzen. Kleintiere a.A. Hunde, Katzen kostenlos. Tiere dürfen sich frei bewegen. Grünflächen um das Haus. Tierarzt: 100 m, Tierfuttereinkauf: 50 m. Tiere vor Ort: Hunde, Katzen.
Kinder: Schaukel, Sandkasten, Baumhaus.
Beschreibung: 1200 qm Garten, Wattforum, Eider-Sperrwerk. Hausprospekt vorhanden.

Tellingstedt

Ferienwohnung Edel "Alte Töpferei"

Westerborstelstraße 19, 25782 Tellingstedt
Sabine Edel, Tel. 04838-704990

H K KT

Unterkunft: Ü; 1 FeWo, 130 qm, mit 60 qm Dachterrasse
Preise: Bis 3 Personen 40 €/Tag, jede weitere Person 12 €/Tag
Ausstattung: DU, WC, KÜ, TV, Teppich, PVC, Dachterrasse. Wäscheservice. Kostenlose Parkpl.
Tiere: Hunde, Katzen. Kleintiere a.A. Alle Tiere kostenlos. Kleiner Vorrat an Hunde- und Katzenfutter. Tiere dürfen sich frei bewegen, auf dem Areal an der Leine. Nächste Grünanlage: 50 m. Tierarzt: 1 km, Tierfuttereinkauf: 500 m. Tiere vor Ort: Katzen, Störche, Aquarien.
Beschreibung: Die Ferienwohnung mit Dachterrasse liegt auf einem 2000 qm großen Areal. Über 100 km Reit- und Fahrrundwege.

St. Peter-Ording

Dünenhotel Eulenhof

★★★

Im Bad 93-95, 25826 St. Peter-Ording
Familie Herth, Tel. 04863-96550, Fax 04863-9655155
info@duenenhotel-eulenhof.de, www.duenenhotel-eulenhof.de

H K KT

Unterkunft: ÜF; 10 EZ, 13 DZ, 13 MB, 2 FH, 13 FeWo/App. 43-90 qm
Preise: EZ 40 bis 65 €/Tag, DZ 90 bis 120 €/Tag. FH/FeWo/App.: 2 bis 6 Pers. 80 bis 135 €/Tag. Sparpreise November bis April, außer Ferienzeiten.
Ausstattung: DU, WC, TV, Telefon, Minibar, Safe, Bademäntel. FH/FeWo/App.: DU, WC, KÜ, TV. Wäscheservice. Hallenschwimmbad, Sauna. Strandkörbe. Kostenlose Parkplätze.
Tiere: Hunde, Katzen. Kleintiere a.A. Hunde und Katzen je 4 €/Tag (Der Übernachtungsobolus für die Tiere wird an das örtliche Tierheim weitergegeben). Tiere angeleint im Haus- u. Gartenbereich, kein Zutritt im Frühstücksraum. Grünflächen um das Haus. Hundetoiletten in der Nähe. Tierarzt und Tierfuttereinkauf: 1 km. Tiere vor Ort: Hund.

Behind. Einr.: Große rollstuhlgerechte Ferienwohnung.
Beschreibung: Unter Bäumen geborgen, von der Straße abgewandt, absolut ruhig, an den Innendünen gelegen in naturnaher Umgebung. Hausprospekt.

St. Peter-Ording

Haus Wismar
★★★

H K KT

Theodor-Mommsen-Weg 9, 25826 St. Peter-Ording
Brigitta Eilers, Tel. 04863-1244

Unterkunft: Ü; 2 FeWo, 1 x 3 Zimmer, 1 x 2 Zimmer
Preise: 2 bis 4 Pers. 40 bis 66 €/Tag, weitere Pers. 5 €/Tag. Pauschalangebote a.A.
Ausstattung: DU, Bad, WC, KÜ, TV, Teppichb., Balkon, Waschm./Tel. im Haus. Kostenl. Parkpl.
Tiere: Hunde, Katzen. Kleintiere a.A. Hunde und Katzen kostenlos. Kleiner Vorrat an Tierfutter. Tiere dürfen sich frei bewegen. Eingezäuntes Grundstück. Grünflächen um das Haus. Entfernung Hundestrand, Tierarzt und Tierfuttereinkauf: 1 km. Tiere vor Ort: Hund.
Beschreibung: Viele herrliche Wald- und Wanderwege, ruhige Lage. Zehn Minuten Fußweg durch Dünenwald ins Zentrum. Erlebnisbad, Kureinrichtungen. Riesige Hundestrände.

Tönning

Fischerhuus
★★★★

H K KT

Fischerstraße 7, 25832 Tönning
✉ Torsten Beetz, Altendeich 7, 25870 Oldenswort, Tel. 04861-9192, Fax 04861-9194
schwienskrog@aol.com, www.eiderstedt-nordsee.de

Unterkunft: Ü; 1 FH, 3 Schlafzimmer, 2 Bäder
Preise: 2 bis 6 Pers 47 bis 75 €/Tag, weitere Pers. 5 €/Tag,
Ausstattung: DU, Bad, WC, KÜ, Mikrowelle, Spül-/Waschmasch., TV, Tel., gl. Böden. Wäscheservice. Kostenl. Parkpl.
Tiere: Hunde, Katzen. Kleintiere a.A. Hund/Katze je 2 €/Tag, Willkommensleckerli, Decke, Näpfe. Tiere dürfen sich frei bewegen. Grünflächen um das Haus. Hundestrand: 700 m, Tierarzt: 600 m, Tierfuttereinkauf: 300 m.
Kinder: Spielplatz mit Rutsche, Sandkiste, Schaukel.
Beschreibung: Multimar, Strand, Schwimmbad, Fitness, Museen.

Oldenswort

Ferienhof Martens
DLG-Gütezeichen ★★★

P H K KT

Osterende 13, 25870 Oldenswort
Helga Martens, Tel. 04864-211, Fax 04864-271971
kontakt@ferienhofmartens.de, www.ferienhofmartens.de

Unterkunft: Ü, ÜF; 1 FeWo (3 Zimmer), 1 App.
Preise: 2 bis 5 Personen 30 bis 50 €/Tag, Pauschalangebote a.A.
Ausstattung: DU, WC, KÜ, Waschmaschine, TV, glatte Böden, Teppichboden, Terrasse.
Sonstiges: Wäsche-/Brötchenservice, Lebensmittel vom eigenen Hof. Kostenlose Parkplätze.

Tiere: Hunde, Katzen, Pferde. Kleintiere a.A. Pferd: Box/Auslauf 10 €/Tag, Hund je 6 €/Tag, Katze je 2 €/Tag. Vorrat an Pferdefutter. Tiere dürfen sich frei bewegen, angeleint in Frühstücksraum/Rest., kein Zutritt zum Geflügelgarten. Grünflächen um das Haus. Hundestrand: 10 km, Tierarzt: 9 km, Tierfuttereinkauf: 2 km. Tiere vor Ort: Ponys, Hund, Katze, Rinder usw.
Kinder: Spielplatz, Streicheltiere, Ponyreiten, Baumschaukel.
Beschreibung: Reetgedeckter Haubarg (hist. Bauernhaus) mit parkähnlichem Garten in ruhiger Lage mit Liegewiese und Sitzgruppen. Nähe St.-Peter-Ording, Nordsee.

Immenstedt
Hotel "Immenstedt Bahnhof"

Olderuperstraße 1, 25885 Immenstedt
Walter Lüdrichsen, Tel. 04843-1331, Fax 04843-1304
info@hotel-immenstedt-bahnhof.de, www.hotel-immenstedt-bahnhof.de

P H K

Unterkunft: ÜF, HP; 4 EZ, 6 DZ, 3 MB
Preise: EZ 26 €/Tag, DZ 52 bis 60 €/Tag, Zuschlag HP 6,50 €
Ausstattung: DU, WC, TV. Kostenlose Parkplätze.
Tiere: Hunde, Katzen, Pferde. Pferd: Weide 4 €/Tag, Box 8 €/Tag, Hund/Katze je 8 €/Woche. Vorrat an Tierfutter. Tiere dürfen sich frei bewegen, angeleint im Hausbereich. Grünflächen rund um das Haus. Hundetoiletten in der Nähe. Tierarzt und Tierfuttereinkauf: 2 km. Tiere vor Ort: Hund, Katzen, Pferde.
Beschreibung: Alter Bahnhof außerhalb des Ortes. Hausprospekt.

Emmelsbüll-Horsbüll
Petras Friesenhaus
★★★★

Gotteskoogdeich 11, 25924 Emmelsbüll-Horsbüll
Petra Sattelberg-Lorkowski, Tel. 04665-983075, Fax 04665-983095
petra.sattelberg-lorkowski@t-online.de, www.petras-friesenhaus.de

H K KT

Unterkunft: Ü; 1 FH (2 Zi., Garten, 3 Sterne), 1 FeWo (4 Sterne)
Preise: 2 Pers 46 €/Tag, weitere Pers.(über 12 J.) je 5 €/Tag
Ausstattung: DU, Bad, WC, KÜ, Mikrowelle, Spül-/Waschmasch., TV, Teppichb., Wasserbett, Kaminofen. Kostenl. Parkplätze.
Tiere: Hunde, Katzen. Kleintiere a.A. Alle Tiere kostenlos. Anzahl Hunde unbegrenzt. Hundestrand. Tiere dürfen sich frei bewegen. Großer eingezäunter Garten. Grünflächen rund um das Haus. Tierarzt und Tierfuttereinkauf: 6 km. Tiere vor Ort: 1 Hund, 4 Katzen.
Beschreibung: Alleinlage in Wiesen und Feldern, 5 km zur Nordsee.

Rodenäs
Hotel Rickelsbüller Hof

Neudorf 8, 25924 Rodenäs
Frau Reckhaus, Herr Löhndorf, Tel. 04668-9201-0, Fax 04668-9201-48
rickelsbueller-hof@t-online.de, www.rickelsbueller-hof.de

H

Unterkunft: ÜF, HP; 4 EZ, 6 DZ, 2 MB, 1 FH, 2 Zimmer
Preise: Hotel: EZ 38 bis 42 €/Tag, DZ 57 bis 70 €/Tag, Zuschlag HP 7,50 €
FH: 280 bis 420 €/Woche, inkl. Endreinigung. Pauschalangebote a.A.
Ausstattung: Hotel: DU, WC, TV/Radio, Telefon, Teppichboden, NR-Zimmer.
FH: DU, WC, KÜ, Mikrowelle, TV, glatte Böden/Teppichboden.
Sonstiges: Restaurant, Aufenthaltsraum, Terrasse, Garten. Kostenlose Parkplätze.
Tiere: Hunde, kostenlos. Willkommensleckerli. Tiere dürfen sich frei bewegen, angeleint in Frühstücksraum und Restaurant. Grünflächen um das Haus, große eingezäunte Spielwiese.
Hundestrand: 12 km,
Tierarzt und Tierfuttereinkauf: 4 km.
Tiere vor Ort: Beagle Bruno.
Kinder: Schaukel, Spielwiese.
Beschreibung: Wir sind ein kleines Landhotel an der Nordsee, direkt an der dänischen Grenze gelegen, in unmittelbarer Nachbarschaft zu den Inseln Sylt, Föhr und Römö. Wenn Sie Ihren Urlaub gerne mit Ihrem Hund verbringen möchten, sind Sie bei uns genau richtig. Beagle Bruno wartet auf neue Freunde.

Westerland/Sylt

Ferienwohnung Illgner

Heideweg 11, 25980 Westerland/Sylt
Dr. Peter Illgner, Tel. 04651-26540, Fax 04651-201488

H KT

Unterkunft: Ü; 1 FeWo (ca. 65 qm, 2,5 Zimmer)
Preise: 2 bis 3 Pers. 55 bis 85 €/Tag, Pauschalangebote a.A.
Ausstattung: Bad, WC, KÜ, TV, Tel., glatte Böden/Teppichb., Wäscheservice, kostenl. Carport.
Tiere: Hunde. Kleintiere a.A. Hunde kostenlos. Decke, Freß-/Wassernapf, Hundetoilettenbeutel. Tiere dürfen sich frei bewegen (nur im eigenen Gartenanteil). Grünflächen rund um das Haus. Tierarzt: 2 km, Tierfuttereinkauf: 100 m.
Beschreibung: Ruhige Lage, 5 Minuten zum Weststrand mit Hundestrand.

Sylt-Ost

Haus Orth

Melnstich 3, 25980 Sylt-Ost-Morsum
Corina Orth, Tel. 04651-891573, Fax 04651-891192
info@sylter-hundeschule.de, www.haus-orth.de

P H K KT

Unterkunft: Ü; 1 FeWo, 3 Zimmer
Preise: 1 bis 4 Pers. 60 bis 85 €/Tag, Pauschalangebote auf Anfrage.
Ausstattung: DU, 2 WC, KÜ, TV, Tel., Spülmaschine, glatte Böden. Kostenlose Parkplätze.
Tiere: Hunde, Katzen, Pferde. Kleintiere a.A. Pferd: nur Weide 7 €/Tag, Hunde und Katzen kostenlos. Agility. Hundeschule vor Ort. Tiere dürfen sich frei bewegen. Grünflächen um das Haus. Entfernung Hundestrand: 10 km, Tierarzt: 7 km, Tierfuttereinkauf: 500 m. Tiere vor Ort: Hunde, Pferd.
Beschreibung: Morsum/Sylt. Gemütlich eingerichtete FeWo mit allem Komfort für 4 Personen im Obergeschoss. Ruhige, ländliche Umgebung für ausgiebige Spaziergänge.

List/Sylt

Ferienwohnungen Giese

Am Lister Tor 3+4, 25992 List/Sylt
Cat Sieg GbR, Anke Giese, Tel. 04651-871402, Fax 04651-871564
giese@list-sylt.de, www.list-sylt.de/giese

H K KT

Unterkunft: Ü; 5 FeWo, 1x4 Pers., 4x2 Pers.
Preise: 2 bis 4 Pers. 40-115 €/Tag, weitere Pers. 5 €/Tag. 01.11.-28.03 ab 245 €/Woche
Ausstattung: DU, Bad, WC, KÜ, TV, Teppich, Wäscheservice, Balkon/Terrasse nach Süden. Gartenbenutzung. Kostenlose Parkplätze.
Tiere: Hunde, Katzen. Kleintiere a.A. Hund/Katze kostenlos. Tiere dürfen sich frei bewegen. Grünflächen rund um das Haus. Automaten mit Hundetoilettenbeutel in der Nähe (kostenl.). Tierarzt: 16 km, Tierfuttereinkauf: 800 m. Tiere vor Ort: Hunde.
Beschreibung: Zentrale Lage, ca. 300 m zum Oststrand, 10 Min. zum Hafen. Hausprospekt vorh.

Wangerland

Ferienwohnungen Husarenhof

Friedrich-Augustengroden 10, 26434 Wangerland
Edzard Behrens, Tel. 04464-326, Fax 04464-942956
husarenhof@freenet.de, www.husaren-hof.de

H K KT

Unterkunft: Ü; 2 FeWo für bis zu 5 Personen
Preise: 1 bis 2 Pers. 26,40 bis 39 €/Tag, weitere Pers. je 4 €/Tag, Endreinigung 20 €
Ausstattung: DU, WC, KÜ, Teppichb., Brötchen-/Wäscheservice. Grillplatz, kostenlose Parkplätze.
Tiere: Hunde, Katzen. Kleintiere a.A. Hund 4 €/Tag, Katze 2 €/Tag. Vorrat an Hunde-/Katzenfutter. Tiere dürfen sich frei bewegen. Grünflächen ums Haus. Automaten mit Hundetoilettenbeutel in der Nähe. Tierarzt: 7 km, Tierfuttereinkauf: 2 km.
Beschreibung: Küstenbadeort mit Angeboten von Surf-, Segel- und Sportführerschein-Schulen. Wattwanderungen, Tennis, Reiten, Kurmöglichkeit. Vielfältige Veranstaltungen in Carolinensiel-Harlesiel. Hausprospekt vorhanden.

Wangerland — Haus Austernfischer

Viethstraße 39, 26434 Wangerland-Hooksiel
Wolfgang und Nortrud Glout, Tel. 04425-1242, Fax 04425-990845
info@austernfischer.de, www.austernfischer.de

H K KT

Unterkunft: Ü; 2 FeWo, 2 bis 3 Zimmer
Preise: 2-4 Pers. 36-60 €/Tag, weitere Pers. 5 €/Tag, Endrein. 25-30 €, Pauschalang. a.A.
Ausstattung: Bad, WC, KÜ, TV, Waschmasch., Teppichb., Brötchenservice, kostenl. Parkpl.
Tiere: Hunde, Katzen. Kleintiere a.A. Hunde, Katzen je 3 €/Tag. Tiere dürfen sich frei bewegen. Grünflächen um das Haus, eingezäuntes Grundstück. Entfernung Hundestrand: 3,5 km, Tierarzt und Tierfuttereinkauf: 1 km. Tiere vor Ort: Hund.
Kinder: Schaukel, Sandkiste.
Beschreibung: Tennisaußenplätze, Wasserski, Surfen, Meerwasserhallenbad, Pferderennbahn. Über 450 Jahre alter Küstenort. Hausprospekt vorhanden.

Langeoog — Ferienwohnungen Dirks u. Recktenwald

Lütje Pad 3, 26465 Langeoog
✉ Arnika Dirks, Maike Recktenwald, Lütje Pad 5, 26465 Langeoog,
Tel. 04972-257038, Fax 04972-847
info@urlaub-bei-dirks.de, www.urlaub-bei-dirks.de

H KT

Unterkunft: Ü; 3 FH (1 Alleinhaus, 2 Reihenhäuser), 7 FeWo, 1 App.
Preise: 2 bis 7 Pers. 40 bis 130 €/Tag, weitere Pers. 10 bis 15 €/Tag, Pauschalangeb. a.A.
Ausstattung: DU, Bad, WC, KÜ, TV, Spül-/Waschmasch., gl. Böden/Teppichb., Wäscheservice.
Tiere: Hunde. Kleintiere a.A. Hund bis 3 €/Tag. Decke, Näpfe, Hundetoilettenbeutel, Hundehandtücher. Hundestrand. Tiere dürfen sich frei bewegen. Entfernung nächste Grünanlage: 100 m, Tierarzt: Festland, Tierfuttereinkauf: 200 m oder über Internet an unsere Adresse liefern lassen. Tiere vor Ort: Labradorhündin.
Kinder: Sandkiste mit Strandspielzeug, Garten, Fahrradverleih, auch Kinderräder.
Beschreibung: Zentral oder am Ortsrand gelegene FeWo's und Ferienhäuser auf der autofreien Insel.

Neuschoo — Ferienhaus Maike

Foortweg 1, 26487 Neuschoo
Tina Herzberger, Tel. und Fax 04975-750069

H K KT

Unterkunft: Ü; 1 FH, 2 SZ, 1 WZ/SZ, 85 qm
Preise: 2 Pers. 37 €/Tag, weitere Pers. 6 bis 8 €/Tag, Endreinig. 20-30 €
Ausstattung: DU, WC, KÜ, TV, Mikrowelle, Fliesen/Teppichb., Wäscheservice. Kostenl. Parkpl.
Tiere: Hunde, Katzen. Kleintiere a.A. Hunde/Katzen kostenlos. Willkommensleckerli, 2 große Hundekörbe, Näpfe. Vorrat an Hunde-/Katzenfutter. Tiere dürfen sich frei bewegen. Grünflächen um das Haus. Garten umzäunt. Tierarzt: 3 km, Tierfuttereinkauf: 4 km. Tiere vor Ort: Ponys, Hunde, Katzen, Kaninchen, Schafe.
Behind. Einr.: Behindertenfreundlich, da alle Räume im EG.
Beschreibung: 15 km bis zur Nordseeküste. Ländlich ruhig. Hausprospekt vorhanden.

Blomberg — Haus Caspers

Junkers Helmer 13, 26487 Blomberg
Tina Caspers, Tel. 04977-917046
tcaspers@arcor.de, www.tina-caspers.de

H K KT

Unterkunft: Ü; 1 FeWo (3 Zimmer)
Preise: 2 bis 4 Pers. 40 bis 44 €/Tag, weitere Pers. 4 €/Tag, Pauschalangebote a.A.
Ausstattung: DU, WC, KÜ, TV, Spülmaschine, Mikrowelle, glatte Böden. Kostenl. Parkplätze.
Tiere: Hunde, Katzen. Kleintiere a.A. Hunde, Katzen kostenlos. Willkommensleckerli, Decke, Körbchen, Näpfe, Hundetoilettenbeutel, Gassidienst, Tiersitterservice, Agility, Hunde-/Welpenschule, Hundespiel-/sportplatz, Hundepension. Tiere dürfen sich frei bewegen. Grünflächen um das Haus, ca. 300 qm eingezäunter Garten. Hundestrand: 20 km, Tierarzt: 10 km, Tierfuttereinkauf: 1 km. Tiere vor Ort: Hunde, Katzen, Pferde.
Beschreibung: Ewiges Meer (größter Hochmoorsee). Holtriemer Radwanderweg.

Norden/Norddeich

Bürgerhaus Katja

★★★★

P H K KT

Norddeicher Straße 6, 26506 Norden/Norddeich
Familie Roolfs, Tel. 04931-4574, Fax 04931-959010
detlef.roolfs@nwn.de, www.katja-norddeich.de

Unterkunft: Ü; 2 FeWo, je 90 qm, 2-3 SZ
Preise: 1-4 Pers. 39-86 €/Tag, weitere Pers. 3 €/Tag, Endreinig. 63-93 €, Pauschalang. a.A.
Ausstattung: DU, Bad, 2 x WC, KÜ, TV, Video, DVD, Telefon, Internet, Spüler, Waschmaschine, Trockner, Teppich, Holz, PVC, Fliesen. Carport.
Tiere: Hunde, Katzen, Pferde. Kleintiere a.A. Alle Tiere kostenlos. Tiere dürfen sich frei bewegen. Freilauf im Garten. Tierarzt und Tierfuttereinkauf: 1 km.
Kinder: Spielplatz, Spielfahrzeuge, Sandkasten unter Dach, Tischtennis.
Beschreibung: Nordseekurort Norden-Norddeich siehe www.norddeich.de, Ausflüge zu den Inseln Norderney, Juist, Baltrum, Helgoland. Ponyreiten u.a.m. siehe **Ferienhof Upwarf** Anzeige unten, Hausprospekt und Internet: www.upwarf.de

Norden/Norddeich

Ferienhof Upwarf

DLG-Gütezeichen ★★★★

P H K KT

Westermarscher Straße 22, 26506 Norden/Norddeich
Familie Roolfs, Tel. 04931-4574, Fax 04931-959010
detlef.roolfs@nwn.de, www.upwarf.de

Unterkunft: Ü; 1 FH, 6 FeWo, 1 App.
Preise: 1-4 Pers. 39-86 €/Tag, weitere Pers. 3 €/Tag, Endreinig. 62-93 €, Pauschalang. a.A.
Ausstattung: DU, Bad, WC, KÜ, TV, Mikrowelle, Spül-/Waschmaschine, PVC, Teppich, Wäscheservice, Fitnessraum, Solarium, Sauna, Whirlpool. Kostenlose Parkplätze.
Tiere: Hunde, Katzen, Pferde. Kleintiere a.A. Pferd: Box/Weide 10 €/Tag, Hunde und Katzen kostenlos. Vorrat an Tierfutter. Tiere dürfen sich frei bewegen. Grünflächen um das Haus. Tierarzt und Tierfuttereinkauf: 7 km. Tiere vor Ort: Hund, Katzen, Ponys, Bauernhoftiere.
Kinder: Spiel- und Bolzplatz, Spielscheune, Spielfahrzeuge, Tischfußball, Tischtennis, Ponyreiten uvm.
Beschreibung: Glückliche Kinder - stressfreie Eltern. Ausflüge zu den Inseln Norderney, Juist, Baltrum, Helgoland. Kurort. Hausprospekt, Internet: www.upwarf.de

Dornum

Friesenperle

H

Dorfstraße 10 B, 26553 Dornum-Neßmersiel
✉ Silvia Wuttke, Königslandwehr 65 C, 59192 Bergkamen
Tel. 02306-9271025, Fax 02306-9271026
info@gastbeiwuttke.de, www.gastbeiwuttke.de

Unterkunft: Ü; 5 FH (3 Schlafzimmer)
Preise: Bis 4 Pers. 39 bis 79 €/Tag, weitere Pers. 8 €/Tag
Ausstattung: DU, WC, KÜ, Mikrowelle, TV, glatte Böden/Teppichboden, Spül-/Waschmaschine. Kostenlose Parkplätze.
Tiere: Hunde, je 8 €/Tag. Willkommensleckerli, Näpfe, Hundezwinger. Tiere dürfen sich frei bewegen. Grünflächen um das Haus, eingezäuntes Grundstück. Hundetoiletten in der Umgebung. Hundestrand: 2 km, Tierarzt: 5 km, Tierfuttereinkauf: 200 m.
Beschreibung: Urlaub mit Kind und Hund in ruhiger Umgebung.

Juist — Pension Villa Seestern

Friesenstraße 16, 26571 Nordseeheilbad Juist
Rolf Aschoff, Tel. 04935-210, Fax 04935-8546
villa-seestern-juist@t-online.de

H K KT

Unterkunft: ÜF, HP (nur in Vor- und Nachsaison); 8 EZ, 12 DZ, 3 MB
Preise: EZ 32 bis 36 €/Tag, DZ 64 bis 92 €/Tag, Zuschlag HP 10 €, MB a.A. Sonderkonditionen in der Vor- und Nachsaison.
Ausstattung: DU, teilweise WC. Autofreie Insel.
Tiere: Hunde, Katzen. Kleintiere a.A. Hunde/Katzen kostenlos. Körbchen, Decke, Näpfe. Kleiner Vorrat an Katzenfutter. Tiere dürfen sich frei bewegen, außer im Speiseraum. Grünflächen um das Haus. Tierfuttereinkauf: 300 m. Tiere vor Ort: Katzen.
Beschreibung: Zentrale Lage, in direkter Nähe von Kureinrichtungen, Badestrand und Erlebnisbad.

Harpstedt — Akzenthotel Zur Wasserburg

★★★

Amtsfreiheit 4, 27243 Harpstedt
Familie Grohe, Tel. 04244-93820, Fax 04244-938277
info@zurwasserburg.de, www.zurwasserburg.de

H K KT

Unterkunft: ÜF, HP, VP; 6 EZ, 22 DZ, 2 MB
Preise: EZ 50-65 €/Tag, DZ 80-95 €/Tag, Zuschlag HP 15 €, VP 25 €
Ausstattung: DU, Bad, WC, TV, Fön, NR-Zimmer, Rest., Kegelbahn. Fahrradverleih, kostenlose Parkplätze, Garage geg. Gebühr. Viele Sportmöglichkeiten in nächster Umgebung.
Tiere: Hunde, Katzen. Kleintiere a.A. Hunde und Katzen je 3,50 €/Tag. Tiere dürfen sich frei bewegen, angeleint im Hausbereich. Grünflächen rund um das Haus. Entfernung Tierarzt und Tierfuttereinkauf: 500 m.
Behind. Einr.: Restaurant und ein Hotelzimmer.
Beschreibung: Erholungsort Harpstedt, Naturpark "Wildenhauser Geest". Hausprospekt vorhanden.

Bremen — Hotel Bremer Haus

★★★

Löningstraße 16-20, 28195 Bremen
Verein für Innere Mission, Tel. 0421-3294422, Fax 0421-3294411
bremerhaus@online.de, www.vch.de/bremerhaus.bremen

H K KT

Unterkunft: ÜF, HP; 34 EZ, 35 DZ, 2 MB
Preise: EZ 72 bis 82 €/Tag, DZ 87 bis 110 €/Tag, Zuschlag HP 14 € (3-Gang-Menü) nur für Gruppen ab 15 Pers. a.A., Pauschalangebote a.A.
Ausstattung: DU, Bad, WC, TV, Telefon, Minibar. Parkplätze gegen Gebühr.
Tiere: Hunde, Katzen. Kleintiere a.A. Hund 7,50 €/Tag, Katze 4 €/Tag. Tiere dürfen sich frei bewegen, angeleint im Hausbereich. Grünflächen in 1,5 km Entfernung vom Haus. Tierarzt: 1 km, Tierfuttereinkauf: 500 m.
Beschreibung: Zentral und ruhig gelegen in der Nähe der historischen Innenstadt, dem Musical-Theater, Kongreß-Centrum und der Stadthalle. Hausprospekt vorhanden.

Lilienthal — Hotel Schomacker

★★★

Heidberger Str. 35, 28865 Lilienthal b. Bremen
Tel. 04298-93740, Fax 04298-4291
hotelschomacker@t-online.de, www.hotelschomacker.de

H K KT

Unterkunft: ÜF, HP; 9 EZ, 18 DZ, 1 MB
Preise: EZ 48 bis 56 €/Tag, DZ 77 bis 87 €/Tag, Zuschlag HP 17 €, MB a.A.
Ausstattung: DU, Bad, WC, Radio/TV, Tel., Teppichb., NR-Zimmer, Restaurant. Kostenl. Parkpl.
Tiere: Hunde, Katzen. Kleintiere a.A. Hund, Katze je 6 €/Tag. Freß-/Wassernapf. Kleiner Vorrat an Hundefutter. Tiere angeleint im Hausbereich, kein Zutritt zum Frühstücksraum. Grünflächen rund um das Haus. Tierarzt: 1,5 km, Tierfuttereinkauf: 500 m. Tiere vor Ort: Hund.
Beschreibung: Künstlerdörfer Worpswede und Fischerhude in der Nähe. Hausprospekt vorhand.

Vissum

FeWo / B&B Villa Kassuhn

Dorfstraße 2, 29416 Vissum-Kassuhn
Kerstin Hartstock, Tel. 039034-338, Fax 039034-42385
info@urlaub-in-kassuhn.de, www.urlaub-in-kassuhn.de

H K KT

Unterkunft: Ü, ÜF; 2 FeWo (1 x 56 qm, 2 Zi., 1 x 45 qm, 1 Zi.)
Preise: 1 bis 5 Pers 14 bis 45 €/Tag, Pauschalangebote a.A.
Ausstattung: DU, WC, KÜ, Mikrowelle, TV, gl. Böden/Teppichb., Spül-/Waschmasch., Brötchen-/Wäscheserv. Kostenl. Parkpl.
Tiere: Hunde, Katzen. Kleintiere a.A. Hund, Katze je 5 €/Tag, Willkommensleckerli, Näpfe. Tiere dürfen sich frei bewegen. Hundestrand: 12 km, Tierarzt und Tierfuttereinkauf: 3 km. Tiere vor Ort: Hund, Katzen.
Beschreibung: Ruhige Lage. Auslauf und Spielmöglichkeiten. Teich, Hängematte, Grillplatz, teilüberdachte Terrasse.

Benkendorf

Gut Büssen

Dorfstraße 1, 29416 Benkendorf-Büssen
✉ Kerstin Hartstock, Dorfstraße 2, 29416 Vissum-Kassuhn,
Tel. 039034-338, Fax 039034-42385
info@urlaub-in-kassuhn.de, www.urlaub-in-kassuhn.de

P H K KT

Unterkunft: Ü; 4 FeWo, ab Saison 2006
Preise: 40 bis 45 €/Tag, Pauschalangebote a.A.
Ausstattung: DU, WC, KÜ, Spülmasch., TV, gl. Böden. Kostenl. Parkpl.
Tiere: Hunde, Katzen, Pferde. Kleintiere a.A. Pferd: Box/Auslauf je 7 €/Tag, Hund, Katze je 5 €/Tag. Willkommensleckerli, Näpfe. Tiere dürfen sich frei bewegen. Grünflächen um das Haus, eingezäunter Garten. Hundezwinger. Hundestrand: 15 km, Tierarzt und Tierfuttereinkauf: 5 km. Tiere vor Ort: Hund, Katzen.
Beschreibung: Gutshaus mit Park, Pferdeboxen, Weide. Ruhige Lage.

Natendorf

Feriendorf Weinberghof

Wessenstedt Nr. 12, 29587 Natendorf-Wessenstedt
Meike Goosmann-Hofferbert, Tel. 05822-2367, Fax 05822-5350
info@feriendorf-weinberghof.de, www.feriendorf-weinberghof.de

P H K KT

Unterkunft: Ü; FH, 1 FeWo (38-148 qm, 4-8 Betten, 1-4 Schlafzimmer)
Preise: 1 bis 8 Personen 28 bis 103 €/Tag, Energie nach Verbrauch
Ausstattung: DU, Bad, WC, KÜ, Waschmaschine, TV, Telefon, glatte Böden, Balkon.
Sonstiges: Hallenbad, Reiten, Trampolin, Tischtennis, Freischach. Kostenlose Parkplätze.
Tiere: Hunde, Katzen, Pferde. Kleintiere a.A. Pferd: Box/Auslauf je 6 €/Tag, Hund/Katze pauschal je 10 €. Kleiner Vorrat an Tierfutter. Tiere dürfen sich frei bewegen. Grünflächen um das Haus. Tierarzt und Tierfuttereinkauf: 3 km. Tiere vor Ort: Pferde, Hunde, Katzen, Hühner, Enten, Lamas, Alpakas, Reptilien.
Kinder: Spielplatz mit Riesentrampolin. Reitunterricht. Betreten der Rasenflächen ausdrücklich erlaubt.
Beschreibung: Idyllisch gelegen, kein Durchgangsverkehr, viel Freiheit für 2- u. 4-Beiner. Besuchen Sie uns auf unserer Hompage und machen Sie sich ein Bild!

Buchholz (Aller) — Gästezimmer Bergemann ★★★

Heideweg 15, 29690 Buchholz (Aller)
Adriane Bergemann, Tel. 05071-912540, Mobil 0173-7913218, Fax 05071-912542
info@gaestezimmer-bergemann.de, www.gaestezimmer-bergemann.de

H K KT

Unterkunft: Ü, ÜF; 1 DZ
Preise: DZ als EZ 28 €/Tag, DZ 46 €/Tag, ohne Frühstück Preisreduktion von 4 € pro Person. Bei nur einer Nacht 5 € Aufschlag.
Ausstattung: DU, Bad, WC, Radio/TV, glatte Böden, Minibar. Terrasse, kostenlose Parkplätze.
Tiere: Hunde, Katzen. Kleintiere a.A. Alle Tiere pauschal 5 € (für Endreinigung). Willkommensleckerli, Freß-/Wassernapf. Kleiner Vorrat an Katzenfutter. Tiere dürfen sich frei bewegen. Grünflächen um das Haus. Tierarzt: 3 km, Tierfuttereinkauf: 500 m.
Beschreibung: Dorf, Autobahnnähe, DZ mit eigenem Eingang. Hausprospekt vorhanden.

Petershagen — Ferienhof Meyer Economy ★★★

Ringstraße 98, 32469 Petershagen
Dieter und Christa Meyer, Tel. 05707-93020, Fax 05707-930230
ferienhof.meyer@t-online.de, www.hotelpetershagen.de

H K KT

Unterkunft: Ü, ÜF, HP; 2 EZ, 5 DZ, 2 FeWo, 6 App.
Preise: EZ 25 bis 30 €/Tag, DZ 46 bis 58 €/Tag, HP a.A., FeWo/App.: 2 bis 4 Pers. 42 bis 70 €/Tag, Endreinigung 20 €
Ausstattung: Pension: DU, WC, TV, Radio, Fön. FeWo/App.: DU, WC, KÜ, TV, Radio, Teppichboden, Wäscheservice.
Sonstiges: Grillplatz, Pavillon, Sonnenterrasse, Streichelzoo, Sport: Badminton, Volleyball, Tischtennis, Weserradfernweg. Kostenlose Parkplätze.
Tiere: Hunde, Katzen. Kleintiere a.A. Hunde und Katzen kostenlos. Freß-/Wassernapf, kleiner Vorrat an Hunde- und Katzenfutter. Tiere dürfen sich frei bewegen, angeleint im Hausbereich. Grünflächen rund um das Haus. Tierarzt: 5 km, Tierfuttereinkauf: 1,5 km. Tiere vor Ort: Streichelzoo, Ponys, Gänse, Hühner.
Kinder: Tischfußball, Spielplatz, Spielscheune, Spielhütte, Spaß mit dem Streichelzoo.
Behind. Einr.: Behindertengerecht eingericht. App., rollstuhlgerechtes, ebenerdiges DZ.
Beschreibung: Mühlenroute, Glasturmmuseum, romanische Kirche, Radwandern, 6 ausgeschilderte Fahrradtouren, Weserfahrten, Preußenstadt Minden, Residenzstädte Petershagen und Bückeburg, Dinosaurierpark. Hausprospekt vorhanden.

Horn-Bad Meinberg — Landhaus Pension-Café Blumengarten

Bangern 17 (Leopoldstal), 32805 Horn-Bad Meinberg
Familie Mikus, Tel. 05234-3186, Fax 05234-820420
landhaus-blumengarten@t-online.de, www.landhaus-blumengarten.de

P H KT

Unterkunft: Ü, ÜF, HP, VP; 4 EZ, 13 DZ, 1 Suite, 1 FeWo
Preise: EZ ab 30 €/Tag, DZ ab 54 €/Tag, Zuschlag HP 8 €, VP 12,50 €, FeWo: 2 Pers. 45 €/Tag, jede weitere Pers. 5 €/Tag, Suite/Pauschalangebote a.A.
Ausstattung: Pension: DU, WC, TV, NR-Zimmer. FeWo: DU, WC, KÜ, TV, Mikrowelle, Teppichboden. Bar, kostenlose Parkplätze.
Tiere: Hunde, Pferde. Kleintiere a.A. Pferd: Box mit Auslauf 7,50 €/Tag, Hund 2,50 €/Tag. Decke, Freß-/Wassernapf. Vorrat an Pferde- und Hundefutter, größere Mengen können auf Bestellung beschafft werden. Tiere dürfen sich frei bewegen, angeleint im Hausbereich. Tiere vor Ort: Pferde, Hunde, Esel, Lamas.
Kinder: Spielplatz, hauseigene Tiere.
Behind. Einr.: Zimmer mit spezieller Ausstattung.
Beschreibung: Landhaus liegt direkt am Wald – ein Paradies für Jung und Alt. Hausprospekt vorhanden.

Bad Driburg — Superior-Hotel neuhaus

★★★

Steinbergstieg 18-20, 33014 Bad Driburg
Guido Hartmann, Tel. 05253-4080, Fax 05253-408616
info@hotel-neuhaus.com, www.hotel-neuhaus.com

H K KT

Unterkunft: Ü, ÜF, HP; 44 EZ, 22 DZ, 6 FeWo (4x2 Zi., 2x3 Zi.)
Preise: EZ 44-59 €/Tag, DZ 69-82 €/Tag, HP 12,50 €, FeWo a.A.
Ausstattung: DU, WC, TV, Tel., Teppichb., Rest., Bar. Kostenl. Parkpl.
Tiere: Hunde, Katzen. Kleintiere a.A. Hund je 6 €/Tag, Katze je 4 €/Tag. Willkommensleckerli, Decke. Kleiner Vorrat an Tierfutter. Tiere angeleint im Hausbereich, kein Zutritt zum Rest. Eigener Frühstücksraum für Tierbesitzer. Grünflächen um das Haus. Tierarzt: 3 km, Tierfuttereinkauf: 2 km. Tiere vor Ort: Labrador.
Beschreibung: Naturpark Ostwestfalen - ideal für Mensch und Tier.

Espenau — Waldhotel Schäferberg

★★★★

Wilhelmthaler Straße 14, 34314 Espenau
Bernd Altvater, Tel.05673-9960, Fax 05673-996555
info@schaeferberg.de, www.waldhotel-schaeferberg.de

H K KT

Unterkunft: ÜF, HP, VP; 13 EZ, 75 DZ, 2 MB, 6 Suiten
Preise: EZ 70 bis 100 €/Tag, DZ 100 bis 130 €/Tag, HP/VP/Pauschalangebote a.A.
Ausstattung: DU, Bad, WC, TV, Minibar, Fön, Telefon, NR-Zimmer, Lift, Restaurant, Bar, Sauna, Fitnessraum, Billard, Kegelbahn. Kostenlose Parkplätze.
Tiere: Hunde, Katzen. Kleintiere a.A. Hunde, Katzen je 5,50 €/Tag. Freß-/Wassernäpfe vorhanden. Tiere dürfen sich frei bewegen, außer im Freizeitbereich. Grünflächen rund um das Haus.
Beschreibung: Gepflegtes Hotel am Waldrand im Nordwesten der Stadt Kassel. Viele Wandermöglichkeiten. Hausprospekt vorhanden.

Korbach — Reit-/Ferienanlage Tannenhof

Tannenhofweg 9, 34497 Korbach-Hillershausen
✉ Michael Lahme, Scharpenberger Str. 101A, 58256 Ennepetal, Tel. 02333-81842, Fax 02333-861088
michael.lahme@tannenhof-ferien.de, www.tannenhof-ferien.de

P H K KT

Unterkunft: Ü; 4 FeWo
Preise: 1-3 Pers. 43-54 €/Tag, weitere Pers. 10,50 €/Tag. Endrein. 35 €
Ausstattung: DU, WC, KÜ, Spül-/Waschmasch., TV, glatte Böden. Brötchenservice. Kostenlose Parkplätze.
Tiere: Hunde, Katzen, Pferde. Kleintiere a.A. Pferd: Box 15 €/Tag, Hund 2,60 €/Tag, Katze kostenlos. Kleiner Vorrat an Pferdefutter. Tiere dürfen sich frei bewegen. Grünflächen rund um das Haus. Tierarzt und Tierfuttereinkauf: 5 km. Tiere vor Ort: Hund, Katze, Pferd: Ziege.
Beschreibung: Sportangebote im 5 km entfernten Gran Dorado Park. Willingen, Winterberg, Edersee. Hausprospekt vorh.

Vöhl-Buchenberg — Gasthaus Eierdanz

Kirchtalstraße 5, 34516 Vöhl-Buchenberg
Frau Eierdanz, Tel. 05635-334, Fax 05635-993055
info@eierdanz.de, www.eierdanz.de

H K KT

Unterkunft: Ü, ÜF, HP, VP; 2 EZ, 1 MB, 2 FeWo
Preise: EZ 23 bis 28 €/Tag, DZ 36 bis 46 €/Tag, Zuschlag HP 7 €, VP 11 €; FeWo a.A.
Ausstattung: DU, WC, glatte Böden/Teppichb., teilw. Balkon, Restaurant. Kostenlose Parkplätze.
Tiere: Hunde, Katzen. Kleintiere a.A. Hund, Katze je 2 €/Tag. Tiere dürfen sich frei bewegen, angeleint im Hausbereich. Grünflächen rund um das Haus. Tierarzt: 12 km, Tierfuttereinkauf: 4 km. Tiere vor Ort: Hunde, Katzen, Pferde, Kühe, Schafe.
Behind. Einr.: Zwei rollstuhlgerechte Ferienwohnungen.
Beschreibung: Hausprospekt vorhanden.

Bad Wildungen — Hotel-Pension Mariann

Wilhelm-Ortloff-Weg 6, 34537 Bad Wildungen
Fam. Fohmann, Tel. 05621-4100, Fax 05621-91798
info@hotel-pension-mariann.de, www.hotel-pension-mariann.de

H K KT

Unterkunft: ÜF, HP; 8 EZ, 4 DZ, 4 MB, 4 FeWo (4 x 2 Zimmer), 1 App.
Preise: EZ 25 bis 35 €/Tag, DZ 36 bis 68 €/Tag, Zuschlag HP 7 €, FeWo 42 bis 62 €/Tag
Ausstattung: DU, WC, TV, Tel., Teppichb., NR-Zimmer, Balkon, Restaurant. Kostenl. Parkplätze.
Tiere: Hunde, Katzen. Kleintiere a.A. Hunde und Katzen je 3 €/Tag. Tiere angeleint im Hausbereich, kein Zutritt zu Frühstücksraum/Restaurant. Grünflächen rund um das Haus. Hundetoiletten und Automaten mit Hundetoilettenbeutel in der Nähe. Entfernung Tierarzt: 2 km, Tierfuttereinkauf: 1 km.
Beschreibung: Hunde-Reha-Zentrum, Edersee 15 km, mittelalterliche Altstadt. Landesgartenschau vom 15. April bis 3. Oktober 2006. Hausprospekt vorhanden.

Gersfeld-Altenfeld/Rhön — Forellenhof Wahl

Nallenweg 2, 36129 Gersfeld-Altenfeld
Claus Wahl, Tel. 06656-96170, Fax 06656-961737
forellenhof-wahl@t-online.de, www.forellenhof-wahl.de

H KT

Unterkunft: ÜF, HP, VP; 2 EZ, 7 DZ, 3 MB
Preise: EZ 18 bis 22 €/Tag, DZ 37 bis 44 €, Zuschlag HP 9 €, VP 12 €
Ausstattung: DU, Bad, WC, TV, NR-Zimmer, Rest. Kostenlose Parkpl., Garagen gegen Gebühr.
Tiere: Hunde. Kleintiere a.A. Hunde kostenlos. Hundebar vor dem Haus. Hundetoilettenbeutel und kleiner Vorrat an Hundefutter. Tiere dürfen sich frei bewegen, angeleint im Hausbereich. Grünflächen rund um das Haus. Entfernung Tierarzt: 1,5 km, Tierfuttereinkauf: 5 km. Tiere vor Ort: Hund, Fische.
Beschreibung: Unser Haus liegt 100 m vom Wald entfernt im Fuldatal. Wir haben einen eigenen Angelteich und 3 km Fließgewässer (Forellen). Hausprospekt vorhanden.

Rotenburg (Fulda)

Hotel Landhaus Silbertanne

★★★

Am Wäldchen 2, 36199 Rotenburg (Fulda)
Familie Ziegenbein, Tel. 06623-92200, Fax 06623-922099
info@hotel-silbertanne.de, www.hotel-silbertanne.de

H K KT

Unterkunft: Ü, ÜF, HP, VP; 4 EZ, 14 DZ, 8 MB
Preise: EZ 45 bis 55 €/Tag, DZ 68 bis 95 €/Tag, Zuschlag HP 15 €, VP 25 €
Ausstattung: DU, Bad, WC, Telefon, Minibar, NR-Zimmer, Rest., Bar. Kostenlose Parkplätze.
Tiere: Hunde, Katzen. Kleintiere a.A. Hund 8 €/Tag, Katze 5 €/Tag. Gassidienst, Hundedecke, Freß-/Wassernapf. Kleiner Vorrat an Hunde-/Katzenfutter. Tiere dürfen sich frei bewegen, angeleint im Hausbereich. Grünflächen rund um das Haus. Entfernung Tierarzt: 1 km, Tierfuttereinkauf: 500 m.
Beschreibung: Wander- und Radwegenetz, malerische Fachwerkstadt, Schloßparkkonzerte, viele Straßen- und Ausflugslokale, Biergärten. Hausprospekt vorhanden.

Kirchheim

Hotel Roadhouse Kirchheim

★★★

Motelstraße 5, 36275 Kirchheim
Tel. 06625-1080, Fax 06625-8656
info@roadhouse-kirchheim.de, www.roadhouse-kirchheim.de

H K

Unterkunft: Ü; 64 EZ, 46 DZ, 30 MB
Preise: EZ 59 bis 69 €/Tag, DZ 79 bis 89 €/Tag, MB a. A.
Ausstattung: DU, Bad, WC, TV, Teppichb., NR-Zimmer, Wellness-/Fitnessbereich, Rest., Bar.
Tiere: Hunde, Katzen. Hund, Katze je 5 €/Tag. Freß-/Wassernapf, Hundetoilettenbeutel. Tiere dürfen sich frei bewegen, angeleint im Hausbereich. Grünflächen rund um das Haus. Entfernung Tierarzt und Tierfuttereinkauf: 1km.
Behind. Einr.: Zwei rollstuhlgerechte Zimmer.
Beschreibung: Festspielstadt Bad Hersfeld, Barockstadt Fulda. Hausprospekt vorhanden.

Bad Salzungen

Euro-Hotel Salzunger Hof

★★★★

Bahnhofstraße 41, 36433 Bad Salzungen
Rezeption, Tel. 03695-6720, Fax 03695-601700
salzunger.hof@t-online.de, www.salzunger-hof.de

H K KT

Unterkunft: Ü, ÜF, HP, VP; 25 EZ, 42 DZ, 5 Suiten, 10 FeWo
Preise: EZ 55 bis 70 €/Tag, DZ 80 bis 100 €/Tag, Zuschlag HP 13 €, VP 19 €, FeWo: 1 bis 2 Pers. 398 €/Woche inkl. Frühstück, weitere Personen und Pauschalangebote a.A.
Ausstattung: Hotel: DU, Bad, WC, TV, Telefon, Minibar, Fön, Safe, Lift, NR-Zimmer, Restaurant, Bar, Fitness Studio u. Wellness-Bad (600 qm) gegenüber. FeWo: DU, Bad, WC, KÜ, TV, Wäscheservice, Teppiche.
Sonstiges: Shuttle Service, "Hol- und Bring"-Service. Kostenlose Parkplätze und Parkhaus.
Tiere: Hunde, Katzen. Kleintiere a.A. Hund/Katze je 5 €/Tag. Kleiner Vorrat an Hunde- und Katzenfutter vorhanden. Tiere dürfen sich frei bewegen, angeleint im öffentlichen Bereich. Hundezwinger vorhanden. Grünflächen rund um das Haus. Hundetoiletten in der Nähe. Tierarzt und Tierfuttereinkauf: 300 m. Tiere vor Ort: Hund
Behind. Einr.: Behindertengerechte Zimmer.
Beschreibung: Wartburg 20 km, Thüringer Wald und Rhön, Erlebnisbergwerk in Merkers, Kureinrichtung und Keltenbad. Hausprospekt vorhanden.

Göttingen — Hotel Beckmann

Ulrideshuser Straße 44, 37077 Göttingen-Nikolausberg
Herr Beckmann, Tel. 0551-209080, Fax 0551-2090810
mail@hotel-beckmann.de, www.hotel-beckmann.de

Unterkunft: ÜF, HP, VP; 9 EZ, 14 DZ, 4 MB
Preise: EZ 32-49 €/Tag, DZ 53-85 €/Tag, Zuschl. HP 11 €/VP 22 €
Ausstattung: DU, Bad, WC, TV, Sauna, Rest., Bar. Kostenl. Parkpl.
Tiere: Hunde, Katzen. Kleintiere a.A. Hunde und Katzen kostenlos. Tiere dürfen sich frei bewegen, angeleint im Hausbereich. Grünflächen rund um das Haus. Entfernung Tierarzt und Tierfuttereinkauf: 200 m.
Kinder: Großer Garten, Kinderspielplatz in 100 m Entfernung.
Beschreibung: Ruhig und schön am Waldrand gelegen. Waldfreibad. 10 Min. von der Innenstadt entfernt. Hausprospekt vorhanden.

Heiligenstadt — Pension Kruse

Lessingstraße 1, 37308 Heilbad Heiligenstadt
Hans-Werner Kruse, Tel. 03606-612575, Fax 03606-612575 oder 607684
kmaria@aol.com, www.pension-kruse.de

Unterkunft: ÜF, HP, VP; 4 DZ
Preise: DZ als EZ 22 bis 35 €/Tag, DZ 38 bis 48 €/Tag, Zuschlag HP 8 €, VP 13 €
Ausstattung: DU, Bad, WC, TV, NR-Zimmer, Rest. Kostenl. Parkpl.
Tiere: Hunde, Katzen. Kleintiere a.A. Hunde/Katzen kostenlos. Vorrat an Tierfutter. Tiere dürfen sich frei bewegen, angeleint im Hausbereich. Grünflächen rund um das Haus. Automaten mit Hundetoilettenbeutel und Hundetoiletten in der Nähe. Tierfuttereinkauf: 300 m.
Beschreibung: Ruhige Pension am Ortsrand. Siehe auch Internetseite.

Bad Sachsa — Haus Sachsensteinblick

Waldsaumweg 9-9b, 37441 Bad Sachsa
GbR Sachsensteinblick, Tel. 05523-9530, Fax 05523-953200
www.sachsensteinblick.de

Unterkunft: Ü; 43 FH
Preise: 2 Pers. ab 28 €/Tag. Pauschalangebote a.A.
Ausstattung: Bad, WC, KÜ, Teppichboden, Spaßbad mit Sauna/Solarium. Kostenl. Parkplätze.
Tiere: Hunde, Katzen. Kleintiere a.A. Hund/Katze je 6 €/Tag. Tiere dürfen sich angeleint bewegen, außer am Sandkasten und Spaßbad. Grünflächen rund um das Haus. Entfernung Tierarzt und Tierfuttereinkauf: 1 km. Tiere vor Ort: Hund, Katze.
Kinder: Spaßbad, Spielplatz.
Beschreibung: Waldrandlage, 10 Minuten Fußweg bis in die Stadt, Eishalle im Ort, Ravensberg (ca. 630 m) mit Skilift. Hausprospekt vorhanden.

Braunschweig — Hotel Wartburg ★★

Rennelbergstraße 12, 38114 Braunschweig
Frau Rösel, Tel. 0531-590170, Fax 0531-5901710
info@hotelwartburg.de, www.hotelwartburg.de

Unterkunft: Ü, ÜF; 10 EZ, 10 DZ, davon 5 MB
Preise: EZ 50 bis 75 €/Tag, DZ 75 bis 105 €/Tag, MB/Pauschalangebote a.A.
Ausstattung: DU, WC, TV, Tel., Teppichboden. Kostenlose Parkplätze, Garage gegen Gebühr.
Tiere: Hunde, Katzen. Kleintiere a.A. Hund, Katze je 5 €/Tag. Willkommensleckerli, Körbchen, Freß-/Wassernapf. Tiere dürfen sich frei bewegen, angeleint im Hausbereich. Nächste Grünanlage: 1 km, Tierarzt: 1 km, Tierfuttereinkauf: 500 m.
Beschreibung: Ruhige, zentrale Lage, 10 Minuten zu den Sehenswürdigkeiten der Stadt. Hausprospekt vorhanden.

Schierke

Pension Andrä

Brockenstraße 12, 38879 Schierke
Heike Andrä, Tel. 039455-51257, Fax 039455-58872
pension@pension-andrae.de, www.pension-andrae.de

H K KT

Unterkunft: ÜF, HP; 5 DZ, 3 MB, 1 Suite
Preise: DZ als EZ 39 bis 41 €/Tag, DZ 62 bis 72 €/Tag, Zuschlag HP 12 €
Ausstattung: DU, WC, TV, Safe, Telefon, NR-Zimmer, Restaurant. Kostenlose Parkplätze.
Tiere: Hunde, Katzen. Kleintiere a.A. Hund, Katze je 4 €/Tag. Freß-/Wassernapf. Tiere angeleint im Hausbereich, kein Zutritt zu Frühstücksraum/Rest. Grünflächen rund um das Haus. Tierarzt: 16 km, Tierfuttereinkauf: 20 m. Tiere vor Ort: Katze, Fische.
Beschreibung: Brocken, Harzquerbahn, Schloß Wernigerode. Hausprospekt vorhanden.

Derenburg

Schloßvilla Derenburg ★★★

Schloßstraße 15, 38895 Derenburg
André Diezel, Tel. 039453-6780, Fax 039453-67850
info@schlossvilla-derenburg.de, www.schlossvilla-derenburg.de

H K

Unterkunft: ÜF, HP, VP; 13 EZ oder DZ, 1 MB, 1 Suite
Preise: EZ 55 bis 66 €/Tag, DZ 82 bis 100 €/Tag, Zuschlag HP/VP a.A.
Ausstattung: Bad/DU, WC, TV, Telefon, teilweise Internetzugang.
Sonstiges: Restaurant, Terrasse, Wellnessbereich, Massage- und Beautybehandlungen. Tagungsräume. Leihräder. Hoteleigener Parkplatz.
Tiere: Hunde, Katzen. Hund pauschal 7,50 €, Katze pauschal 5 € (für Endreinigung). Kleiner Vorrat an Hundefutter. Tiere dürfen sich frei bewegen. Grünflächen rund um das Haus. Tierarzt: 8 km, Tierfuttereinkauf: 200 m.
Tiere vor Ort: Hunde.
Beschreibung: Jugendstilvilla mit beeindruckender Architektur inmitten eines naturbelassenen Parks. Zentrale Lage im nördlichen Harzvorland. Günstig gelegen für Ausflüge in die nahegelegenen Städte Halberstadt, Wernigerode, Blankenburg und Quedlinburg. Altenburg in Langenstein, Derenburger Glasbläserei. Waldnähe, ideal für Hund und Herrchen. Hausprospekt vorhanden.

Tucheim

Ferienhausvermietung Matthies

Lindenstraße 3, 39307 Tucheim
Gerald Matthies, Tel. und Fax 039346-40484
ferienhaus-matthies@gmx.de, www.fewo-matthies.de

H K KT

Unterkunft: Ü; 2 FeWo
Preise: 2 bis 11 Pers. 30 bis 80 €/Tag, Endreinigung 10 bis 15 €
Ausstattung: DU, WC, KÜ, TV, Mikrowelle, Terrasse, Grill, Liegewiese, Parkplätze.
Tiere: Hunde, Katzen. Kleintiere a.A. Hund 5 €/Woche, Katzen kostenlos. Freß-/Wassernapf vorhanden. Grünflächen rund um das Haus. Grundstück ist eingezäunt. Entfernung Tierarzt und Tierfuttereinkauf: 2 km.
Kinder: Kinderzimmer, Sandkasten, Schaukel.
Beschreibung: Verleben Sie erholsame Tage in unserem Ferienhaus am Waldrand. Historische Städte an der Straße der Romantik erwarten Ihren Besuch. Hausprospekt vorhanden.

Kalkar

Landhaus Beckmann

★★★

Römerstraße 1, 47546 Kalkar-Kehrum
Michael Große Holtforth, Tel. 02824-2086, Fax 02824-2392
willkommen@landhaus-beckmann.de, www.landhaus-beckmann.de

H K KT

Unterkunft: ÜF, HP, VP; 22 DZ
Preise: DZ als EZ ab 48 €/Tag, DZ ab 78 €/Tag, HP 18 €, VP 36 €
Ausstattung: DU, WC, TV, Teppichb., Rest., Bar. Kostenl. Parkplätze.
Tiere: Hunde, Katzen. Kleintiere a.A. Hunde/Katzen kostenlos. Willkommensleckerli, Körbchen, Decke, Näpfe, Gassidienst, Tiersitterservice. Vorrat an Tierfutter. Tiere dürfen sich frei bewegen, angeleint im Hausbereich. Grünflächen um das Haus. Tierarzt und Tierfuttereinkauf: 5 km. Tiere vor Ort: Hunde.
Beschreibung: Ländlich gelegenes Familienhotel am Niederrhein.

Sendenhorst

Landhotel Bartmann

★★★

Bracht 3, 48324 Sendenhorst
Alfons Bartmann, Tel. 02526-1228, Fax 02526-4675
info@landhotel-bartmann.de, www.landhotel-bartmann.de

P H K KT

Unterkunft: ÜF; 8 DZ, 1 MB, 3 FeWo (4 Sterne)
Preise: DZ als EZ 45-55 €/Tag, DZ 75-85 €/Tag, FeWo a.A.
Ausstattung: DU, WC, TV, NR-Zi., Fliesen/Teppichb., Wäscheservice.
Tiere: Hunde, Katzen, Pferde. Kleintiere a.A. Pferd: Box 8 €/Tag, Hund 3 €/Tag, Katze kostenlos. Vorrat an Pferde- und Hundefutter. Tiere dürfen sich frei bewegen, angeleint im Hausbereich. Hundezwinger vorhanden. Grünflächen ums Haus. Tierarzt/Tierfuttereinkauf: 2 km. Tiere vor Ort: Hunde, Katzen, Pferde, Schafe usw.
Beschreibung: Ruhige Alleinlage zwischen Wiesen und Wäldern.

Wettringen

Landhaus Terhorst

Stovernweg 28 (Haddorfer See), 48493 Wettringen
✉ H.Terhorst, Stovener Str. 96, 48431 Rheine, Tel. 05971-12562 od. Mobil 0172-5213650
kterhorst@aol.com, www.landhaus-terhorst.de

H K KT

Unterkunft: Ü; 1 FH, (KÜ, Bad, SZ, Empore, WZ)
Preise: 4 bis 8 Pers 50 bis 60 €/Tag, Pauschalangebote a.A.
Ausstattung: DU, WC, KÜ, Mikrowelle, TV, gl. Böden. Kostenl. Parkpl.
Tiere: Hunde, Katzen. Kleintiere a.A. Hunde und Katzen kostenlos. Decke, Näpfe. Tiere dürfen sich frei bewegen. Grünflächen rund um das Haus, eingezäuntes Grundstück. Tierarzt und Tierfuttereinkauf: 10 km.
Beschreibung: Das Landhaus liegt am Haddorfer See. Idyllisches Holzhaus mit Ofen, Gastherme und eigener Saunahütte.

Ibbenbüren — Ferienhäuser Stork-Wersborg

★★★★

Wersborgweg 100, 49479 Ibbenbüren
Karl Stork-Wersborg, Tel. 05451-7035, Fax 05451-6085
storkwersborg@aol.com, www. stork-wersborg.com

Unterkunft: Ü; 2 FH: FH Wersborg 24 Betten, FH Speicher 18 Betten
Preise: 18 Pers. 100 bis 220 €/Tag, Endreinigung 75 €
Ausstattung: DU, Bad, WC, KÜ, TV, Fliesen, Wäscheservice.
Tiere: Hunde, Katzen, Pferde. Kleintiere a.A. Alle Tiere kostenlos. Freß-/Wassernapf, Pferdeboxen. Tiere dürfen sich frei bewegen, außer Jagdzeit. Zwinger vorhanden. Grünflächen um das Haus. Tierarzt: 5 km, Tierfuttereinkauf: 1 km. Tiere vor Ort: Hunde, Pferde, Rinder, Ziegen, Hühner, Kaninchen.
Beschreibung: Rustikale, gut eingerichtete Ferienhäuser. Hausprospekt.

Meppen — Landhaus Hubertushof

★★

Kuhfehnweg 12, 49716 Meppen
Claudia Wewers, Tel. 05932-2904, Fax 05932-903004
www.landhaus-hubertushof.de

Unterkunft: ÜF, HP; 4 EZ, 7 DZ
Preise: EZ 42 €/Tag, DZ 72 €/Tag, Zuschlag HP 13 €, Pauschalangebote a.A.
Ausstattung: DU, WC, TV, Teppichboden, NR-Zimmer, Rest., Bar.
Tiere: Hunde, 3 bis 6 €/Tag. Willkommensleckerli. Tiere angeleint im Hausbereich/Restaurant, kein Zutritt zum Frühstücksraum. Grünflächen um das Haus. Entfernung Tierarzt und Tierfuttereinkauf: 6 km. Tiere vor Ort: Hund, Katze, Gänse, Schwein.
Beschreibung: Reedgedecktes, ruhiges Haus. Hausprospekt vorhand.

Wipperfürth — Hotel Koppelberg

Wasserfuhr 7, 51688 Wipperfürth
Fam. Koppelberg, Tel. 02267-5051, Fax 02267-2842
info@hotel-koppelberg.de, www.hotel-koppelberg.de

Unterkunft: ÜF; 3 EZ, 16 DZ, 6 MB, 2 FeWo (je 3 Zimmer)
Preise: EZ 39 €/Tag, DZ 54 €/Tag, FeWo 60 bis 90 €/Tag, Zuschlag HP a.A.
Ausstattung: DU, Bad, WC, Radio/TV, Tel., Teppichboden, Restaurant, Bar. Kostenlose Parkpl.
Tiere: Hunde, Katzen. Kleintiere a.A. Hunde, Katzen kostenlos. Tiere dürfen sich frei bewegen, angeleint im Hausbereich. Grünflächen rund um das Haus. Entfernung Tierarzt: 5 km, Tierfuttereinkauf: 3 km.
Beschreibung: Genießen Sie bergische Gastlichkeit. Hausprospekt vorhanden.

Altenahr — Hotel Zur Post

Brückenstraße 2, 53505 Altenahr
Günter Lang, Tel. 02643-9310, Fax 02643-931200
info@hotelzur-post.de, www.hotelzur-post.de

Unterkunft: ÜF, HP, VP; 60 DZ, 6 MB, NR-Zimmer, behindertengerecht
Preise: DZ als EZ 38 bis 48 €/Tag, DZ 68 bis 88 €/Tag, Zuschlag HP 11 €, VP 21 €
Ausstattung: DU, Bad, WC, TV, Tel., Fön, Balkon/Terrasse, Wellnessber., Rest., Bar. Kostenl. Parkpl.
Tiere: Hunde, Katzen. Hund und Katze je 3 €/Tag. Freß-/Wassernapf. Tiere dürfen sich frei bewegen, angeleint im Hausbereich. Entfernung Grünflächen: ca. 20 m, Tierarzt: 14 km, Tierfuttereinkauf: vor Ort.
Beschreibung: Im Zentrum des Ortes Altenahr, direkt an der schönen Ahr gelegen. Gut ausgebautes Wandernetz. Die katholische Pfarrkirche und Burgruine Are sind die herausragendsten Sehenswürdigkeiten der Umgebung. Hausprospekt vorhanden.

Mertesdorf/Trier — Hotel Karlsmühle

Im Mühlengrund 1, 54318 Mertesdorf/Trier
Benedikt Kündgen, Tel. 0651-5123, Fax 0651-52016
hotel-restaurant@karlsmuehle.de, www.karlsmuehle.de

H K KT

Unterkunft: ÜF, HP, VP; 5 EZ, 30 DZ, 7 MB
Preise: EZ 39 bis 49 €/Tag, DZ 69 bis 89 €/Tag, Zuschlag HP 15 €, VP 25 €, MB und Pauschalangebote a.A.
Ausstattung: DU, Bad, WC, TV. Alle Zimmer sind Nichtraucherzimmer.
Sonstiges: Restaurant, Bar, Gartenterrasse. Kostenlose Parkplätze.
Tiere: Hunde, Katzen. Kleintiere a.A. Hund und Katze je 5 €/Tag. Tiere dürfen sich angeleint im Hausbereich bewegen. Grünflächen rund um das Haus. Entfernung Tierarzt: 6 km, Tierfuttereinkauf: 2 km. Tiere vor Ort: Hund.
Kinder: Wickelstation, Kinderspielplatz, Spielecke.
Beschreibung: Mitten in der Natur, in ruhiger Lage am Stadtrand von Trier. Hausprospekt vorhanden.

Osann-Monzel — Hotel - Pension Kelterhaus

Moselstraße 39, 54518 Osann-Monzel
Klaus Brösch, Tel. 06535-433, Fax 06535-1415
kelterhaus@t-online.de, www.kelterhaus-broesch.de

H K KT

Unterkunft: Ü, ÜF, HP, VP; 4 DZ, 4 Suiten, 4 FeWo, 4 App.
Preise: EZ 27 bis 30 €/Tag, DZ 44 bis 50 €/Tag, Zuschlag HP 10 €, VP 20 €, Suiten/FeWo/App./Pauschalangebote a.A.
Ausstattung: DU, WC, TV, Fliesen, Restaurant, Bar. Kostenlose Parkplätze.
Tiere: Hunde, Katzen. Kleintiere a.A. Hunde, Katzen kostenlos. Freß-/Wassernapf. Tiere dürfen sich frei bewegen, angeleint im Hausbereich. Grünflächen rund um das Haus. Entfernung Tierarzt: 9 km, Tierfuttereinkauf: 200 m.
Beschreibung: Gemütliche Gästezimmer und Ferienwohnungen auf dem Weingut. Weinprobe, Weinverkauf und Unterhaltungsmöglichkeiten. Hausprospekt vorhanden.

Plein — Hotel Waldschlößchen

Zum Waldschlößchen 3, 54518 Plein
Gert Gillert, Tel. 06571-8706, Fax 06571-2371
gillert@waldschloesschen-plein.de, www.waldschloesschen-plein.de

H

Unterkunft: ÜF, HP; 7 DZ, 1 MB
Preise: EZ 27 bis 35 €/Tag, DZ 46 bis 56 €/Tag, HP 15 €
Ausstattung: DU, WC, TV, Tel. Frische Landhausküche. Kostenl. Parkpl.
Tiere: Hunde, je 4 €/Tag. Hundeschule nach Absprache. Vorrat an Hundefutter. Tiere dürfen sich frei bewegen, angeleint im Hausbereich. Hundezwinger vorhanden. Grünflächen rund um das Haus. Tierarzt und Tierfuttereinkauf: 5 km. Tiere vor Ort: Hunde, Katze.
Beschreibung: Kleiner Ort mit 600 Einwohnern. Hausprospekt vorh.

Empfehlen Sie uns Unterkünfte:

Sie kennen ein neues tierfreundliches Haus?
Wir sind für einen Tipp von Ihnen dankbar...
(per Fax: 06027-3589 oder E-Mail: info@tierfreundliche-hotels.de).

Olzheim — Hotel Galerie Haus Feldmaus

Knaufspescher Straße 14, 54597 Olzheim
Stephan Trierweiler, Tel. 06552-99220, Fax 06552-992222
info@feldmaus.de, www.feldmaus.de

Unterkunft: ÜF, HP, VP; 4 EZ, 6 DZ
Preise: EZ 49 €/Tag, DZ (franz. Bett) 69 €/Tag, DZ (2 Betten) 89 bis 109 €/Tag, Zuschlag HP 16 €, VP 28 €, Pauschalangebote a.A.
Ausstattung: DU, Bad, WC, TV, NR-Zimmer. Restaurant, Kaminzimmer, Sauna, Wintergarten, Terrasse, Liegewiese. Kostenlose Parkplätze.
Tiere: Hunde, Katzen. Kleintiere a.A. Hunde und Katzen je 7 €/Tag. Näpfe vorhanden. Tiere dürfen sich frei bewegen, angeleint im Hausbereich. Grünflächen rund um das Haus. Tierarzt und Tierfuttereinkauf: 8 km.
Beschreibung: Individuelles Haus mit Vollwertküche. Hausprospekt vorhanden.

Nierstein — Rheinhotel Nierstein + Altes Kelterhaus

Mainzer Straße 16, 55283 Nierstein bei Mainz
Familie Platen, Tel. 06133-97970, Fax 06133-979797
info@rheinhotel-nierstein.de, www.rheinhotel-nierstein.de

Unterkunft: Ü, ÜF, HP, VP; 6 EZ, 9 DZ, 2 MB, 2 Suiten, 1 App.
Preise: EZ 39 bis 133 €/Tag, DZ 66 bis 177 €/Tag, Zuschlag HP 30 €, VP 44 €, App./Pauschalangeb. a.A.
Ausstattung: DU, Bad, WC, TV, Minibar, Rest. Kostenl. Parkplätze.
Tiere: Hunde, Katzen je 6 €/Tag. Freß-/Wassernapf, Beutel für Hundetoilette. Vorrat an Hunde-/Katzenfutter. Tiere dürfen sich frei bewegen, angeleint im Hausbereich. Entfernung Grünflächen: 30 m, Tierarzt: 500 m, Tierfuttereinkauf: 100 m. Tiere vor Ort: Hund.
Beschreibung: Hausprospekt vorhanden.

Rheinböllen — Holz-Ferienhaus im Hunsrück

Am Pflanzgarten 6, 55494 Rheinböllen
✉ Familie Dahlke, Im Schulwald 62, 55494 Rheinböllen
Tel. 06764-1889, Fax 06764-302873
michaeldahlke71@aol.com, www.fewo-dahlke.de

Unterkunft: Ü; 2 FH (70 qm, 4-5 Pers., WZ, SZ, Kinderzimmer, Wintergarten), 1 FeWo (45 qm, 2-3 Pers., WZ, SZ, Terrasse)
Preise: 1 bis 4 Pers. 45 €/Tag, weitere Pers. 10 €, Pauschalangebote a.A.
Ausstattung: DU, Bad, WC, KÜ, Spülmaschine, Mikrowelle, TV, Klimaanlage, gl. Böden. Nichtraucher.
Sonstiges: Grillmöglichkeit. Kostenlose Parkplätze.
Tiere: Hunde, Katzen. Kleintiere a.A. Hunde und Katzen je 3 €/Tag. Tiere dürfen sich frei bewegen. Grünflächen um das Haus, eingezäuntes Grundstück. Tierarzt: 10 km, Tierfuttereinkauf: 2 km.
Kinder: Spielplatz.
Beschreibung: Unsere Unterkünfte befinden sich in einer Wald-Feriensiedlung und bieten Ihnen eine Menge Komfort und Ferienspaß in herrlicher und unberührter Natur. Nutzen Sie die wunderschöne Umgebung für lange Wanderungen und Radtouren.

Wir präsentieren fortlaufend neue Anbieter im Internet:
Informieren Sie sich regelmäßig unter
www.tierfreundliche-hotels.de

Hüffelsheim — Weingut & Gästehaus Willibald Eckes

Kirchenstraße 10, 55595 Hüffelsheim
Willibald Eckes, Tel. 0671-43145, Fax 0671-481987
info@weingut-eckes.de, www.weingut-eckes.de

H KT

Unterkunft: Ü, UF; 2 EZ oder DZ, 1 FeWo für 2 bis 6 Pers.
Preise: EZ 26-36 €/Tag, DZ 46-56 €/Tag, FeWo 36-65 €/Tag/Einheit
Ausstattung: DU, WC, TV, NR-Zimmer, Teeküche, Balkon. Wäscheservice. Kostenl. Parkplätze.
Tiere: Hunde. Kleintiere a.A. Hund 2,50 bis 4 €/Tag. Tiere dürfen sich frei bewegen, angeleint im Hausbereich. Grünflächen rund um das Haus. Entfernung Tierarzt und Tierfuttereinkauf: 7 km.
Kinder: Kinderbett, Hochstuhl.
Beschreibung: Das Weingut liegt im idyllischen Nahetal, 5 km von Bad Münster am Stein, 7 km von Bad Kreuznach, 25 km nach Bingen. Hausprospekt vorhanden.

Nachtsheim — Gasthaus Tannengrün

Schulstraße 15, 56729 Nachtsheim
Herr Schultes, Tel. und Fax 02656-382
gasthaus.tannengruen@t-online.de, www.gasthaus-tannengruen.de

H K KT

Unterkunft: ÜF, HP, VP; 1 EZ, 3 DZ, 2 MB
Preise: EZ 25 bis 35 €/Tag, DZ 48 bis 68 €/Tag, Zuschlag HP 8 €, VP 15,30 €
Ausstattung: DU, Teppichboden, Restaurant, Bar. Kostenlose Parkplätze.
Tiere: Hunde, Katzen. Kleintiere a.A. Hunde, Katzen kostenlos. Decke, Freß-/Wassernapf. Vorrat an Katzenfutter vorhanden. Tiere dürfen sich frei bewegen, angeleint im Hausbereich. Grünflächen am Haus. Tierarzt: 15 km, Tierfuttereinkauf: 3 km. Tiere vor Ort: Katzen, Hunde, Pferde.
Beschreibung: Schöne Wanderwege, 10 km zum Nürburgring, 300 m bis zum Wald.

Bad Berleburg — Pension Schmelzhütte

Schmelzhütte, 57319 Bad Berleburg-Girkhausen
Elisabeth Tönges, Tel. 02758-277, Fax 02758-1296
ittze@t-online.de, www.schmelzhuette.de

P H K KT

Unterkunft: ÜF, HP, VP; 1 EZ, 4 DZ, 1 MB
Preise: EZ 25 €/Tag, DZ 50 €/Tag, HP 8 €, VP 16 €
Ausstattung: DU, Bar, Gasthof, Bauernladen, Wohnmobilstandplätze.
Tiere: Hunde, Katzen, Pferde. Kleintiere a.A. Pferd: Box 6 €/Tag, Box/Auslauf 9 €/Tag, Hund 2 €/Tag, Katze 1 €/Tag. Vorrat an Tierfutter. Tiere dürfen sich frei bewegen, angeleint im Hausbereich. Grünflächen um das Haus. Tierarzt: 10 km, Tierfuttereinkauf: 2 km. Tiere vor Ort: Hund, Katzen, Bauernhoftiere.
Beschreibung: Ruhiges, idyllisch gelegenes Haus im Naturpark.

Schmallenberg — Ferienhotel Stockhausen ★★★★

Sellinghausen 1, 57392 Schmallenberg
Gerhard Stockhausen, Tel. 02971-3120, Fax 02971-312102
info@ferienhotel-stockhausen.de, www.ferienhotel-stockhausen.de

P H K

Unterkunft: ÜF, HP, VP; 25 EZ, 20 DZ, Komfort-DZ, 2 Suiten
Preise: EZ 70 bis 74,50 €/Tag, DZ 130 bis 139 €/Tag, Zuschlag HP 16,50 €, VP 29,50 €
Ausstattung: DU, Bad, WC, TV, Video, Balkon, Wellnessbereich, Restaurant, Bar. Kostenl. Parkpl.
Tiere: Hunde, Katzen, Pferde. Pferd: Box mit Auslauf 5 €/Tag, Hund, Katze je 5 €/Tag. Vorrat an Pferdefutter. Tiere dürfen sich frei bewegen, angeleint im Hausbereich/Frühstücksraum. Grünflächen rund um das Haus. Tierarzt/Tierfuttereinkauf: 4 km.
Kinder: Kinderprogramme in den Ferien, Spielplatz, Kutsch- und Planwagenfahrten.
Beschreibung: Ferienhotel am Ortsrand von Sellinghausen. Erlebnisbad, Freibad, Wintersportzentrum. Hausprospekt vorhanden.

Luckenbach — Ferienwohnungen im Westerwald

Rosenheimer Straße 5, 57629 Luckenbach
Frau Philipps, Tel. 02662-940487
philippsjutta@aol.com, www.ferienwohnungen-westerwald.com

H K KT

Unterkunft: Ü; 1 FH (5 SZ), 4 FeWo (2-3 SZ, WZ/Esszimmer, Küche)
Preise: FeWo: 1-5 Pers 30-50 €/Tag, FH: 1-10 Pers. 50-60 €/Tag
Ausstattung: DU, Bad, WC, KÜ, Mikrowelle, Sat-TV, gl. Böd./Teppichb., Waschmasch. Kostenl. Parkpl., 16000 qm Weide, Bachlauf.
Tiere: Hunde, Katzen, Kleintiere a.A. Hunde und Katzen kostenlos. Willkommensleckerli, Decke, Näpfe, Kratzbäume, Katzentoiletten. Tiere dürfen sich frei bewegen. Grünflächen um das Haus. Tierarzt: 5 km, Tierfuttereinkauf: 500 m. Tiere vor Ort: Katzen.
Beschreibung: Hachenburg, Museen, alter Ortskern, Abtei Marienstatt.

Rott — Landhotel zur schönen Aussicht

Gartenstraße 1, 57632 Rott/Westerwald
Heinz-Günter Augst, Tel. 02685-344, Fax 02685-8478
heinz-guenter-augst@gmx.de, www.hotel-zur-schoenen-aussicht.de

H K KT

Unterkunft: ÜF, HP, VP; 6 EZ, 12 DZ, auch MB
Preise: EZ 36 bis 38 €/Tag, DZ 72 bis 76 €/Tag, Zuschlag HP 7,50 €, VP 11,50 €
Ausstattung: DU, Bad, WC, TV, Radio, Balkon. Bar, Hallenbad, Sauna, Kneippanlage.
Tiere: Hunde, Katzen. Kleintiere a.A. Alle Tiere kostenlos. Vorrat an Hunde- und Katzenfutter. Tiere dürfen sich frei bewegen, angeleint im Hausbereich. Grünflächen rund um das Haus. Tierarzt: 400 m, Tierfuttereinkauf: 1 km. Tiere vor Ort: Hund, Katze.
Behind. Einr.: 1 DZ und 1 EZ im Erdgeschoß, Bad rollstuhlgerecht, Auffahrt für Rollstuhlfahrer.
Beschreibung: Pauschalangebote: 7 Tage für 6 Tage, Winterangebote. Hausprospekt vorhanden.

Nistertal — Hotel Zur Post

Postweg 1, 57647 Nistertal
Dagmar Jacobs, Tel. 02661-2126, Fax 02661-40411
hotel-zur-post.nistertal@t-online.de, www.hotel-zur-post-nistertal.de

H K KT

Unterkunft: Ü, ÜF, HP, VP; 1 EZ, 11 DZ, 1 MB
Preise: EZ 18 bis 30 €/Tag, DZ 31 bis 65 €/Tag, Zuschlag HP 9 €, VP 16 €
Ausstattung: DU, WC, Telefon, TV, NR-Zimmer, teilw. Balkon. Restaurant. Kostenl. Parkplätze.
Tiere: Hunde, Katzen. Kleintiere a.A. Hunde, Katzen kostenlos. Willkommensleckerli, Decken, Körbchen, Freß-/Wassernapf. Vorrat an Tierfutter. Tiere dürfen sich frei bewegen, angeleint im Hausbereich. Grünflächen rund um das Haus. Tierarzt: 8 km, Tierfuttereinkauf: 100 m. Tiere vor Ort: Hunde, Hühner, Tauben.
Kinder: Baby-, Kinderbetten, Babyphone, Spielzeug.
Beschreibung: Haus liegt zentral im ruhigen Ortskern nahe am Wald. Hausprospekt vorhanden.

Brilon

Hotel zum Rübezahl

Rübezahlweg 17, 59929 Brilon-Gudenhagen
Frau/Herrn Ströthoff-Derksen, Tel. 02961-2705, Fax 02961-54380
hotel@ruebezahl.net, www.ruebezahl.net

H K KT

Unterkunft: ÜF, HP, VP; 4 EZ, 10 DZ, 1 Suite
Preise: EZ ab 50 €/Tag, DZ ab 84 €/Tag, Suite ab 96 €/Tag, Zuschlag HP 11 €/Tag, VP 22 €/Tag. Pauschalangebote a.A.
Ausstattung: DU, Bad, WC, TV, Sitzecke, Balkon, Restaurant, Bar.
Sonstiges: Wellnessbereich, Whirlpool, Sauna, Sonnen-/Massagebank, Fitnessgeräte, Liegewiese, Biergarten, Caféterrasse, Planwagenfahrten, Kegelabende, Stadtführungen, Tagesfahrten durch das Sauerland.
Tiere: Hunde, Katzen. Kleintiere a.A. Hunde und Katzen je 3 €/Tag. Näpfe, Leckerli, Spielzeug. Kleiner Vorrat an Tierfutter vorhanden. Tiere dürfen sich frei bewegen. Grünflächen rund um das Haus. Hoteleigener Tierarzt. Entfernung Tierfuttereinkauf: 2 km.
Beschreibung: Komfortables, verkehrsgünstig und in absolut ruhiger Waldrandlage gelegenes Haus. In direkter Nähe des Hotels wurde ein wunderschöner Golfplatz angelegt. Ein Reiterhof liegt 5 Gehminuten vom Hotel entfernt. Das Waldfreibad und das Lagunenthermalbad laden zum Baden ein. In der Nähe befinden sich eine Sommerrodelbahn, eine Glasbläserei, ein Wildpark, eine Eislaufhalle, ein Schieferbergwerk und vieles mehr. Gute Wandermöglichkeiten, direkt vom Hotel aus starten Sie zu den verschiedenen Etappen des Rothaarsteiges (Weg der Sinne).

Winterberg

FeWo's zur Postwiese

Winterberger Straße 20, 59955 Winterberg-Neuastenberg
Tel. 0172-5203514 (Mobil)
fewopostwiese@aol.com, www.fewopostwiese.de

H K KT

Unterkunft: Ü; 2 FeWo, 1x3, 1x2 Zimmer, jeweils Bad und Küche
Preise: 1 bis 2 Pers. 20 bis 50 €/Tag, weitere Pers. 5 €/Tag
Ausstattung: DU, Bad, WC, KÜ, Mikrowelle, TV, glatte Böden, Waschmaschine, Trockner, teilw. Balkon. Kostenl. Parkplätze.
Tiere: Hunde, Katzen. Kleintiere a.A. Alle Tiere kostenlos. Näpfe. Tiere dürfen sich frei bewegen. Grünflächen rund um das Haus. Entfernung Tierarzt und Tierfuttereinkauf: 5 km. Tiere vor Ort: Hunde.
Beschreibung: Garten mit Grillhütte. Wandern, Tennis. 9 Skilifte, Schneekanonen, Rodelbahn, Dorint-Sportressort.

Medebach

Hotel Brombach

★★★

Oberstraße 6, 59964 Medebach
Astrid Brombach, Tel. 02982-8570, Fax 02982-3452
hotel-brombach@t-online.de, www.hotel-brombach.de

H

Unterkunft: ÜF, HP, VP; 6 DZ, 3 MB, alle als EZ kein Zuschlag
Preise: DZ: 1 bis 2 Übernachtungen 28 €/Tag, 3 bis 6 Übernachtungen 25,20 €/Tag, ab 7 Übernachtungen 23,80 €/Tag, Zuschlag HP 13 €, Zuschlag VP 19,50 €. Kinderermäßigung. Mo-Fr: 4 Tage HP 126,60 € = einmal kostenlos übernachten! Ganzjährig gültig außer an Feiertagen.
Ausstattung: DU/WC, TV, Minibar. Sauna, Solarium, Lift, Restaurant, Café, Bierstube, Kegelbahn, Terrassen, Dachgarten, Garagen.
Tiere: Hunde, kostenlos. Tiere dürfen sich frei bewegen, angeleint im Hausbereich. Grünflächen am Haus. Tierarzt: 1 km, Tierfuttereinkauf: 500 m.
Beschreibung: Küchenmeisterbetrieb. Wunderschöne Natur. Wander-, Kegler-, Biker- und Motorradtouren. Grand Dorado Park 1 km. Hausprospekt vorhanden.

Darmstadt

Hotel Jagdschloss Kranichstein

★★★★

Kranichsteiner Straße 261, 64289 Darmstadt
Peter Krause, Steffen Rapp, Tel. 06151-97790, Fax 06151-977920
service@hotel-jagdschloss-kranichstein.de, www.hotel-jagdschloss-kranichstein.de

H

Unterkunft: ÜF; 11 DZ, 4 Suiten
Preise: DZ als EZ 155 bis 185 €/Tag, DZ 175 bis 205 €/Tag, Suite 195 bis 285 €/Tag
Ausstattung: DU, Bad, WC, TV, Teppichboden, NR-Zimmer. Restaurant. Kostenlose Parkplätze.
Tiere: Hunde, kostenlos. Willkommensleckerli. Napf und Gassidienst a.A. Tiere dürfen sich frei bewegen, angeleint im Hausbereich. Grünflächen rund um das Haus. Entfernung Tierarzt und Tierfuttereinkauf: 1 km. Tiere vor Ort: Hund.
Behind. Einr.: Ein rollstuhlgerechtes Zimmer.
Beschreibung: Großer Schloßpark, Jagdmuseum, Wanderwege direkt ab Hotel. Hausprospekt vorh.

Erbach

Waldhaus

Am Waldrand, 64711 Erbach
✉ Dagmar Sonnenberg, Lessingstr. 68, 63762 Großostheim, Tel. 06026-6452
d.sonne@web.de, www.user.osbabenhausen.de/sonnenberg/waldhaus.htm

H K KT

Unterkunft: Ü; 1 FH (1 DZ, 2 EZ)
Preise: 1 bis 2 Pers. 30 bis 40 €/Tag, weitere Pers. 10 €/Tag, Energie nach Verbrauch
Ausstattung: DU, WC, KÜ, TV, gl. Böden, teilw. Balkon, Terrasse, Garage, Gartenhaus mit Möbeln.
Tiere: Hunde, Katzen. Kleintiere a.A. Hund je 3 €/Tag, Katze je 2 €/Tag. Körbchen. Tiere dürfen sich frei bewegen. Grünflächen um das Haus, eingezäuntes Grundstück. Entfernung Tierarzt und Tierfuttereinkauf: 4 km.
Beschreibung: Ruhiges Waldhaus, 1500 qm Grundstück. Alleinlage am Waldrand, Panoramablick nach Süden, unverbaute Landschaft, Wanderwege, Wildpark, Schwimmbad: 4 km.

DEUTSCHLAND

Diez

City-Hotel Diez

★★★★

Bergstraße 8, 65582 Diez
Peter Sklenar, Tel. 06432-921569, Fax 06432-921570
city65582@aol.com, www.city-hotel-diez.de

H K

Unterkunft: ÜF, HP; 4 EZ, 12 DZ, 4 Junior-Suiten
Preise: EZ 40 bis 59 €/Tag, DZ 76 bis 114 €/Tag, Zuschlag HP 13 €, Suiten a.A.
Ausstattung: DU, WC, TV, NR-Zimmer. Rest., Bar, Wellnessbereich. Kostenl. Parkplatz am Hotel.
Tiere: Hunde, Katzen. Alle Tiere kostenlos. Kleiner Vorrat an Hundefutter. Tiere angeleint im Hausbereich, kein Zutritt in Frühstücksraum und Restaurant. Grünflächen am Haus. Tierarzt: 2 km, Tierfuttereinkauf: vor Ort. Tiere vor Ort: Hund.
Beschreibung: Im Zentrum von Diez, Schloß Oranien, Wanderwege. 1.-15. November geschlossen.

Merzig

Hotel Römer

Schankstraße 2, 66663 Merzig
Markus Koster, Tel. 06861-93390, Fax 06861-933930
info@roemer-merzig.de, www.roemer-merzig.de

H K KT

Unterkunft: Ü, ÜF, HP, VP; 28 EZ, 14 DZ
Preise: EZ 63 bis 68 €/Tag, DZ 78 bis 98 €/Tag, HP 14 €/VP 28 €, Pauschalangebote a.A.
Ausstattung: DU, WC, TV, Telefon. Rest., Bar, Gartenterrasse, Weinhandel. Kostenl. Parkplätze.
Tiere: Hunde, Katzen. Kleintiere a.A. Hunde und Katzen kostenlos. Tiere dürfen sich frei bewegen, angeleint im Hausbereich. Entfernung Grünflächen: 500 m, Tierarzt: 30 m, Tierfuttereinkauf: 200 m.
Beschreibung: Das Hotel-Restaurant Römer - im grünen Kreis Merzig-Wadern gelegen - ist idealer Ausgangspunkt für Ausflüge in die Umgebung. Hausprospekt vorhanden.

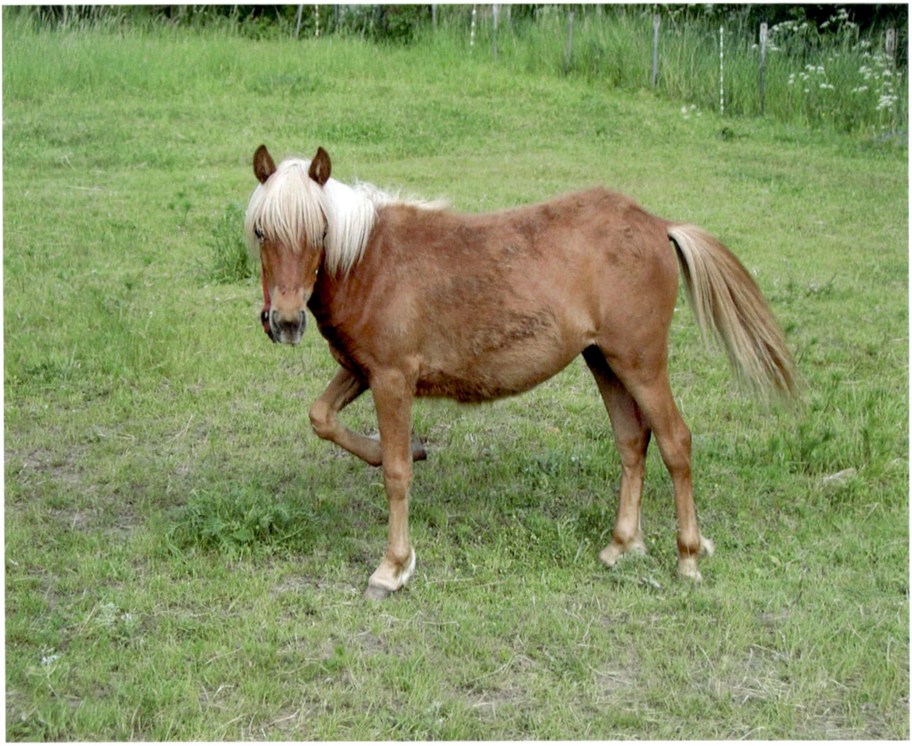

Erfweiler — Hotel-Restaurant "Die kleine Blume"

Winterbergstraße 106, 66996 Erfweiler
Herr Gass, Frau Hirschinger, Tel. 06391-92300, Fax 06391-923030
kleineblume@t-online.de, www.hotel-kleineblume.de

H K KT

Unterkunft: ÜF, HP; 4 EZ, 24 DZ, MB a.A.

Preise: EZ ab 54 €/Tag, DZ ab 98 €/Tag, inkl. reichhaltigem Frühstücksbuffet, Zuschlag HP 10 € (ab 2 Tagen), Pauschalangebote a.A.

Ausstattung: DU, WC, Sat-TV, Radio, Tel., Teppichb., Minibar, Safe, NR-Zimmer, teilw. Balkon. Kneipp-Anlage gegenüber des Hotels.

Sonstiges: Restaurant, Bar, Lift, Wellnessbereich (Schwimmbad und Saunabenutzung im Preis enthalten). Kostenlose Parkplätze.

Tiere: Hunde, Katzen, Kleintiere a.A. Hund je 3 €/Tag, Katzen kostenlos. Willkommensleckerli, Körbchen, Decke, Näpfe. Kleiner Vorrat an Hunde- und Katzenfutter vorhanden. Tiere dürfen sich frei bewegen, angeleint im Frühstücksraum/Rest. Grünflächen um das Haus. Entfernung Tierarzt und Tierfuttereinkauf: 2 km. Tiere vor Ort: Golden Retriever Emma.

Kinder: Verschiedene Spiele und Gesellschaftsspiele.

Beschreibung: Unser Hotel liegt in herrlich ruhiger Lage im romantischen Erfweiler, mitten im Pfälzer Wald. Wir bieten Ihnen gediegenen Komfort für gehobene Ansprüche und die besten Voraussetzungen für einen erholsamen Urlaub. Direkt vor der Türe beginnen die schönsten Wanderwege durch den Pfälzer Wald bis ins grenznahe Elsass. Bizarre Felsformationen, Burgen und Ruinen, Schuhmuseum, Schuhmacherdorf Hauenstein, Schokoladenfabrik, Petit Fleck (Rätselburg für Kinder), Kakteenland, Elsass: Fachwerkdörfer, Töpferdörfer.

Kallstadt — Weinkastell Zum Weißen Roß

★★★

Weinstraße 80-82, 67169 Kallstadt/Pfalz
Fam. Kohnke, Tel. 06322-5033, Fax 06322-66091
weinkastell-kohnke@t-online.de, www.weinkastell-kohnke.de

H K KT

Unterkunft: ÜF; 13 DZ, 1 Suite
Preise: DZ als EZ 55 bis 75 €/Tag, DZ 80 bis 105 €/Tag
Ausstattung: DU, teilw. Bad, WC, TV, Tel., glatte Böden/Teppichb., Restaurant. Kostenl. Parkpl.
Tiere: Hunde, Katzen. Kleintiere a.A. Hunde und Katzen kostenlos. Tiere dürfen sich frei bewegen, angeleint im Hausbereich. Nächste Grünanlage: 300 m. Hundetoiletten in der Nähe. Tierarzt: 4 km, Tierfuttereinkauf: 3 km. Tiere vor Ort: Hund.
Beschreibung: Tennis, Golf, Historische Altstadt Freinsheim, Pfälzerwald. Hausprospekt vorhanden.

Edenkoben — Gutshof Ziegelhütte

★★★

Luitpoldstraße 79, 67480 Edenkoben
Thomas Langhauser, Tel. 06323-94980, Fax 06323-9498199
info@gutshof-ziegelhuette.de, www.gutshof-ziegelhuette.de

H K KT

Unterkunft: ÜF, HP; 5 EZ, 10 DZ, 5 MB, 5 Suiten, 1 App.
Preise: EZ 50 bis 60 €/Tag, DZ 70 bis 100 €/Tag, Zuschlag HP 15 €
Ausstattung: DU, Bad, WC, Radio/TV, Tel., Teppichb., NR-Zimmer. Restaurant. Kostenl. Parkpl.
Tiere: Hunde, Katzen. Kleintiere a.A. Hund, Katze je 5 €/Tag. Vorrat an Hundefutter vorhanden. Tiere dürfen sich frei bewegen, angeleint im Hausbereich. Grünflächen um das Haus. Tierarzt: 1 km, Tierfuttereinkauf: 100 m. Tiere vor Ort: Hund.
Behind. Einr.: Je ein rollstuhlgerechtes Zimmer und eine Suite.
Beschreibung: Vom ADAC empfohlenes Urlaubs- und Tagungshotel. Romantisches Restaurant in einer alten Ziegelei mit vielen interessanten "all incl. Menüs". Hausprospekt vorhanden.

Wolfstein/Pfalz — Pension Schwanenhof

★★★

Schwanenhof, 67752 Wolfstein/Pfalz
Doris Graf-King, Tel. 06304-7524 und 1240, Fax 06304-1886
fisikon.d.s.t@t-online.de, www.schwanenhof.net

H K KT

Unterkunft: Ü, ÜF; 3 EZ, 4 DZ, 1 FeWo, 3 App.
Preise: EZ 25 bis 30 €/Tag, DZ 42 bis 47 €/Tag. FeWo/App./Pauschalangeb. a.A.
Ausstattung: DU, WC, TV, Holzterrasse, Seminarraum, Grillmöglichkeit.
Tiere: Hunde, Katzen. Kleintiere a.A. Hund 3 €/Tag, Katze 2 €/Tag. Freß-/Wassernapf. Kleiner Vorrat an Katzenfutter. Tiere angeleint im Hausbereich, kein Zutritt in Frühstücksraum/Restaurant. Grünflächen rund um das Haus. Entfernung Tierarzt und Tierfuttereinkauf: 300 m. Tiere vor Ort: Pferde, Katzen.
Beschreibung: Der Schwanenhof liegt am Ortsrand von Wolfstein. Hausprospekt vorhanden.

Waldbrunn — Feriendorf Waldbrunn

Hölzerlipsweg 98, 69429 Waldbrunn/Odenwald
Feriendorf Waldbrunn GmbH, Tel. 06274-91090, Fax 06274-91091
info@feriendoerfer.de, www.feriendorf-waldbrunn.de

H K KT

Unterkunft: Ü; 193 FH mit 3 Zimmern und Wohnküche
Preise: Für 6 Pers. 210 bis 504 €/Woche
Ausstattung: DU, WC, KÜ, TV, Teppichboden. Kostenlose Parkplätze.
Tiere: Hunde, Katzen. Kleintiere a.A. Hund, Katze je 4 €/Tag. Tiere dürfen sich angeleint bewegen. Grünflächen rund um das Haus. Tierarzt: 10 km, Tierfuttereinkauf: 4 km.
Kinder: Kinderbett, Hochstuhl (gegen Gebühr).
Beschreibung: Waldbrunn ist ein staatlich anerkannter Luftkurort im Hohen Odenwald. Herrliche Wälder laden zu Wanderungen ein. Hausprospekt vorhanden.

Pfalzgrafenweiler — Ferienbauernhof Hirschfeld

★★★★

Teichweg 2, 72285 Pfalzgrafenweiler-Edelweiler
Fam. Hirschfeld, Tel. 07445-2475, Fax 07445-859878
urlaub@ferienhof-hirschfeld.de, www.ferienhof-hirschfeld.de

H K KT

Unterkunft: Ü; 2 FeWo mit je 2 Schlafzimmer, ca. 65 qm
Preise: 2 bis 6 Pers. ab 30 €/Tag, Pauschalangebote a.A.
Ausstattung: DU, WC, KÜ, Sat-TV, Mikrowelle, Grillplatz m. Gartenmöbeln. Kostenl. Parkplätze.
Tiere: Hunde, Katzen. Kleintiere a.A. Hunde und Katzen kostenlos. Vorrat an Tierfutter. Tiere dürfen sich frei bewegen. Hundezwinger vorhanden. Grünflächen um das Haus. Tierarzt kommt auf den Hof. Tierfuttereinkauf: 3 km. Tiere vor Ort: Hund, Katze, Hasen, Pony, Rinder, Schweine, u.a.
Kinder: Baby-/Kleinkindausstattung, kostenl. Ponyreiten.
Beschreibung: Kinder und Erwachsene haben auf unserem umweltorientierten Ferienbauernhof die Gelegenheit, aktiv am Landleben teilzuhaben und das Diplom "Ferienbauer" zu erwerben. Sonnige Lage, nahe am Wald, herrliche Spazierwege, lohnende Ausflugsziele. Auf Ihren Besuch freut sich Familie Hirschfeld. Hausprospekt vorhanden.

Neckarwestheim — Hotel am Markt Garni

Marktplatz 2, 74382 Neckarwestheim
Elisabeth Rech, Tel. 07133-98100, Fax 07133-14423
www.hotel-am-markt-neckarwestheim.de

H K KT

Unterkunft: ÜF; 7 EZ, 7 DZ, 3 App.
Preise: EZ 50 bis 60 €/Tag, DZ 70 €/Tag, App./Pauschalangebote a.A.
Ausstattung: DU, WC, TV, glatte Böden/Teppichboden, Wäscheservice. Kostenlose Parkplätze.
Tiere: Hunde, Katzen. Kleintiere a.A. Hunde, Katzen kostenlos. Tiere dürfen sich frei bewegen, angeleint im Hausbereich. Grünflächen rund um das Haus. Entfernung Tierarzt: 5 km, Tierfuttereinkauf: vor Ort.
Kinder: Spielplatz, Spielzimmer.
Beschreibung: Ein Hotel Garni mit Stil, gelegen am neu gestalteten Marktplatz im ruhigen Ortskern. Sportmöglichkeiten: Golf, Tennis. Hausprospekt vorhanden.

Fichtenau — Landgasthof Hirsch

Forsthausweg 9, 74579 Fichtenau
Brigitte Merklein, Tel. 07962-376, Fax 07962-711033
hirsch@wfgsha.de, www.wfgsha.de/hirsch

H K KT

Unterkunft: ÜF, HP, VP; 5 DZ, 1 MB
Preise: DZ als EZ 35 €/Tag, DZ 49 €/Tag, Zuschlag HP 9 €/Tag, VP 15 €/Tag, Kinderermäßigung, Pauschalangebote a.A.
Ausstattung: DU, WC, TV, auf Wunsch Beistellbett, Restaurant.
Tiere: Hunde, Katzen. Kleintiere a.A. Hunde und Katzen kostenlos. Kleiner Vorrat an Tierfutter. Tiere dürfen sich frei bewegen. Grünflächen rund um das Haus. Tierarzt und Tierfuttereinkauf: 1 km. Tiere vor Ort: Bauernhoftiere.
Beschreibung: Bürgerliche Küche, alles frisch aus der eigenen Metzgerei. Moderne und geräumige Gästezimmer. Im Erholungsort Fichtenau kann man Angeln und Bootfahren, Wandern und Radfahren. Ausflugsmöglichkeiten: Dinkelsbühl, Schwäbisch Hall. Hausprospekt vorhanden.

Frankenhardt — Ferienhof Bohn ★★★★

Neuhaus 5, 74586 Frankenhardt
Andreas Bohn, Tel. 07959-2421, Fax 07959-925686
ferienhof.bohn@t-online.de, www.ferienhof-bohn.de

H K KT

Unterkunft: Ü; 1 FeWo mit 2 Schlafzimmern, Wohnzimmer mit Südbalkon
Preise: 2 bis 6 Pers. 33 bis 40 €/Tag, Bettwäsche und Handtücher 5 €
Ausstattung: DU, WC, KÜ, Sat-TV, Tel., Spülmaschine, Grillplatz, Liegewiese, Fahrradverleih.
Tiere: Hunde, Katzen. Kleintiere a.A. Hund 3 €/Tag, Katze 2 €/Tag. Vorrat an Katzenfutter. Tiere dürfen sich frei bewegen. Grünflächen rund um das Haus. Tierarzt und Tierfuttereinkauf: 2 km. Tiere vor Ort: Katzen, Bauernhoftiere.
Kinder: Spielplatz, Tischtennis, Familienspiele.
Beschreibung: Bauernhof mit Milchvieh und Kälbern; kleiner Weiler, Einkaufsmöglichkeiten und Gaststätten in 2 km Entfernung. Hausprospekt vorhanden.

Bad Wildbad — Ferienanlage Kleinenzhof ★★★★★

Kleinenzhof 1, 75323 Bad Wildbad
Karl Harter, Tel. 07081-3435, Fax 07081-3770
info@kleinenzhof.de, www.kleinenzhof.de

H K KT

Unterkunft: Ü, ÜF, HP; 1 EZ, 5 DZ, 1 MB, 18 FeWo, 2 App.
Preise: EZ ab 36,50 €/Tag, DZ 66-101 €/Tag, HP 15 €, FeWo/App. 2 Pers. 38-58,50 €/Tag, weitere Person 9,60 €/Tag, Kind 6,50 €/Tag, Endreinig. 24-38 €, Pauschalangeb. f. FeWo/App. a.A.
Ausstattung: DU/WC, Rest. FeWo/App.: DU/Bad/WC, KÜ, Spülmasch., Balkon, Gartenmöbel.
Sonstiges: Sauna, Hallen-/Freibad. Kostenlose Parkplätze.
Tiere: Hunde, Katzen. Kleintiere a.A. Hund je 3 €/Tag, Katzen kostenlos. Willkommensleckerli. Tiere dürfen sich frei bewegen, angeleint im Hausbereich. Grünflächen um das Haus. Tierarzt: 9 km, Tierfuttereinkauf: 4 km. Tiere vor Ort: Hund, Rotwild.
Kinder: Kinderstuhl, Kinderbett, Spiel-/Bolzplatz, Tischtennis, Tischfußball, Wasserspielplatz, Sporthalle 750 qm.
Behind. Einr.: Zimmer und Ferienwohnungen.
Beschreibung: Hotel, Restaurant, Cafe, Camping, Minimarkt, Brennerei, Wander- und Radwege, gestauter Fluß.

Wolfach — Ferienpension Horberlehof DLG-Gütezeichen ★★★★

Langenbach 31, 77709 Wolfach/Schwarzwald
Luitgard Fahrner, Tel. 07834-6217, Fax 07834-8685850
info@horberlehof.de, www.horberlehof.de

H K KT

Unterkunft: Ü, ÜF; 1 FH, 3 FeWo
Preise: 2 bis 5 Pers. 30 bis 70 €/Tag, weitere Pers. 8 €/Tag, Nebensaisonpreise
Ausstattung: DU, WC, KÜ, TV, Tel., Spül-/Waschmaschine, Brötchenservice. Kostenlose Parkpl.
Tiere: Hunde, Katzen. Kleintiere a.A. Hund je 3 €/Tag, Katzen kostenlos. Decke, Körbchen, Freß-/Wassernapf. Tiere dürfen sich angeleint bewegen, da Jagdbezirk. Grünflächen rund um das Haus. Tierarzt und Tierfuttereinkauf: 6 km. Tiere vor Ort: Katzen, Kaninchen, Pferde, Rinder, Damwild.
Kinder: Spielgarage, Tischtennis, Dart, Tischfußball, Schaukel, Reiten.
Beschreibung: Sehr ruhige Einzelhoflage, Forellenteich, Kutschfahrten. Hausprospekt vorhanden.

Haslach

Haus zum Hobel

Strickerweg 3, 77716 Haslach im Kinzigtal
Fam. Raible, Tel. 07832-2637, Fax 07832-3706
info@haus-zum-hobel.de, www.haus-zum-hobel.de

H K KT

Unterkunft: Ü; 1 FeWo, 3 SZ
Preise: 2 bis 6 Pers. 35 bis 65 €/Tag, Mindestbelegung 3 Übernachtungen, Zuschlag bei weniger als 6 Übernachtungen einmalig 20 €
Ausstattung: Bis 95 qm Wohnfl, gr. Wohnraum, mod. KÜ, DU, 2 WCs, 20 qm große Dachterrasse.
Tiere: Hunde, Katzen. Kleintiere a.A. Hund je 2,50 €/Tag, Katzen kostenlos. Körbchen, Decke, Freß-/Wassernapf. Vorrat an Hundefutter. Grünflächen 150 m entfernt, Tierarzt: 500 m, Tierfuttereinkauf: 300 m. Tiere vor Ort: Hunde.
Beschreibung: Haus in ruhiger Lage. Ausgangspunkt für viele Ausflugsziele. Weitere Infos im Internet oder Hausprospekt anfordern.

Bad Peterstal

Kur- und Ferienhotel Faißt

★★★

Am Eckenacker 5, 77740 Bad Peterstal-Griesbach
Frau Faißt, Tel. 07806-98450, Fax 07806-9845444
faisst@t-online.de, www.hotel-faisst.de

H K KT

Unterkunft: Ü, ÜF, HP; 5 EZ, 20 DZ, 9 MB, 1 Suite, 10 FeWo, 10 App.
Preise: EZ 28 bis 48 €/Tag, DZ 67 bis 88 €/Tag, Zuschlag HP 18 € (4-Gänge-Menü), MB/Suite/FeWo/App/Pauschalangebote a.A.
Ausstattung: DU, Bad, WC, TV. Bar, Raucher-/Nichtraucher-Restauranträume, Wäscheservice, Lift.
Sonstiges: Hallenbad, Solarium, Wellness-Saunabereich, Bäder-/Massagepraxis. Kostenl. Parkpl.
Tiere: Hunde, Katzen. Kleintiere a.A. Hunde und Katzen je 4 €/Tag. Freß-/Wassernapf. Vorrat an Tierfutter. Tiere dürfen sich frei bewegen, angeleint im Hausbereich. Grünflächen ums Haus. Tierarzt: 18 km, Tierfuttereinkauf: 1 km. Tiere vor Ort: Hund/Katze.
Kinder: Spielplatz, Kinderstüble, Videonachmittage.
Beschreibung: Unser Haus liegt in einem romantischen Ort im Herzen des Schwarzwaldes. Zentraler Mittelpunkt von vielen Sehenswürdigkeiten und Ausflugszielen wie Europa-Park, Straßburg, Freiburg, Mummelsee, Glaswaldsee, Brennereimuseum sowie eine zauberhafte Wanderidylle. Hausprospekt vorhanden.

Bühl

Hotel Grüne Bettlad

Blumenstraße 4, 77815 Bühl/Baden
Fam. Günthner, Tel. 07223-93130, Fax 07223-931310
info@gruenebettlad.de, www.gruenebettlad.de

H KT

Unterkunft: Ü, UF; 5 DZ, 1 Suite
Preise: DZ als EZ 80 bis 90 €/Tag, DZ 110 bis 130 €/Tag, Suite 150 €/Tag
Ausstattung: DU, Bad, WC, TV, Minibar, Safe, Restaurant (Ruhetage: So/Mo). Kostenl. Parkpl.
Tiere: Hunde. Kleintiere a.A. Hund 10 €/Tag. Tiere dürfen sich frei bewegen, angeleint im Hausbereich. Entfernung Grünflächen: 1 km, Tierarzt: 500 m, Tierfuttereinkauf: 200 m. Tiere vor Ort: Hund.
Beschreibung: Historisches 400 Jahre altes Fachwerkhaus mitten im Stadtzentrum, in einer ruhigen Seitenstraße gelegen. Hausprospekt vorhanden.

Freiburg i. Br. — Best Western Premier Hotel Victoria

★★★★

Eisenbahnstraße 54, 79098 Freiburg i. Br.
Yvonne Chutsch, Astrid Späth, Tel. 0761-20734-0, Fax 0761-20734-444
info@victoria.bestwestern.de, www.victoria.bestwestern.de

H K KT

Unterkunft: ÜF, HP; 25 EZ, 34 DZ, 3 MB, 1 Suite
Preise: EZ 88-132 €/Tag, DZ 119-175 €/Tag, HP 20 €/Tag
Ausstattung: DU, Bad, WC, TV/Radio, Tel, Minibar, Safe. Rest., Bar.
Tiere: Hunde, Katzen. Kleintiere a.A. Hund je 8 €/Tag, Katzen kostenlos. Willkommensleckerli, Näpfe, Hundetoilettenbeutel. Tiere dürfen sich frei bewegen, angeleint im Hausbereich. Entfernung Grünanlagen: 10 m, Tierarzt: 1 km, Tierfuttereinkauf: 500 m.
Kinder: Spielkiste, Malsachen, Babybett.
Beschreibung: Historisches Gebäude, zentrale Lage, ruhige Zimmer.

Waldkirch — Ferienwohnungen Burger

★★★

Kohlenbach 18, 79183 Waldkirch-Kollnau
Bernhard Burger, Tel. 07681-1559, Fax 07681-4749890
bernhard-burger@web.de, www.ferienwohnung-kohlenbach.de

H K KT

Unterkunft: Ü; 2 FeWo, Wohnschlafzimmer, Schlafzimmer
Preise: 2 Pers. 32 €/Tag, jede weitere Pers. 4 €/Tag, Kinder bis 5 Jahre frei
Ausstattung: DU, Bad, WC, KÜ, TV, Waschmaschine, Balkon, Fliesen, Laminat. Tischtennis, Liegewiese, Grillplatz, überdachter Freisitz. Kostenlose Parkplätze.
Tiere: Hunde, Katzen. Kleintiere a.A. Hunde und Katzen je 2 €/Tag. Kleiner Vorrat an Katzenfutter vorhanden. Tiere dürfen sich frei bewegen. Grünflächen rund um das Haus. Tierarzt und Tierfuttereinkauf: 3 km. Tiere vor Ort: Katze.
Kinder: Wickelkommode, Kinderbett, Kinderstuhl, Schaukel.
Beschreibung: Ruhige, sonnige Lage im Kohlenbachtal. Hausprospekt vorhanden.

Rheinhausen — Hotel Werneths Landgasthof Hirschen

★★

Hauptstraße 39, 79365 Rheinhausen-Niederhausen
Johannes Werneth, Tel. 07643-6736, Fax 07643-40389
info@wernethslandgasthof.de, www.wernethslandgasthof.de

H

Unterkunft: ÜF; 2 EZ, 7 DZ, 13 MB, 1 Suite
Preise: EZ ab 39 €/Tag, DZ ab 59 €/Tag, MB ab 75 €/Tag, Suite/Pauschalangeb. a.A.
Ausstattung: DU, WC, Sat-TV. Restaurant. Kostenlose Parkplätze.
Tiere: Hunde, kostenlos. Tiere dürfen sich frei bewegen, angeleint im Hausbereich. Grünflächen um das Haus. Tierarzt: 5 km, Tierfuttereinkauf: 1 km.
Beschreibung: Das familien- und tierfreundliche Haus liegt in unmittelbarer Nähe vom Europa-Park Rust. Ausflugsziele: Schwarzwald, Schweiz, Frankreich, Weinbaugebiet Kaiserstuhl. Naturschutzgebiet in Fußgängerentfernung. Hausprospekt vorhanden.

Badenweiler — Hotel Markgräfler Hof

★★★

Ernst-Eisenlohr-Straße 7, 79410 Badenweiler
R. Siegismund, Tel. 07632-75070, Fax 07632-750799
rezeption@markgraefler-hof.de, www.markgraefler-hof.de

H KT

Unterkunft: ÜF, HP, VP; 8 EZ, 10 DZ, 2 Suiten
Preise: EZ 42 bis 52 €/Tag, DZ 90 bis 104 €/Tag, Zuschlag HP 15 €, VP 28 €
Ausstattung: DU, WC, TV, Radio, Tel., Teppichboden. Rest., Fitnessbereich. Kostenl. Parkplätze.
Tiere: Hunde. Kleintiere a.A. Hunde kostenlos. Willkommensleckerli, Körbchen, Decke. Kleiner Vorrat an Hundefutter. Tiere dürfen sich frei bewegen, angeleint im Hausbereich, Frühstücksraum und Restaurant. Grünflächen rund um das Haus. Entfernung Tierarzt: 3 km, Tierfuttereinkauf: 500 m. Tiere vor Ort: Hund.
Beschreibung: Kurpark mit Römerruine, Thermalbad, Tennisanlage, 18 Golfplätze in der Region.

Todtmoos
Hotel Waldwinkel ★★★

Schwimmbadweg 3, 79682 Todtmoos
Axel Stucke, Tel. 07674-92990, Fax 07674-929917
hotelwaldwinkel@t-online.de, www.hotel-waldwinkel.de

H

Unterkunft: Ü, ÜF, HP, VP; 2 EZ, 11 DZ
Preise: EZ 32-34 €/Tag, DZ 58-70 €/Tag, Zuschlag HP 9,80 €, VP 16 €, Pauschalangeb. a.A.
Ausstattung: DU, WC, Radio/TV, Tel., Teppichboden, teilw. Balkon. Restaurant. Kostenl. Parkpl.
Tiere: Hunde, je 3 €/Tag. Tiere dürfen sich frei bewegen, angeleint im Hausbereich. Grünflächen rund um das Haus. Automaten für Hundetoilettenbeutel in der Nähe. Entfernung Tierarzt: 12 km, Tierfuttereinkauf: 500 m.
Beschreibung: Sehr preiswerte Pauschalangebote, Wild-/Fischspezialitäten. Hausprospekt vorhanden.

Titisee-Neustadt
Wilmershof ★★★★

Schwärzenbach 11, 79822 Titisee-Neustadt
Andrea Fehrenbach, Tel. 07651-971552, Fax 07651-932562
fehrenbach@wilmershof.de, www.wilmershof.de

P H K KT

Unterkunft: Ü; 1 FH, 4 FeWo
Preise: 2 bis 4 Pers. 35 bis 55 €/Tag, weitere Pers. je 5 €/Tag, Pauschalangebote a.A.
Ausstattung: DU, WC, KÜ, TV, glatte Böden, Spülmaschine, Waschmaschine, Balkon. Wellnessbereich, Brötchenservice, Wäscheservice. Kostenlose Parkplätze.
Tiere: Hunde, Katzen, Pferde. Kleintiere a.A. Pferd: Box je 5 €/Tag, Hunde und Katzen kostenlos. Tiere dürfen sich frei bewegen. Grünflächen ums Haus. Tierarzt: 5 km, Tierfuttereinkauf: 3 km. Tiere vor Ort: Bauernhoftiere, Ziegen, Hasen, Katzen, Hund.
Kinder: Hochstuhl, Kinderbett, Spielplatz, Spielzimmer, Spielscheune, Kleintiergehege.
Beschreibung: Bauernhof im Grünen. Familienfreundlich ausgezeichnet. Ski alpin, Langlauf, Wandern.

Bonndorf
Landhaus Waldheim

Tiroler Straße 14, 79848 Bonndorf-Holzschlag
Herr Remesch, Tel. 07653-502, Fax 07653-9380
info@hundefreundlicheshotel.de, www.hundefreundlicheshotel.de

H

Unterkunft: ÜF, HP; 1 EZ, 10 DZ, 5 MB
Preise: EZ 26-44 €/Tag, DZ 52-88 €/Tag, Zuschlag HP 13 €, MB/Pauschalangebote a.A.
Ausstattung: DU, WC, Sat-TV, auf Wunsch NR-Zimmer.
Sonstiges: Hallenbad, Sauna, Grillplatz, Tischtennis, Billard, Tischfußball. Kostenl. Parkplätze.
Tiere: Hunde kostenlos. Willkommensleckerli, Freß-/Wassernapf, Hundetoilettenbeutel auf Wunsch, Agility-Parcours, Hundedusche, Hundetrockentücher, Hundespielwiese, Hundeweiher, Hundezubehörshop. Kleiner Vorrat an Hundefutter vorhanden. Tiere angeleint im Hausbereich, Frühstücksraum und Restaurant. Grünflächen rund um das Haus. Tierarzt und Tierfuttereinkauf: 8 km. Tiere vor Ort: Hund, Katze, Fische.
Kinder: Spielplatz, Spielecke, Spielwiese.
Beschreibung: Urlaub mit Hund - Ihr Urlaubsziel - Landhaus Waldheim. Absolut ruhige Lage am Waldrand. Ausgedehnte Wanderwege (auch im Winter) laden Sie und Ihren vierbeinigen Freund zu reizvollen Zielen ein: die wildromantische Wutachschlucht, Schluchseerundwanderweg (Hunde dürfen baden), Titisee, Feldberg (Kabinenbahn, Hunde erlaubt), Glasträgerweg, Rheinfall, romantische Dampfeisenbahn und viele weitere interessante Ausflugsziele im Dreiländereck Schwarzwald-Elsass-Schweiz. Wir freuen uns, Sie und Ihren vierbeinigen Freund bei uns zu begrüßen! Fordern Sie unseren ausführlichen Hausprospekt an.

Hinterzarten — Hotel-Restaurant-Cafe Lafette

★★★

Heiligbrunnenstraße 10, 79856 Hinterzarten
Familie Heinrich, Tel. 07652-360, Fax 07652-5906
info@hotel-lafette.de, www.hotel-lafette.de

H K KT

Unterkunft: ÜF, HP, VP; 4 EZ, 10 DZ, 3 MB
Preise: EZ 28 bis 44 €/Tag, DZ 56 bis 78 €/Tag, Zuschlag HP 13 €, VP 18 €
Ausstattung: DU, WC, TV, Radio, Teppichboden, NR-Zimmer. Rest. Kostenlose Parkplätze.
Tiere: Hunde, Katzen. Kleintiere a.A. Hunde und Katzen kostenlos. Willkommensleckerli. Tiere dürfen sich frei bewegen, angeleint im Hausbereich, Frühstücksraum/Rest. Grünflächen rund um das Haus. Tierarzt: 3 km, Tierfuttereinkauf: 1 km.
Beschreibung: Südlage mit Sonnenterrasse und Liegewiese. Herrliche Wanderwege, Skisport, Langlauf, Alpin.

Schluchsee — Pension Tannenheim

★★

Faulenfürsterstraße 7, 79859 Schluchsee
Christine Zimmermann, Tel. 07656-427, Fax 07656-1465
info@pension-tannenheim.de, www.pension-tannenheim.de

H K KT

Unterkunft: ÜF; 2 EZ, 7 DZ, 2 Suiten
Appartement: 1 x bis 5 Pers., 1 x 4 Pers., 1 x 3 Pers.
Preise: EZ 20 bis 25 €/Tag, DZ 50 bis 66 €/Tag
App.: 2 bis 4 Pers. 55 bis 90 €/Tag inkl. Frühstück
Pauschalangebote a.A.
Ausstattung: DU, WC, TV, Sauna, Solarium; Appartement: DU, Bad, WC, KÜ, TV, Klinker, Teppich, Parkett, Wäscheservice.
Sonstiges: Appartements haben Gartenzugang. Tischtennis. Kostenl. Parkplätze.
Tiere: Hunde, Katzen. Kleintiere a.A. Hund und Katze je 3 €/Tag. Willkommensleckerli. Kleiner Vorrat an Hunde- und Katzenfutter vorhanden. Tiere angeleint im Hausbereich, kein Zutritt zum Frühstücksraum. Grünflächen um das Haus. Tierarzt: 10 km, Tierfuttereinkauf: 500 m. Tiere vor Ort: Hunde.
Kinder: Spielgeräte im Garten, Spieleschrank.
Beschreibung: 5 Minuten zum See, 160 km Wanderwege, Eislaufplatz, Loipen. Hausprospekt vorhanden.

Schluchsee

Wochner's Hotel Sternen

★★★

H

Dresselbacher Straße 1, 79859 Schluchsee
Ingrid Wochner, Tel. 07656-98870, Fax 07656-988759
info@sternen-schluchsee.de, www.sternen-schluchsee.de

Unterkunft: ÜF, HP, VP a.A.; 6 EZ, 23 DZ, 2 MB, 3 Suiten
Preise: EZ 40 bis 48 €/Tag, DZ 76 bis 84 €/Tag, Zuschlag HP 14 €, VP 28 €, MB, Suiten, Pauschalangebote a.A.
Ausstattung: DU, Bad, WC, TV, Radio, Tel., Teppichboden, teilw. Balkon, NR-Zimmer.
Sonstiges: Rest., Bar, Lift, Sauna, Solarium. Kostenl. Parkpl., Garage geg. Gebühr.
Tiere: Hunde, kostenlos. Willkommensleckerli, Decke, Näpfe, Hundetoilettenbeutel, Gassidienst, Tiersitterservice. Hundefutter a.A. Tiere dürfen sich frei bewegen, angeleint im Hausbereich/Frühstücksraum/Restaurant. Grünflächen um das Haus. Tierarzt: 12 km, Tierfuttereinkauf: 500 m. Tiere vor Ort: Hovawart.

Kinder: Kindermenüs, Malzeug, Hochstühle, Babybetten, Spielplatz.
Beschreibung: Herzlich willkommen in unserem Haus der Schwarzwälder Gastlichkeit, zentral gelegen im heilklimatischen Kurort Schluchsee im Hochschwarzwald. Urlaub von der ersten Minute an. Alle Annehmlichkeiten, die zu einem schönen Urlaub gehören, in familiärer Atmosphäre. Der Schluchsee ist der größte Schwarzwaldsee, umgeben von einer traumhaften Landschaft.

Feldberg

Blechnerhof

H K KT

Talblick 9, 79868 Feldberg-Falkau
Frau Häbel, Herr Fehrenbach, Tel. 07655-933046, Fax 07655-933048
blechnerhof@aol.com

Unterkunft: Ü; 2 FeWo (2 x 3 Zimmer)
Preise: 1 bis 4 Pers. 45 bis 50 €/Tag, Pauschalangebote a.A.
Ausstattung: DU, WC, KÜ, Spülmaschine, TV, teilweise Balkon. Bettwäsche, Handtücher. Abholservice. Kostenl. Parkplätze.
Tiere: Hunde, Katzen. Kleintiere a.A. Hunde, Katzen je 4 €/Tag. Willkommensleckerli, Körbchen, Tiersitterservice, Hundetoilettenbeutel. Tiere dürfen sich frei bewegen. Grünflächen um das Haus. Tierarzt: 10 km, Tierfuttereink.: 2,5 km.
Beschreibung: Absolut ruhige, autofreie, traumhafte Panoramalage.

München

Hotel Amba

★★★

H K KT

Arnulfstraße 20, 80335 München
Dominique Baumann, Tel. 089-545140, Fax 089-54514555
info@hotel-amba.de, www.hotel-amba.de

Unterkunft: ÜF; 36 EZ, 50 DZ
Preise: EZ 85 bis 130 €/Tag, DZ 110 bis 160 €/Tag
Ausstattung: DU/Bad, WC, TV/Pay-Video, Radio, Tel., NR-Zimmer, Bar.
Tiere: Hunde, Katzen. Kleintiere a.A. Hunde/Katzen kostenlos. Willkommensleckerli, Körbchen, Näpfe. Gassidienst und Tiersitterservice a.A. Vorrat an Hundefutter. Tiere dürfen sich frei bewegen, angeleint im Hausbereich. Grünflächen und Tierfuttereinkauf: 1 km, Tierarzt: 3 km.
Beschreibung: Lage direkt am Bahnhof, wenige Gehminuten in die Innenstadt, zentral gelegen zu allen Sehenswürdigkeiten.

DEUTSCHLAND

München — Hotel Gästehaus Englischer Garten

Liebergesellstraße 8, 80802 München
Roselinde Zankl, Tel. 089-3839410, Fax 089-38394133
info@hotelenglischergarten.de, www.hotelenglischergarten.de

H K

Unterkunft: ÜF; 5 EZ, 7 DZ, 20 App.
Preise: EZ 60 bis 128 €/Tag, DZ 68 bis 128 €/Tag, ohne Frühstück (Zuschlag 9 €)
Ausstattung: teilw. DU, WC, TV, Tel. glatte Böden/Teppichboden. Kostenlose Parkplätze.
Tiere: Hunde, Katzen. Je 5,50 €/Tag. Willkommensleckerli. Tiere angeleint im Hausbereich, kein Zutritt zu Frühstücksraum/Rest. Eingezäuntes Grundstück. Grünflächen rund um das Haus. Tierarzt: 1 km, Tierfuttereinkauf: 500 m.
Beschreibung: Alte, denkmalgeschützte Villa direkt am Englischen Garten. Idyllische Terrasse, 20 Appartements mit Kochgelegenheit im Nebenhaus.

Schäftlarn/Ebenhausen — Hotel Gut Schwaige

★★★

Rodelweg 7, 82067 Ebenhausen/Isartal
Freddy Masson, Tel. 08178-93000, Fax 08178-4054
info@hotel-gutschwaige.de, www.hotel-gutschwaige.de

H K KT

Unterkunft: ÜF; 4 EZ, 11 DZ, 3 MB, 1 Suite
Preise: EZ 48 bis 70 €/Tag, DZ 80 bis 110 €/Tag
Ausstattung: DU, WC, TV/Radio, NR-Zimmer, Rest. Kostenl. Parkpl.
Tiere: Hunde, Katzen. Kleintiere a.A. Hund je 5 €/Tag, Katzen kostenlos. Willkommensleckerli, Decke, Näpfe, Tiersitterservice. Kleiner Vorrat an Hundefutter. Tiere dürfen sich frei bewegen, angeleint im Hausbereich. Grünflächen um das Haus. Tierarzt: 1 km, Tierfuttereinkauf: 100 m. Tiere vor Ort: Hund.
Beschreibung: Sehr ruhig im Naturschutzgebiet gelegen.

Mittenwald — Pension Alpenhof

Am Anger 20, 82481 Mittenwald
Bernd Seidler, Tel. 08823-8326, Fax 08823-4557
alpenhof.seidler@t-online.de, www.alpenhof-mittenwald.de

H K KT

Unterkunft: Ü, ÜF, HP, VP; 2 EZ, 6 DZ, 2 MB
Preise: EZ 28 bis 34 €/Tag, DZ 56 bis 66 €/Tag, Zuschlag HP 9,50 €, VP 14,50 €
Ausstattung: DU, Bad, WC, Kabel-TV. Kostenlose Parkplätze.
Sonstiges: Aufenthalts-/Fernsehraum, Gesellschaftsspiele. Garten mit Liegewiese. Kostenloser Bahnhofstransfer.
Tiere: Hunde, Katzen. Kleintiere a.A. Hunde und Katzen kostenlos. Tiere dürfen sich frei bewegen, kein Zutritt zum Speiseraum. Grünflächen rund um das Haus. Entfernung Tierarzt/Tierfuttereinkauf: 1 km.
Beschreibung: Ob Sommer oder Winter, erleben Sie einen schönen Urlaub in unserem gepflegten, gemütlichen Haus mit familiärer Atmosphäre. Lassen Sie sich von unseren mit Liebe zubereiteten Speisen verwöhnen. Zentrale, aber ruhige Lage mit herrlichem Blick auf das Karwendel- und Wettersteingebirge.

Oberammergau

Hotel Wolf

★★★

Dorfstraße 1, 82487 Oberammergau
Rudolf Wolf, Tel. 08822-92330, Fax 08822-923333
info@hotel-wolf.de, www.hotel-wolf.de

H

Unterkunft: ÜF, HP, VP; 5 EZ, 20 DZ, 7 MB, 5 FeWo
Preise: EZ 50 bis 60 €/Tag, DZ 75 bis 90 €/Tag, Zuschlag HP 15 €, VP 20 € FeWo: 1-6 Pers. 40-95 €/Tag, Endreinigung 30 €, Pauschalangeb. a.A.
Ausstattung: Hotel: DU, Bad, WC, TV, Radio, Telefon mit ISDN-Anschluß, Lift, NR-Zimmer, Restaurant, Bar, Sauna, Dampfbad, Solarium. FeWo: DU, WC, KÜ, TV, Video, Teppichboden, PVC, Wäscheservice.
Sonstiges: Freischwimmbad, Liegewiese (für Hunde erlaubt). Kostenl. Parkplätze.
Tiere: Hunde, kostenlos. Hunde-Physiotherapie, Unterwasser-Laufband, Agility Parcours, eingezäunter Hundeplatz (1500 qm) mit Flutlicht, 2 Hundesporthallen, Fly Ball Geräte, Hundeshop, Näpfe, Beutel für Hundetoiletten. Videoverleih von Hundefilmen. Kleiner Vorrat an Hundefutter vorhanden. Tiere dürfen sich frei bewegen, angeleint im Hausbereich. Entfernung Grünflächen: 200 m, Tierarzt: 600 m, Tierfuttereinkauf: 800 m. Tiere vor Ort: 2 Schäferhündinnen, 1 Golden Retriever Hündin.
Beschreibung: Nähere Informationen entnehmen Sie bitte unserer Homepage: www.hotel-wolf.de. Hausprospekt vorhanden.

Grainau

Haus Schwalbennest

Langenmoosweg 4, 82491 Grainau
H. Dalbeck, B. Dalbeck, Tel. 08821-8874
www.grainau.de/haus_schwalbennest

H K KT

Unterkunft: Ü; 6 FeWo, 1 App.; 1 und 2 Zimmer
Preise: 2 Pers von 25-48 €/Tag, jede weitere Pers. 3-6 €/Tag
Ausstattung: DU, WC, KÜ, TV, Tel., Teppichb., Terrasse, Liegewiese. Brötchenservice. Kostenlose Parkplätze. Garagen a.A.
Tiere: Hunde, Katzen. Kleintiere a.A. Hund/Katze je 4 €/Tag, Tiere angeleint im Haus- und Grundstücksbereich. Grünflächen rund um das Haus. Tierarzt: 6 km, Tierfuttereinkauf: 300 m.
Beschreibung: Sehr ruhiges Haus in landschaftlicher Umgebung, jedoch zentral, freier Zugspitzblick, schattige Parkplätze, Garagen.

Grainau — Haus Florian

Loisachstraße 33, 82491 Grainau
Gabriele Bierprigl, Tel. 08821-8961, Fax 08821-8449
info@gaestehausflorian.de, www.gaestehausflorian.de

H

Unterkunft: Ü, ÜF/Frühstücksbüffet; 1 EZ, 6 DZ, 2 MB, FeWo (58 qm), 1 App. (38 qm)
Preise: EZ 35 bis 43 €/Tag, DZ 54 bis 70 €/Tag, FeWo: 2 Personen 50 bis 65 €/Tag, weitere Person 8 €/Tag, App.: 2 Personen 39 bis 49 €/Tag
Ausstattung: Gästehaus: DU, WC, Kabel-TV, Radiowecker, Safe, NR-Zimmer, Balkon/Terrasse. FeWo/App.: DU, WC, KÜ, TV, Tel., Teppichboden, Südbalkon, Wäscheservice, NR. Kostenl. Parkpl.
Sonstiges: Garten mit Liegewiese. FeWo- und App.-Gäste können auf Wunsch am Frühstücksbuffet teilnehmen.
Tiere: Hunde, 3 €/Tag. Leckerli. Tiere dürfen sich frei bewegen, außer im Frühstücksraum. Grünflächen um das Haus. Tierarzt: 6 km, Tierfuttereinkauf: 500 m.
Beschreibung: Sonnige Lage, herrlicher Gebirgsblick, 5 Gehminuten zur Ortsmitte, Wanderwege und Loipen direkt ab Haus, ungestörtes "Gassigehen". Herzliche familiäre Atmosphäre und aufmerksame Betreuung.

Grainau — Hotel Garni Grainauer Hof

Schmölzstraße 11, 82491 Grainau
Sabine Knossalla, Tel. 08821-943260, Fax 08821-55826
info@hotel-grainauerhof.de, www.hotel-grainauerhof.de

H KT

Unterkunft: ÜF, HP (nur auf Wunsch); 2 EZ, 22 DZ, 2 MB
Preise: EZ 35-46 €/Tag, DZ 59-92 €/Tag, Zuschlag HP 14 €, Pauschalangebote a.A.
Ausstattung: DU, Bad, WC, TV, Radio, Telefon, Teppichboden, teilweise Balkon, NR-Zimmer.
Sonstiges: Schwimmbad innen/außen, Sauna. Kostenlose Parkplätze.
Tiere: Hunde. Kleintiere a.A. Hunde kostenlos. Willkommensleckerli, Decke, Freß-/Wassernapf, Tiersitterservice. Kleiner Vorrat an Hundefutter. Tiere dürfen sich im Hausbereich frei bewegen. Grünflächen um das Haus. Tierarzt: 2 km, Tierfuttereinkauf: 1 km.
Kinder: Spielecke.
Beschreibung: Familiär geführtes Haus, großer Garten, sonnige Lage mit Blick auf das Wettersteingebirge. Wanderwege und Loipen ab Haus. Hausprospekt vorhanden.

Wallgau — Gästehaus Kramerhof

Otenwanger Weg 2, 82499 Wallgau
Frau Porer, Tel. 08825-952120, Fax 08825-952122
kramerhof-porer@t-online.de, www.kramerhof.net

P H KT

Unterkunft: Ü; 7 FeWo (5 x 2 Zimmer, 2 x 3 Zimmer)
Preise: 2 Pers. 40 bis 45 €/Tag, weitere Pers. 10 €/Tag, Pauschalangebote a.A.
Ausstattung: DU, Bad, WC, KÜ, TV, gl. Böden/Teppichb., Balkon, Brötchenservice. Kostenl. Parkpl.
Tiere: Hunde, Pferde. Kleintiere a.A. Pferd: Box 8 €/Tag, Hunde kostenlos. Vorrat an Pferdefutter. Tiere dürfen sich frei bewegen, kein Zutritt zum Frühstücksraum. Grünflächen um das Haus. Tierarzt: 8 km, Tierfuttereinkauf: 1 km. Tiere vor Ort: Pferde, Katzen.
Kinder: Spielplatz, Spiele, Streichelzoo.
Beschreibung: Das Gästehaus befindet sich in einer ruhigen Alleinlage mit freiem Blick auf die Berge. Viele Sehenswürdigkeiten in der Nähe. Langlaufloipen. Hausprospekt vorh.

Wolfratshausen — Hotel - Gasthof Humplbräu

Obermarkt 2, 82515 Wolfratshausen
Familie Fagner, Tel. 08171-483290, Fax 08171-4832913
post@humplbraeu.de, www.humplbraeu.de

H K KT

Unterkunft: ÜF; 3 EZ, 16 DZ, 6 MB, 3 Suiten
Preise: EZ 46 bis 55 €/Tag, DZ 68 bis 80 €/Tag, MB/Suiten a.A.
Ausstattung: DU, Bad, WC, TV, Zimmer z. Teil mit Kochgelegenheit, Rest. Kostenl. Parkplätze.
Tiere: Hunde, Katzen. Kleintiere a.A. Hunde und Katzen kostenlos. Freß-/Wassernapf, Hundefuttervorrat. Tiere dürfen sich frei bewegen, im Restaurant nur angeleint. Automaten mit Hundetoilettenbeutel in der Umgebung. Entfernung Grünflächen: 20 m, Tierarzt: 500 m, Tierfuttereinkauf: 10 m. Tiere vor Ort: Hunde.
Beschreibung: Unser Haus, zentral in der Altstadt gelegen, ist ein idealer Ausgangspunkt für Ausflüge in das herrliche Oberland oder nach München. Hausprospekt vorhanden.

Reit im Winkl — Gästehaus Beim Draxl

★★★★

Blindauerstraße 44, 83242 Reit im Winkl
Elisabeth und Hubert Heistracher, Tel. 08640-1570, Fax 08640-1312
beim.draxl@t-online.de, www.familie-heistracher.de

H K KT

Unterkunft: Ü; 6 FeWo für 2 bis 6 Personen (50 bis 80 qm)
Preise: 30 bis 100 €/Tag, Endreinigung und Kurtaxe a.A., günstige Vor- und Nachsaisonpreise
Ausstattung: DU, WC, KÜ, TV, Teppiche und Fliesen, Balkon, Sauna, Solarium.
Sonstiges: Liegewiese, Aufenthaltsraum, Tischtennis, vergünstigte Skiliftpreise.
Tiere: Hunde, Katzen. Kleintiere a.A. Hunde und Katzen kostenlos. Katzenkorb, Decken. Kleiner Vorrat an Katzenfutter. Tiere dürfen sich frei bewegen. Grünflächen um das Haus. Tierarzt: 15 km, Tierfuttereinkauf: 2 km. Tiere vor Ort: Kleintiere, Bauernhoftiere.
Kinder: Hauseigener Spielplatz, Tischtennis.
Beschreibung: Vier-Sterne-Gästehaus im Ortsteil Blindau, in sehr ruhiger, sonniger Lage. Keine Verkehrsstraße am Haus. Freier Zugang und Blick in die vorgelegenen Wiesen und umliegenden Berge. Ganzjährige Vermietung. Zentraler Ausgangspunkt für viele Wander- und Ausflugsmöglichkeiten. Loipen, Rodelbahn und Wanderwege direkt am Haus. Hausprospekt vorhanden.

Siegsdorf — Gästehaus Traun

★★★

Rupertusstraße 7, 83313 Siegsdorf-Hammer (b. Inzell)
Frieda Maier, Tel. 08662-12200, Fax 08662-665817
fewo.traun@t-online.de, www.gaestehaus-traun.de

H K KT

Unterkunft: Ü; 1 FH mit 2 FeWo, 1 App.
Preise: 2 bis 4 Pers. 25 bis 47 €/Tag
Ausstattung: DU, WC, KÜ, TV. Wäscheservice. Kostenlose Parkplätze.
Tiere: Hunde, Katzen. Kleintiere a.A. Hund, Katze je 10 €/Woche. Willkommensleckerli, Decke, Freß-/Wassernapf. Tiere dürfen sich frei bewegen. Grünflächen rund um das Haus, Hundetoiletten vorhanden. Tierarzt: 5 km, Tierfuttereinkauf: 200 m. Tiere vor Ort: Hund.
Kinder: Spielplatz, Streichelgehege, Kinderbett, Schwimmbad.
Beschreibung: Familien- und tierfreundliche Ferienwohnung. Sport- und Meditationsprogramme.

Anger

Spanföhrerhof / Haus Wimmer

★★★

Scheiterstraße 8,83454 Anger
Frau Wimmer, Tel. 08656-1676, Fax 08656-1687
mail@ferienwohnung-anger.de, www.ferienwohnung-anger.de

H K KT

Unterkunft: Ü; 2 FeWo (2 x 2 Zimmer)
Preise: 2 bis 4 Personen 30 bis 40 €/Tag
Ausstattung: Bad, WC, KÜ, TV, gl. Böden, Balkon. Kostenl. Parkpl.
Tiere: Hunde, Katzen. Kleintiere a.A. Hunde/Katzen kostenlos. Willkommensleckerli, Körbchen, Decke, Näpfe, Hundetoilettenbeutel. Tiere dürfen sich frei bewegen. Grünflächen ums Haus. Tierarzt: 8 km, Tierfuttereinkauf: 10 km. Tiere vor Ort: Hund, Katze, Enten, Ziegen, Hasen.
Kinder: Streichelzoo, Tischtennis, Spielscheune, Spielplatz.
Beschreibung: Mitten im Berchtesgadener Land. Chiemsee, Königsee.

Berchtesgaden

Ferienhotel Neuhäusl

★★★

Wildmoos 45, 83471 Berchtesgaden-Oberau
Familien Hölzl und Rauh, Tel. 08652-9400 u. 0800-8652940, Fax 08652-64637
info@neuhaeusl.de, www.neuhaeusl.de

H K KT

Unterkunft: ÜF, HP; 3 EZ, 18 DZ, 2 MB, 3 Suiten, 6 Nichtraucherstudios
Preise: EZ 45 bis 55 €/Tag, DZ 82 bis 100 €/Tag, Zuschlag HP 14 € (Dienstags Ruhetag)
Ausstattung: DU, Bad, WC, Tel., TV. Lift, Hallenbad, Saunalandschaft, Kosmetik-Massagen, Wellnessbereich, NR-Bereich, Restaurant, Bar. Kostenl. Parkpl., Garage geg. Geb.
Tiere: Hunde, Katzen. Kleintiere a.A. Hund, Katze je 4 €/Tag. Freß-/Wassernapf. Tiere angeleint im Hausbereich. Grünflächen rund um das Haus. Tierarzt: 7 km, Tierfuttereinkauf: 2 km. Tiere vor Ort: Enten, Graupapagei, Zwerghasen, Forellenteich.
Kinder: Baby- und Kleinkindausstattung, großer Spielplatz.
Beschreibung: Bekannte Ausflugsgaststätte. Wanderwege am Haus. Eigener Skilift und Langlaufloipe.

Bad Tölz

Haus Maximilian

Seppstraße 5, 83646 Bad Tölz
Katharina Reichel, Tel. 08041-793430, Fax 08041-7934353
hausmaximilian@gmx.de, www.hausmaximilian.de

H K KT

Unterkunft: ÜF, HP; 7 EZ, 16 DZ
Preise: EZ 30 bis 49 €/Tag, DZ 58 bis 98 €/Tag, HP 15 €/Tag
Ausstattung: DU, Bad, WC, TV, Tel., Teppichb. Kostenl. Parkplätze.
Tiere: Hunde, Katzen. Kleintiere a.A. Hunde je 3 €/Tag, Katzen je 2 €/Tag. Willkommensleckerli, Körbchen, Decke, Näpfe, Gassidienst, Tiersitterservice. Vorrat an Hunde- und Katzenfutter. Tiere angeleint im Hausbereich, kein Zutritt zum Frühstücksraum. Eingezäuntes Grundstück. Tierarzt: 2 km, Tierfuttereinkauf: wird vom Hotel besorgt. Tiere vor Ort: Hund, Katzen.

Bad Tölz — Ferienwohnung Hanfstängl

Bichlersteig 2, 83646 Bad Tölz
Familie Hanfstängl, Tel. 08041-5994, Fax 08041-72449
hanfstaengl@t-online.de, www.fewo-hanfstaengl.de

H K KT

Unterkunft: Ü; 3 FeWo (1 x 3 Zimmer, 2 x 2 Zimmer)
Preise: 1 bis 5 Pers. 29 bis 68 €/Tag, weitere Pers. je 8 €, Pauschalangebote a.A.
Ausstattung: DU, WC, KÜ, Mikrowelle, Waschmasch., TV, Tel., gl. Böden, Balkon oder Terrasse.
Sonstiges: Sauna, Solarium, Liegewiese, Grillplatz. Brötchenservice. Kostenlose Parkplätze.
Tiere: Hunde, Katzen. Kleintiere a.A. Hunde je 3 €/Tag, Katzen je 1 €/Tag. Tiere dürfen sich frei bewegen, außer im Schlafzimmer. Grünflächen um das Haus. Entfernung Tierarzt: 2 km, Tierfuttereinkauf: 500 m.
Kinder: Spielplatz, kleiner Bach.
Beschreibung: Panorama-Frühstück mitten im Grünen. Unser Haus befindet sich direkt am Einbach, in unverbaubarer, südlicher Randlage der Kurzone, umgeben von Wald und Wiesen. Abseits von jeglichem Autoverkehr finden Sie Ruhe und Erholung in frischer Bergluft. 10 Gehminuten zu den Kureinrichtungen.

Tegernsee — Hotel Garni/FeWos Ludwig Thoma

★★★★

Ludwig-Thoma-Weg 21, 83684 Tegernsee
Familie Waldenmaier, Tel. 08022-92150, Fax 08022-921525
h.waldenmaier@t-online.de, www.tegernsee.de/ludwig-thoma

H KT

Unterkunft: Ü, ÜF; 16 EZ, 14 DZ, 14 MB, 6 Suiten, 14 App., 14 FeWo (1-4 Zimmer)
Preise: EZ 39 bis 62 €/Tag, DZ 62 bis 110 €/Tag, FeWo 1 bis 8 Pers. 43 bis 149 €/Tag
Ausstattung: DU, Bad, WC, Radio/TV, Tel., glatte Böden/Teppichb., Sauna, Solarium. Kostenl. Parkpl.
Tiere: Hunde. Kleintiere a.A. Hund 5 €/Tag. Tiere dürfen sich frei bewegen, angeleint im Hausbereich. Grünflächen um das Haus. Automaten für Hundetoilettenbeutel und Hundetoiletten in der Nähe. Tierarzt: 300 m, Tierfuttereinkauf: 500 m.
Behind. Einr.: Vier rollstuhlgerechte FeWo und fünf rollstuhlgerechte Zimmer und Appartements.
Beschreibung: Viele Wanderwege, Ski- und Langlauf, Schwimmbäder. Hausprospekt vorhanden.

Bad Wiessee — Pension Birkenhaus am Quell

Driessenstraße 11, 83707 Bad Wiessee
Familie Deimhard, Tel. 08022-83648, Fax 08022-99280

H

Unterkunft: Ü, ÜF; 3 EZ, 1 DZ, 4 FeWo (2 Räume), 2 FeWo (1 Raum)
Preise: EZ 23-30 €/Tag, DZ 50-60 €/Tag, FeWo/Pauschalang. a.A.
Ausstattung: DU, WC, TV, Wäscheservice, Teppichboden, Fliesen. Garten, Liegewiese, Sonnenterrasse. Kostenl. Parkpl.
Tiere: Hunde, je 1 €/Tag. Vorrat an Hundefutter. Tiere dürfen sich frei bewegen, angeleint im Hausbereich. Grünflächen um das Haus. Entfernung Tierarzt und Tierfuttereinkauf: 500 m. Tiere vor Ort: Hund.
Beschreibung: Idealer Kur- und Erholungsurlaub. Direkt am Jodschwefelbad, nur ein paar Min. bis zum See, Zentrum.

Schliersee — Hotel und Gästehaus Reiter

Rißeckstraße 8, 83727 Schliersee
Frau Reiter, Tel. 08026-92230, Fax 08026-4059
info@hotel-reiter.de, www.hotel-reiter.de

P H K KT

Unterkunft: ÜF; 5 EZ, 15 DZ, 4 MB, 1 Suite, 3 FH, 2 App./FeWo
Preise: EZ 35-63 €/Tag, DZ 60-105 €/Tag, FH/FeWo/App. a.A.
Ausstattung: DU, Bad, WC, TV, Telefon, glatte Böden/Teppichboden, Wellness- und Fitnessbereich, Restaurant.
Tiere: Hunde, Katzen. Kleintiere und Pferde a.A. Hunde je 5 €/Tag, Katzen je 3 €/Tag. Tiere angeleint im Hausbereich, kein Zutritt zu Frühstücksraum, Rest. und Spielplatz. Grünflächen rund um das Haus. Tierarzt: 2 km, Tierfuttereinkauf: 200 m. Tiere vor Ort: Pferd, Esel, Hühner, Gänse, Katze, Hasen.

Fischbachau — Hof Engelsberg

Engelsberg 2, 83730 Fischbachau
Monika Estner, Tel. 08028-2181, Fax 08028-629
monikaestner@gmx.info

P H K KT

Unterkunft: Ü; 2 FeWo (2 SZ, WZ bzw. WZ/SZ ca. 75 qm)
Preise: 4 bis 5 Pers. 46 €/Tag, weitere Person 2,50 €/Tag
Ausstattung: DU, Bad, WC, KÜ, TV, Waschmaschine, Balkon, separate Eingänge.
Sonstiges: Fischteich am Haus, Reitmöglichkeit, Skilehrer. Kostenlose Parkplätze.
Tiere: Hunde, Katzen, Pferde. Kleintiere a.A. Pferd: Box 10 €/Tag, Hund 1,50 €/Tag, Katzen kostenlos. Näpfe. Hunde-, Katzen-, Pferdefuttermittelvertrieb. Tiere dürfen sich frei bewegen, außer in Stall, Scheune und Weiden mit Vieh. Grünflächen rund um das Haus. Tierarzt: 8 km, Tierfuttereinkauf: 8 km und am Hof. Tiere vor Ort: Rinder, Pferde, Hunde, Katzen, Enten, Hühner.
Beschreibung: Oberbayerischer Bergbauernhof in Einzellage. Tegernsee, Wendelstein und Schliersee in der Nähe, schöne Wanderwege.

Julbach — Ferienhaus Erna

Schloßbergstraße 15, 84387 Julbach
Erna Zierer, Tel. 08571-2395

H KT

Unterkunft: Ü; 1 FH (SZ, Wohnküche, Abstellraum)
Preise: 2 bis 3 Pers. 25,50 bis 41,50 €/Tag
Ausstattung: DU, WC, KÜ, Waschmaschine, TV, glatte Böden, Terrasse. Kostenlose Parkplätze.
Tiere: Hunde. Kleintiere a.A. Hund 2,50 €/Tag. Willkommensleckerli. Tiere dürfen sich frei bewegen. Grünflächen rund um das Haus. Entfernung Tierarzt: 3 km, Tierfuttereinkauf: 500 m. Tiere vor Ort: Katze.
Beschreibung: Kleines sehr gut ausgestattetes FH im südl. Niederbayern. Am Ortsrand am Wald, Panoramablick, Rad- und Wanderwege. Hausprospekt vorhanden.

Kipfenberg — Haus Sonnenbichl

Kreisstraße 2, 85110 Kipfenberg
Anne Baumeister, Tel. 08465-3147

H

Unterkunft: Ü; 1 FeWo (2 Zimmer)
Preise: 2 Pers. 30 €/Tag
Ausstattung: DU, WC, KÜ, Mikrowelle, TV, Teppichb., Sonnenterrasse. Kostenlose Parkplätze.
Tiere: Hunde, kostenlos. Willkommensleckerli, Körbchen, Freß-/Wassernapf. Tiere dürfen sich frei bewegen. Grünflächen rund um das Haus. Entfernung Tierarzt und Tierfuttereinkauf: 4 km. Tiere vor Ort: Hund.
Behind. Einr.: Rollstuhlgerechte Ferienwohnung.
Beschreibung: Im romantischen Altmühltal, 3 km zum kostenlosen Badesee.

Kinding — FeWo Zinner

Beilngrieser Weg 5, 85125 Kinding-Badanhausen
Emma und Rudolf Zinner, Tel. und Fax 08461-7167

H K KT

Unterkunft: Ü; 1 FeWo (55 qm, separater Hauseingang)
Preise: 1 bis 2 Pers. 25 €/Tag, weitere Pers. 5 €/Tag
Ausstattung: DU, WC, KÜ, TV, glatte Böden, Terrasse. Kostenlose Parkplätze.
Tiere: Hunde, Katzen. Kleintiere a.A. Hunde, Katzen kostenlos. Tiere dürfen sich frei bewegen. Grünflächen um das Haus. Tierarzt: 3 km, Tierfuttereinkauf: 2,5 km.
Beschreibung: Erholungszentrum im Naturpark Altmühltal. Badesee 1 km, Forellenzucht mit Verkauf - frisch oder geräuchert.

Titting — Ferienhof Pfisterer

★★★/★★★★

Bürg 2, 85135 Titting
Frau Pfisterer, Tel. und Fax 08423-297
ferienhof.pfisterer@gmx.de, www.ferienhof-pfisterer.de

P H K KT

Unterkunft: Ü, ÜF; 4 FeWo (45, 60, 75 und 80 qm)
Preise: 2 bis 4 Pers. 21 bis 42 €/Tag, weitere Pers. 5,50 €/Tag, Energie nach Verbrauch
Ausstattung: DU, WC, KÜ, TV, Waschmaschine, glatte Böden/Teppichb., Balkon. Brötchenservice.
Tiere: Hunde, Katzen, Pferde. Kleintiere a.A. Pferde: Box/Auslauf je 10 €/Tag, Hunde je 3 €/Tag, Katzen je 2 €/Tag. Kleiner Vorrat an Pferdefutter vorhanden. Tiere dürfen sich frei bewegen, kein Zutritt zum Frühstücksraum. Grünflächen ums Haus. Tierarzt: 12 km, Tierfuttereinkauf: 1 km. Tiere vor Ort: Pony, Kühe, Ziegen, Hase, Katzen, Enten.
Kinder: Heuhüpfburg, Kletterbaum, Karussell, Sandkästen, Rutsche, Go-Cart, Bobby-Car.
Beschreibung: Naturpark Altmühltal, Donaudurchbruch, Befreiungshalle, Falknerei, Römerkastell.

Peiting — Ferienwohnung Feigl

Kohlenstraße 3, 86971 Peiting
Brigitte Bartl, Tel. 08861-258150 (ab 20.00 Uhr)
gitti1805@hotmail.com, www.fwfeigl.de

H K KT

Unterkunft: Ü; 1 FeWo (ca. 70 qm, 2 Zimmer, Wintergarten)
Preise: 2 bis 4 Pers 40 bis 60 €/Tag, Pauschalangebote a.A.
Ausstattung: DU, Bad, WC, KÜ, TV, gl. Böden, Spül-/Waschmasch., Wäscheservice. 80 qm Garten, Grill. Kostenl. Parkpl.
Tiere: Hunde, Katzen. Kleintiere a.A. Hunde je 2 €/Tag, Katzen kostenlos. Willkommensleckerli, Körbchen, Decke, Näpfe, Spielzeug, Hundetoilettenbeutel. Tiere dürfen sich frei bewegen. Grünflächen um das Haus, eingezäuntes Grundstück. Tierarzt: 500 m, Tierfuttereinkauf: 300 m.
Beschreibung: Schloß Neuschwanstein, Wieskirche. Hausprospekt vorh.

Altusried
Ferienwohnung Kalden

Kalden 4, 87452 Altusried/Oberallgäu
Ursula Cetkowski, Tel. und Fax 08373-7195
fewokalden@t-online.de, www.fewokalden.de

H K KT

Unterkunft: Ü; 2 FeWo, 1 x 1 Zimmer, 1 x 2 Zimmer
Preise: 2 bis 4 Pers. 30 bis 44 €/Tag, Endreinigung 28-36 €
Ausstattung: DU, WC, KÜ, TV, glatte Böden. Kostenlose Parkplätze.
Tiere: Hunde, Katzen. Kleintiere a.A. Alle Tiere kostenlos. Tiere dürfen sich frei bewegen, eingezäuntes Grundstück. Grünflächen und Wanderwege direkt ab Haus. Hundetoilettenbeutel. Tierarzt und Tierfuttereinkauf: 1,7 km. Tiere vor Ort: Katzen, Hunde, Pferde.
Beschreibung: Alleinlage. Erwandern Sie mit Ihrem Hund diese bemerkenswerte Landschaft des Voralpenlandes. Hausprospekt.

Pfronten
Hotel Flora
★★★

Auf der Geigerhalde 43, 87459 Pfronten-Weißbach
Claudia Häußler, Tel. 08363-9030, Fax 08363-1002
info@hotelflora.com, www.hotelflora.com

H K KT

Unterkunft: Ü, ÜF; 9 EZ, 2 DZ, 10 Einzimmer-App., 12 Zweizimmer-App.
Preise: Hotel: EZ 50 bis 55 €/Tag, DZ 86 bis 100 €/Tag
App.: 1 bis 4 Pers. 68 bis 100 €/Tag, Pauschalangebote a.A.
Ausstattung: Hotel: Bad, WC, TV, Fön, Safe. Lift, Restaurant, Bar.
App.: DU, Bad, WC, KÜ, TV, Spül-/Waschmaschine, Südbalkon/Terrasse. Kostenlose Parkplätze.

Tiere: Hunde, Katzen. Kleintiere a.A. Hunde und Katzen kostenlos. Willkommensleckerli. Tiere dürfen sich frei bewegen. Grünflächen um das Haus. Automaten für Hundetoilettenbeutel in der Nähe. Tierarzt: 50 m, Tierfuttereinkauf: 500 m.
Beschreibung: Alle Zimmer und Appartements mit Südbalkon und Bergblick, ruhig und sonnig. Zentrale Lage für Wanderungen und Sehenswürdigkeiten. Hausprospekt vorhanden.

Oy-Mittelberg
Haus Panorama
★★★★

Hornweg 8, 87466 Oy-Mittelberg
Familie Reichardt, Tel. 08366-650, Fax 08366-1036
info@hauspanorama.de, www.hauspanorama.de

H K KT

Unterkunft: Ü; 7 FeWo
Preise: 2-6 Pers. 35-77 €/Tag, Sparpakete: 14=11, 21=16, Familiensparwochen.
Ausstattung: DU, Bad, WC, KÜ, TV/Video, Balkon, Wellnessbereich, Hallenbad, Wäscheservice.
Tiere: Hunde, Katzen. Kleintiere a.A. Hund, Katze je 5 €/Tag. Tiere dürfen sich frei bewegen, außer im Schlafbereich. Grünflächen rund um das Haus. Automaten mit Hundetoilettenbeutel in der Umgebung. Tierarzt und Tierfuttereinkauf: 2 km.
Kinder: Kinderausstattung kostenlos, Spielplatz.
Beschreibung: Top-Südhanglage mit grandiosem Panoramablick. Ruhig gelegen am oberen Ortsrand von Mittelberg, einem naturbelassenen Luftkurort.

Immenstadt-Bühl

Terrassenhotel Rothenfels

★★★

Missener Straße 60, 87509 Immenstadt-Bühl
Familie Dieng, Tel. 08323-9190, Fax 08323-919191
info@hotel-rothenfels.de, www.hotel-rothenfels.de

H K KT

Unterkunft: ÜF, HP; 5 EZ, 22 DZ, 5 MB
Preise: EZ 45 bis 68 €/Tag, DZ 87 bis 116 €/Tag, Zuschlag HP 14,50 €
Ausstattung: Wellnessbereich, Tagungsraum, Terrasse, Liegewiese, kostenlose Parkplätze.
Tiere: Hunde, Katzen. Kleintiere a.A. Hund, Katze je 4,50 €/Tag. Tiere dürfen sich frei bewegen, angeleint im Hausbereich. Grünflächen rund um das Haus. Entfernung Tierarzt: 3 km, Tierfuttereinkauf: 2,5 km. Tiere vor Ort: Hund.
Beschreibung: Oberhalb des idyllischen Luftkurorts Bühl verfügt dieses familiär geführte Hotel über modern ausgestattete Zimmer, mit herrlichem Blick auf die Alpen und den Alpsee. Zentrale Lage für touristische Ausflugsziele. Hausprospekt vorhanden.

Oberstaufen

Pension Himmeleck

Konstanzer 16, 87534 Oberstaufen
Constanze Mandl, Tel. 08325-237, Fax 08325-9794
www.himmeleck.de

H K KT

Unterkunft: ÜF; 7 DZ
Preise: EZ 35 €/Tag, DZ 54 € Tag, mit Frühstücksbuffet
Ausstattung: DU, Bad, WC, TV, NR-Zimmer, Sauna, Solarium, Kosmetikstudio. Kostenl. Parkplätze.
Tiere: Hunde, Katzen. Kleintiere a.A. Hund, Katze je 5 €/Tag. Freß-/Wassernapf. Tiere dürfen sich frei bewegen, angeleint im Hausbereich. Grünflächen um das Haus. Entfernung Tierarzt und Tierfuttereinkauf: 6 km.
Beschreibung: Im kleinen idyllischen Dorf Konstanzer, zwischen Immenstadt und Oberstaufen, liegt unsere ruhige, familiäre Pension. Hausprospekt vorhanden.

Oberstaufen-Steibis

Gästehaus Christl Cranz

Sägmühle 21, 87534 Oberstaufen-Steibis
Barbara Bingger, Tel. 08386-8101, Fax 08386-8627
christlcranz@msn.com, www.gaestehaus-oberstaufen.de

H K KT

Unterkunft: Ü, ÜF; 1 EZ, 3 DZ, 1 MB, 4 FeWo, 2 App.
Preise: EZ 18 bis 20 €/Tag, DZ 36 bis 56 €/Tag, FeWo 20 bis 70 €/Tag
Ausstattung: DU, WC, TV, KÜ, Küchenzeile, NR-Zimmer, Wäscheservice.
Sonstiges: Heilpraktikerin, Kinesiologie. Aufenthaltsräume. Kostenlose Parkplätze.
Tiere: Hunde, Katzen. Kleintiere a.A. Hunde und Katzen kostenlos. Willkommensleckerli, Gassidienst, Tellington Touch für Hunde. Vorrat an Tierfutter. Tiere dürfen sich frei bewegen, angeleint im Hausbereich, kein Zutritt im Speisesaal. Grünflächen um das Haus. Tierarzt: 5 km, Tierfuttereinkauf: 1 km. Tiere vor Ort: Hund, Katze.
Kinder: Spielplatz, Spielzimmer, Familienprogramm.
Beschreibung: Das familienfreundliche Haus liegt verkehrsfrei auf einem 5000 qm Wiesengrundstück am Waldrand. Hausprospekt vorhanden.

Blaichach-Bihlerdorf

Gästehaus "Im Bachtl"

Im Bachtl 4, 87544 Blaichach-Bihlerdorf
Herta Will, Tel. 08321-67010, Fax 08321-670167
info@gastbachtl.de, www.gastbachtl.de

H K KT

Unterkunft: Ü, ÜF; 2 EZ, 3 DZ, 4 MB, 2 FeWo, 5 App.
Preise: EZ 23 bis 34 €/Tag, DZ 50 bis 60 €/Tag, FeWo/App. a.A.
Ausstattung: DU, Bad, WC, KÜ, glatte Böden/Teppichboden, Bar, Sauna, Solarium, Hallenbad.
Tiere: Hunde, Katzen. Kleintiere a.A. Hunde und Katzen kostenlos. Tiere angeleint im Hausbereich, kein Zutritt zum Frühstücksraum. Grünflächen rund um das Haus. Entfernung Tierarzt: 1,5 km, Tierfuttereinkauf: 1 km.
Beschreibung: Unser Haus liegt ruhig und verkehrsgünstig. Schöne Wanderwege in der bekannten Hörnerkette mit 21 leicht besteigbaren Berggipfeln, herrliche Ausblicke auf die grandiose Alpenwelt. Wassertretanlage im Garten. Hausprospekt vorhanden.

Hirschegg

Haus Auerhahn

Wäldlestraße 31, 87568 Hirschegg/Kleinwalsertal
Familie Hallermann, Tel. und Fax 0043-5517-6816
haus.auerhahn@gmx.at, www.haus-auerhahn.com

H K KT

Unterkunft: Ü; 2 FeWo, 1x1 Zim. mit 2 Betten, 1x2 Zim. mit 4 Betten
Preise: 2 bis 4 Pers. 29 bis 51 €/Tag, weitere Pers. 6 €/Tag, Endreinigung 20 €, Kurtaxe 2,10 €/Tag pro Person
Ausstattung: DU, WC, Sat-TV, Teppichboden. Sauna, Grillmöglichkeit, Langlaufloipe 50 m, Schlittenbahn.
Tiere: Hunde, Katzen. Kleintiere a.A. Hund 2 €/Tag, Katze 1 €/Tag. Freß-/Wassernapf. Tiere dürfen sich frei bewegen. Grünflächen rund um das Haus. Tierarzt: 15 km, Tierfuttereinkauf: 3 km. Tiere vor Ort: Hunde, Katzen.
Beschreibung: Am Ende einer Seitenstraße, zwischen Wald und Wiesen.

Füssen-Weißensee

Hotel Bergruh

Alte Steige 16, 87629 Füssen-Weißensee
Kay Stöger, Tel. 08362-9020, Fax 08362-90212
info@hotelbergruh.de, www.hotelbergruh.de

H K KT

Unterkunft: ÜF, VP; 8 EZ, 16 DZ, 5 Suiten
Preise: EZ 50 bis 56 €/Tag, DZ 92 bis 140 €/Tag, Zuschlag HP 14 €, VP 20 €
Ausstattung: DU, Bad, WC, TV, Safe, Balkon. Restaurant, Bar, Wellnessbereich, medizinische Bäderabteilung. Kostenlose Parkplätze.
Tiere: Hunde, Katzen. Kleintiere a.A. Hunde und Katzen je nach Größe 6 bis 10 €/Tag. Tiere angeleint im Hausbereich, kein Zutritt zum Restaurant. Grünflächen um das Haus. Automaten mit Hundetoilettenbeutel und Hundetoiletten in der Nähe. Entfernung Tierarzt: 5 km, Tierfuttereinkauf: 1 km. Tiere vor Ort: Hund, Katze.
Beschreibung: Hotel im alpenländischen Stil, guter und moderner Komfort. Wohlfühlpension.

Füssen-Weißensee

Appartementhotel Seespitz

Pfrontener Straße 45, 87629 Füssen-Weißensee
Jörg Altmann, Tel. 08362-38899, Fax 08362-38890
info@seespitz.com, www.seespitz.com

H K KT

DEUTSCHLAND

Unterkunft: Ü; 25 FeWo (3 Zimmer), 8 App. (1 Zimmer)
Preise: 2 bis 5 Pers. 59 bis 145 €/Tag, Pauschalangebote a.A.
Ausstattung: DU, Bad, WC, KÜ, Spül-/Waschmaschine, Mikrowelle, TV, Teppichboden, Balkon. Tiefgaragenstellplatz.
Sonstiges: Restaurant, Bar, Lift, Wellnessbereich, Massagepraxis, Seminarraum, Frühstück, Brötchenservice. Angeln, Wandern, Wassersport, Radfahren. Kostenlose Parkplätze.
Tiere: Hunde, Katzen. Kleintiere a.A. Hunde, Katzen pauschal je 25 €. Willkommensleckerli. Kleiner Vorrat an Hunde- und Katzenfutter vorhanden. Tiere dürfen sich frei bewegen, angeleint im Hausbereich. Grünflächen um das Haus. Hundetoiletten. Hundestrand: 200 m, Tierarzt und Tierfuttereinkauf: 5 km. Tiere vor Ort: Dackel.
Kinder: Kindergarten, Kinderspielplatz, Freizeitraum, Tischfußball.
Behind.Einr.: 4 Ferienwohnungen sind ebenerdig.
Beschreibung: Ihr Appartementhotel Seespitz ist direkt am Ufer des Weißensees in einem Landschaftsschutzgebiet gelegen.
Der Seespitz, das sind 33 Ferienwohnungen mit Hallenbad, Frühstücksbuffet, italienischem Restaurant, Kindergarten, Liegewiese, Spielplatz, Tischtennis und Billard, sowie dem direkten Zugang zum Weissensee.
Kurz: Ihr Urlaubstraum im Allgäu!

Fürth

Ambient Hotel Am Europakanal

★★★

Unterfarrnbacher Straße 222, 90766 Fürth
Frau Dresel, Tel. 0911-973720, Fax 0911-9737215
info@ambienthotel.de, www.ambienthotel.de

H K

Unterkunft: ÜF; 20 EZ, 15 DZ, 3 MB, 3 Suiten
Preise: EZ 60 bis 95 €/Tag, DZ 75 bis 125 €/Tag, MB, Suite, Pauschalangebote a.A.
Ausstattung: DU, Bad, WC, Radio/TV, Tel., Teppichb., NR-Zimmer. Fahrradverleih, kostenl. Parkpl.
Tiere: Hunde, Katzen, je 8 €/Tag. Tiere angeleint im Hausbereich, kein Zutritt zum Frühstücksraum. Nächste Grünanlage 150 m entfernt. Tierarzt: 3 km, Tierfuttereinkauf: 1 km.
Beschreibung: Jüdisches Museum Fürth, Playmobil Funpark in Zirndorf. Hausprospekt vorhanden.

Greding

Hotel Bauer-Keller

Kraftsbucher Straße 1, 91171 Greding
Familie Bauer, Tel. 08463-64000, Fax 08463-640033
info@hotel-bauer-keller.de, www.hotel-bauer-keller.de

H K KT

Unterkunft: ÜF; 5 EZ, 14 DZ, 7 MB
Preise: EZ 33 €/Tag, DZ 54 €/Tag, MB und Pauschalangebote a.A.
Ausstattung: DU, WC, TV, gl. Böden, teilw. Balkon. Rest. Kostenl. Parkpl./Parkhaus gg. Geb.
Tiere: Hunde, Katzen. Kleintiere a.A. Hunde und Katzen kostenlos. Decke, Freß-/Wassernapf. Vorrat an Hundefutter. Tiere dürfen sich frei bewegen, angeleint im Hausbereich. Grünflächen rund um das Haus. Entfernung Tierarzt: 9 km, Tierfuttereinkauf: 500 m. Tiere vor Ort: Hunde, Katzen.
Beschreibung: Direkt am Wald, schöner Blick auf die Altstadt von Greding. Hausprospekt vorh.

Gößweinstein

Hotel Krone

Balthasar-Neumann-Straße 9, 91327 Gößweinstein
Dominika Brendel, Tel. 09242-207, Fax 09242-7362
krone-goessweinstein@t-online.de, www.krone-goessweinstein.de

P H K KT

Unterkunft: Ü, ÜF, HP, VP; 3 EZ, 13 DZ, 3 MB, 5 FH
Preise: EZ 21-25 €/Tag, DZ 36-44 €/Tag, HP 12 €, VP 20 € (3-Gang-Menü), FH a.A.
Ausstattung: DU, WC, Teppichboden. Restaurant-Café. Kostenlose Parkplätze.
Tiere: Hunde, Katzen, Pferd (1). Kleintiere a.A. Pferd: Box 10 €/Tag, Box-Auslauf 15 €/Tag, Hunde, Katzen kostenlos. Decke, Näpfe. Tiere angeleint im Hausbereich, Frühstücksraum und Rest. Eingezäuntes Grundstück. Grünflächen rund um das Haus. Tierarzt: 1 km, Tierfuttereinkauf: 500 m. Tiere vor Ort: Katzen, Hühner.
Beschreibung: Burg u. Barockkirche. Wandern, Tennis, Klettern, Angeln, Sommerrodelbahn.

Rothenburg (Tauber)

Gasthof Goldener Greifen

Obere Schmiedgasse 5, 91541 Rothenburg (Tauber)
Brigitte Klingler, Tel. 09861-2281, Fax 09861-86374
info@gasthof-greifen.rothenburg.de, www.gasthof-greifen.rothenburg.de

H KT

Unterkunft: ÜF, HP; 3 EZ, 9 DZ, 3 MB
Preise: EZ 38 bis 48 €/Tag, DZ 60 bis 82 €/Tag, HP 11 €, Pauschalangebote a.A.
Ausstattung: DU, Bad, WC, TV, glatte Böden. Restaurant. Fahrradverleih, kostenl. Parkplätze.
Tiere: Hunde. Kleintiere a.A. Hunde kostenlos. Kleiner Vorrat an Hundefutter vorhanden. Tiere dürfen sich frei bewegen, angeleint im Hausbereich. Entfernung nächste Grünanlagen: 150 m, Tierarzt: 1,5 km, Tierfuttereinkauf: 50 m.
Kinder: Spielecke, Kinderstuhl, Kinderbesteck.
Beschreibung: Historischer, sechshundert Jahre alter Gasthof.

Rothenburg (Tauber) — Hotel Altes Brauhaus

★★★★

Wenggasse 24, 91541 Rothenburg (Tauber)
Christine Beugler, Tel. 09861-9780, Fax 09861-2039
info@altesbrauhaus.com, www.altesbrauhaus.com

H K KT

Unterkunft: ÜF, HP, VP; 2 EZ, 28 DZ, 28 MB, 1 Suite, 1 App.
Preise: EZ 50 bis 100 €/Tag, DZ 75 bis 150 €/Tag, Zuschlag HP 15,50 €, VP 26 €, MB, Suite, App., Pauschalangebote a.A.
Ausstattung: DU, Bad, WC, TV, Telefon, Teppichboden, Safe, Fön.
Sonstiges: Restaurant, Bar, Lift, kleiner Biergarten. Parkhaus gegen Gebühr.
Tiere: Hunde, Katzen. Kleintiere a.A. Hund und Katze je 10 €/Tag. Willkommensleckerli, Körbchen, Decke, Näpfe, Hundetoilettenbeutel, Tiersitterservice. Kleiner Vorrat an Hundefutter. Tiere angeleint im Hausbereich, Frühstücksraum und Restaurant. Grünflächen um das Haus, eingezäuntes Grundstück. Hundetoiletten und Automaten mit Hundetoilettenbeuteln in der Umgebung. Tierarzt und Tierfuttereinkauf: 1 km. Tiere vor Ort: Hund.
Kinder: Spielebereich, Garten.
Beschreibung: Zentral und ruhig liegt unser familiär geführtes Hotel Altes Brauhaus innerhalb der trutzigen Stadtmauer, umgeben von Altstadtgärten und romantischen Fachwerkhäusern, nur 3 Gehminuten vom historischen Marktplatz entfernt. Das moderne Hotel mit 60 Romantik-, Komfort- und Familienzimmern bietet Annehmlichkeiten für Urlaubs- und Geschäftsreisende. Wir unterbreiten Ihnen gerne ein auf Sie zugeschnittenes, individuelles Angebot.

Gunzenhausen — Gestüt-Hotel Reiterhof Altmühlsee

★★★

Mooskorb 21, 91710 Gunzenhausen
Jörg und Matthias Schwarz, Tel. 09831-67620, Fax 09831-676295
info@reiterhof-altmuehlsee.de, www.reiterhof-altmuehlsee.de

P H K KT

Unterkunft: ÜF, HP, VP; 6 EZ, 11 DZ, 1 MB, 13 FeWo
Preise: EZ 45 bis 64 €/Tag, DZ 64 €/Tag, Zuschlag HP 5 bis 12,50 €, VP/FeWo a.A.
Ausstattung: DU, WC, TV, Telefon, NR-Zimmer. Rest., Wellnessbereich, Lift. Kostenl. Parkplätze.
Tiere: Hunde, Katzen, Pferde. Kleintiere a.A. Pferd: Box 10-15 €/Tag, Koppel 2-20 €/Tag, Hund 5 €/Tag oder 20 €/Woche, Katze 2 €/Tag oder 10 €/Woche. Decke, Näpfe. Vorrat an Tierfutter. Tiere dürfen sich frei bewegen, angeleint im Hausbereich. Grünflächen um das Haus. Pferdeboxen, Koppeln, Reithalle, Reiterladen. Tierarzt: 3 km, Tierfuttereinkauf: 4 km. Tiere vor Ort: Pferde, Hunde, Katzen, Kühe.
Beschreibung: Im Fränkischen Seenland mit historischen Städten. Viele Pauschalangebote.

Gunzenhausen — Parkhotel Altmühltal

★★★★

Zum Schießwasen 15, 91710 Gunzenhausen
Katja Kastl, Tel. 09831-5040, Fax 09831-89422
info@aktiv-parkhotel.de, www.aktiv-parkhotel.de

H K KT

Unterkunft: ÜF, HP, VP; 48 DZ, 14 MB, 3 Suiten, 2 App.
Preise: DZ als EZ 69-79 €/Tag, DZ 106-126 €/Tag, Zuschl. HP 19 €, VP 35 €, MB/Suite/App. a.A.
Ausstattung: DU, Bad, WC, TV, Tel., NR-Zimmer. Rest., Bar, Wellnessbereich. Kostenl. Parkpl.
Tiere: Hunde, Katzen. Kleintiere a.A. Hund, Katze je 5 €/Tag. Tiere angeleint im Hausbereich, kein Zutritt zu Frühstücksraum und Rest. Grünflächen rund um das Haus. Hundetoiletten in der Nähe. Tierarzt und Tierfuttereinkauf: vor Ort.
Behind. Einr.: Zwei rollstuhlgerechte Zimmer.
Beschreibung: Aktiv-/Familienurlaub, Beauty-/Wellnessferien, Erlebnisprogr. Hausprospekt vorh.

Pappenheim
FeWos Haus Kattinger
★★★

H K KT

Göhren Nr. 41, 91788 Pappenheim
Sigrid Kattinger, Tel. und Fax 09143-6145
haus@kattinger-goehren.de, www.kattinger-goehren.de

Unterkunft: Ü, ÜF; 1 FeWo (2 DZ), 1 App. (1 DZ)
Preise: 2 Pers. 19 bis 30 €/Tag, weitere Pers. 6 €/Tag, Energie nach Verbrauch
Ausstattung: DU, WC, KÜ, TV, gl. Böden. Wäsche-/Brötchenservice. Kostenl. Parkplätze/Garagen.
Tiere: Hunde, Katzen. Kleintiere a.A. Hund 5 €/Tag, Katze 4 €/Tag. Willkommensleckerli, Freß-/Wassernapf, Gassidienst. Vorrat an Hunde-/Katzenfutter. Tiere dürfen sich frei bewegen, kein Zutritt zum Frühstücksraum. Grünflächen um das Haus. Tierarzt und Tierfuttereinkauf: 2 km. Tiere vor Ort: Hund, Katzen, Kaninchen, Hühner.
Beschreibung: Komfortable, ruhig gelegene FeWo. Badeseen in der Nähe. Hausprospekt vorhanden.

Amberg
Hotel Brunner
★★★

H K

Batteriegasse 3, 92224 Amberg
Familie Schatz, Tel. 09621-4970, Fax 09621-497155
hotel-brunner@t-online.de, www.hotel-brunner.de

Unterkunft: ÜF; 17 EZ, 22 DZ, 1 Suite
Preise: EZ 47 bis 57 €/Tag, DZ 78 bis 94 €/Tag, Pauschalangebote a.A.
Ausstattung: DU, Bad, WC, TV, Telefon, Minibar, NR-Zimmer. Lift. Parkmöglichkeiten gegen Geb.
Tiere: Hunde, Katzen. Hund 5 €/Tag, Katzen kostenlos. Tiere dürfen sich frei bewegen, außer im Frühstücksraum. Grünflächen in unmittelbarer Nähe. Entfernung nächster Tierarzt: 1 km, Tierfuttereinkauf: 200 m.
Beschreibung: Ruhig und zentral in der schönen, historischen Altstadt von Amberg liegt unser gepflegtes Haus eingebettet in die sanfte Hügellandschaft des Oberpfälzer Jura. Hausprospekt vorhanden.

Rötz
Hotel Bergfried
★★

H K KT

Bauhof 7, 92444 Rötz
Frau Krauß, Tel. 09976-94000, Fax 09976-9400399
info@hotel-bergfried.de, www.hotel-bergfried.de

Unterkunft: ÜF, HP; 5 EZ, 15 DZ, 3 MB
Preise: EZ 30 bis 33 €/Tag, DZ 46 bis 52 €/Tag, Zuschlag HP 7 €, MB/Pauschalangeb. a.A.
Ausstattung: DU, WC, Radio/TV, Tel., Teppichboden. Rest., Wellnessbereich. Kostenl. Parkplätze.
Tiere: Hunde, Katzen. Kleintiere a.A. Hund, Katze je 2 €/Tag. Willkommensleckerli. Hundetraining und Erziehungskurse. Tiere dürfen sich frei bewegen, angeleint im Hausbereich. Grünflächen um das Haus. Tierarzt und Tierfuttereinkauf: 2 km.
Beschreibung: Kleines familiär geführtes Hotel direkt am Waldrand mit herrlichem Fernblick. Hausprospekt vorhanden.

Windischeschenbach
Ferienhof Schweinmühle

H K KT

Schweinmühle 1, 92670 Windischeschenbach
Frau Senft, Tel. 09681-1359 oder 3424, Fax 09681-2395
info@schweinmühle.de, www.schweinmuehle.de

Unterkunft: Ü; 4 FeWo, 1 App. (2 x 2 Betten, 2 x 4 Betten, 1 x 1 Bett)
Preise: 1 Person 13 bis 31 €/Tag, weitere Pers. je 2,50 €/Tag
Ausstattung: DU, WC, KÜ, TV, Tel., glatte Böden, Balkon. Brötchenservice. Kostenl. Parkplätze.
Tiere: Hunde, Katzen. Kleintiere a.A. Hunde und Katzen kostenlos. Tiere dürfen sich frei bewegen, außer am Badeweiher. Grünflächen um das Haus. Tierarzt: 6 km, Tierfuttereinkauf: 3 km. Tiere vor Ort: Pferde.
Beschreibung: Im idyllischen Fichtelnaabtal können Sie naturnahen Urlaub verbringen. Sportmöglichkeiten: Wandern, Radfahren, Angeln, Tischtennis, Reiten.

Ihrlerstein

Monis Bergpension

Enzianstraße 2, 93346 Ihrlerstein
Monika Gallmeier, Tel. und Fax 09441-12705
w.gallmeier@online.de, www.monis-bergpension.de

H K KT

Unterkunft: Ü; 1 FH
Preise: 2 bis 9 Pers. 40 bis 70 €/Tag, Pauschalangebot 70 € ab 5 Personen
Ausstattung: 2 DU, WC, KÜ, Mikrowelle, Spül-/Waschmasch., TV, Tel., gl. Böden. Kostenl. Parkpl.
Tiere: Hunde, Katzen. Kleintiere a.A. Hunde und Katzen kostenlos. Willkommensleckerli, Freß-/Wassernapf. Tiere dürfen sich frei bewegen. Grünflächen rund um das Haus. Tierarzt: 4 km, Tierfuttereinkauf: 1 km. Tiere vor Ort: Bauernhof gegenüber.
Beschreibung: Sommerrodelbahn, Badeseen, Tropfsteinhöhlen, Donaudurchbruch.

Cham

Hotel Sonnenhof

★★

Am Fuchsbühl 14, 93413 Cham-Schlondorf
Rosemarie Weinmann, Tel. 09971-89330, Fax 09971-32581
hotel_sonnenhof@t-online.de, www.sonnenhof-schlondorf.de

H K KT

Unterkunft: ÜF, HP; 2 EZ, 7 DZ, 2 App.
Preise: EZ 28 €/Tag, DZ 44 bis 48 €/Tag, Zuschlag HP 6 €, Pauschalangebote a.A.
Ausstattung: DU, WC, Sat-TV, Tel., W-Lan, Teppichboden. Restaurant. Kostenlose Parkplätze.
Tiere: Hunde, Katzen. Kleintiere a.A. Hunde, Katzen kostenlos. Decke, Freß-/Wassernapf. Tiere dürfen sich frei bewegen, angeleint im Hausbereich. Grünflächen rund um das Haus. Entfernung Tierarzt: 2 km, Tierfuttereinkauf: 1,5 km.
Beschreibung: Erholsamer Urlaub, gute Küche, persönliche Atmosphäre. Hausprospekt vorhanden.

Neureichenau

Villa Kunterbunt

Klafferstraß 111, 94089 Neureichenau
Wolfgang Kälberer-Müller, Tel. 08584-91033, Fax 08584-91034
villainfo@t-online.de, www.villakunterbunt.net

P H K KT

Unterkunft: ÜF, HP; 3 EZ, 6 DZ, 5 MB, 1 FH, 3 FeWo, 2 App.
Preise: EZ 24 bis 27 €/Tag, DZ bis 26 €/Tag, FeWo 52 €/Tag, HP/Pauschalangebote a.A.
Ausstattung: DU, Bad, WC, TV, NR-Zimmer. Sauna. Schwimmteich, Reitplatz, kostenl. Parkpl.
Tiere: Hunde, Katzen, Pferde. Kleintiere a.A. Pferd: Box 9 €/Tag, Box/Auslauf 10 €/Tag, Hund, Katze je 3,50 €/Tag. Agilityparcour und Kurse in Agility-/Clicker-Training. Tiere dürfen sich frei bewegen, angeleint auf dem Grundstück. Grünflächen rund um das Haus. Automaten mit Hundetoilettenbeutel in der Umgebung. Tierarzt: 5 km, Tierfuttereinkauf: 500 m. Tiere vor Ort: Hunde, Katzen, Hasen, Hühner, Pferde.
Beschreibung: Wohlfühlatmosphäre, Aktivitäten und Relaxen an einem Ort. Hausprospekt vorhanden.

Neureichenau

★★★★★ Link'n Hof

DLG-Ferienhof des Jahres 1999 und 2003

Riedelsbach 101, 94089 Neureichenau
Familie Mößthaler, Tel. 08583-883, Fax 08583-2069
linknhof@t-online.de, www.linknhof.de

P H K KT

Unterkunft: Ü; 5 FeWo, je 2 Schlafzimmer, 70 bis 100 qm
Preise: 2 Pers. ab 38 €/Tag, weit. Pers. 5 €/Tag, Pauschalang. a.A.
Ausstattung: DU, Bad, WC, KÜ, TV, gl. Böden. Solarium, Wäscheservice.
Tiere: Hunde, Katzen, Pferde. Kleintiere a.A. Pferd: Box/Auslauf 5 €/Tag, Hunde und Katzen je 5 €/Tag. Näpfe, Spielzeug, Vorrat an Pferde-/Katzenfutter. Tiere dürfen sich frei bewegen, außer auf Pferdeweiden. Grünflächen um das Haus. Tierarzt: 16 km, Tierfuttereinkauf: 1,5 km. Tiere vor Ort: Hasen, Katzen, Ziegen, Ponys, Pferde, Esel, Kühe.
Beschreibung: Bergbauernhof in ruhiger Südhanglage im Dreiländereck.

Jandelsbrunn — Urlaub auf dem Bauernhof

Rohrhof 27, 94118 Jandelsbrunn
Gabriele Jakob, Tel. 08581-910400, Fax 08581-910401
gabriele.jakob@jakob-rohrhof.de, www.jakob-rohrhof.de

H K KT

Unterkunft: Ü, ÜF a.A.; 2 FH mit je 2 SZ, 1 FeWo mit 2 SZ
Preise: 2 Pers. 38 bis 42 €/Tag, weitere Person je 6 €/Tag
Ausstattung: DU, WC, KÜ, TV, Waschmaschine, gl. Böden. Sauna, Brötchenservice. Fahrräder.
Tiere: Hunde, Katzen. Kleintiere a.A. Hund 11 €/Woche, Katzen kostenlos. Körbchen, Decke, Willkommensleckerli, Freß-/Wassernapf. Tiere dürfen sich frei bewegen, außer im Stall. Grünflächen um das Haus. Tierarzt: 1 km, Tierfuttereinkauf: 2 km. Tiere vor Ort: Hund, Katzen, Pferde, Ponys, Kühe, Kälber, Streicheltiere.
Beschreibung: Hof in Alleinlage. FeWo und FH ebenerdig mit Terrasse. Spielscheune, Riesentrampolin. Ausgedehnte Wanderungen möglich. Hausprospekt vorhanden.

Obernzell — Gasthof zum Freischütz

★★★

Bachstraße 7, 94130 Obernzell
Ingrid Paukner, Tel. 08591-1863, Fax 08591-938675

H K

Unterkunft: ÜF, HP; 3 EZ, 3 DZ, 3 MB
Preise: EZ 23 €/Tag, DZ 40 €/Tag, Zuschlag HP 6 €, MB a.A.
Ausstattung: DU, WC, Teppichb., NR-Zimmer, Rest. Kostenl. Parkpl.
Tiere: Hunde, Katzen. Hunde je 1 €/Tag, Katzen kostenlos. Tiere angeleint in Hausbereich, Frühstücksraum und Restaurant. Entfernung nächste Grünanlage: 250 m, Tierarzt: 6 km, Tierfuttereinkauf: 500 m.
Beschreibung: Unser Gasthof liegt 5 Minuten vom Marktplatz entfernt. Keramikmuseum. Radwanderungen entlang der Donau. Donaufähre nach Österreich. Wassersport, Tennis.

Haidmühle — Haus Tannenhof

★★★

Frauenberg 7 1/2, 94145 Haidmühle
✉ Christa Lippert, Dimker Allee 136, 46286 Dorsten, Tel. und Fax 02369-23988
lippert-tannenhof@t-online.de, www.fewo-tannenhof.de

H K KT

Unterkunft: Ü; 7 FeWo, 3 App., (1 x 3 Zi., 6 x 2 Zi., 3 x 1 Zi.)
Preise: 2 Pers. 20 bis 30 €/Tag, weitere Pers. je 4 €/Tag, Kinder bis 4 Jahre frei
Ausstattung: DU, Bad, WC, KÜ, TV, glatte Böden/Teppichb., Balkon.
Tiere: Hunde, Katzen, Kleintiere a.A. Hunde und Katzen je 1 €/Tag. Tiere dürfen sich frei bewegen. Grünflächen um das Haus. Tierarzt: 15 km, Tierfuttereinkauf: 4 km.
Kinder: Spielplatz, Liegewiese, 14.000 qm Natur.
Beschreibung: Völlig freistehend, kein Durchgangsverkehr. Wanderwege, Loipen auf dem Grundstück. Dreiländereck.

Haidmühle — Ferienappartementhof Zum Säumer

Oberes Dorf 3, 94145 Haidmühle-Bischofsreut
✉ Hannelore Regall, Ludwig-Ganghofer-Str. 14, 85551 Kirchheim,
Tel. 0173-5796871 oder 089-9038644
zumsaeumer@t-online.de, www.zum-saeumer.de

H K KT

Unterkunft: Ü, ÜF; 8 FeWo, 3 App., (3x3, 2x2, 3x1 Zi.) nur NR-Zimmer/Wohnungen
Preise: 2 bis 6 Pers. 40 bis 75 €/Tag, Endreinigung 30 bis 60 €
Ausstattung: DU, WC, KÜ, TV, Waschmasch., gl. Böden/Teppichboden. Sauna. Kostenl. Parkpl.
Tiere: Hunde, Katzen. Kleintiere a.A. Hunde und Katzen kostenlos. Willkommensleckerli, Hundetoilettenbeutel. Tiere dürfen sich frei bewegen. Grünflächen rund um das Haus. Entfernung Tierarzt: 20 km,Tierfuttereinkauf: 300 m.
Kinder: Spielzimmer in der Tenne.
Beschreibung: Zentrale, ruhige Lage. Ideal für Wandern, Langlauf, Ski. Hausprospekt vorhanden.

Philippsreut — Pension Haus Waldeck

Alzenbergstraße 9, 94158 Philippsreut-Mitterfirmiansreut
Christian Koch, Tel. 08557-729, Fax 08557-739
haus-waldeck@web.de, www.haus-waldeck-koch.de

H K KT

Unterkunft: HP; 2 EZ, 10 DZ, 8 MB
Preise: EZ 44-47 €/Tag, DZ 88-94 €/Tag, Zuschlag HP 4 €
Ausstattung: DU, WC, TV, Teppichboden. Restaurant, Wellness- und Fitnessbereich. Kostenlose Parkplätze.
Tiere: Hunde, Katzen. Kleintiere a.A. Hund je 4 €/Tag, Katzen kostenlos. Näpfe, Unterordungsplatz. Tiere angeleint im Hausbereich, kein Zutritt zu Frühstücksraum/Rest. Grünflächen ums Haus. Tierarzt: 20 km, Tierfuttereinkauf: 500 m.
Kinder: 2 Spielplätze, 1 Spielzimmer, Tischtennis-/Billardraum.
Beschreibung: Nationalpark Bayerischer Wald, Passau, Tierfreigehege.

Viechtach — Feriendorf Schwarzholz mit Naturcamp

★★★★

Schwarzholzstraße 13, 94234 Viechtach
Fr. Hinkofer, Fr. Götz, Tel. 09942-905030, Fax 09942-905031
fewo-bayerwald@t-online.de, www.feriendorf-schwarzholz.de

H K KT

Unterkunft: Ü; 100 FeWo von 30 bis 75 qm
Preise: 2 bis 6 Pers. 23 bis 69 €/Tag, Pauschalangebote a.A.
Ausstattung: DU/Bad, WC, KÜ, TV, teilw. Tel., gl. Böden/Teppichboden. Wäsche-/Brötchenservice. Kostenl. Tiefgarage.
Tiere: Hunde, Katzen. Kleintiere a.A. Hund, Katze je 20 € pauschal. Willkommensleckerli. Tiere dürfen sich frei bewegen. Grünflächen rund um das Haus. Entfernung Tierarzt: 500 m, Tierfuttereinkauf: 1 km.
Kinder: Abenteuerspielplatz 5000 qm, Kinderbetreuung (5-Bären).
Beschreibung: Gaststube, Hallenbad, Sauna, Solarium, Fitness/Wellness.

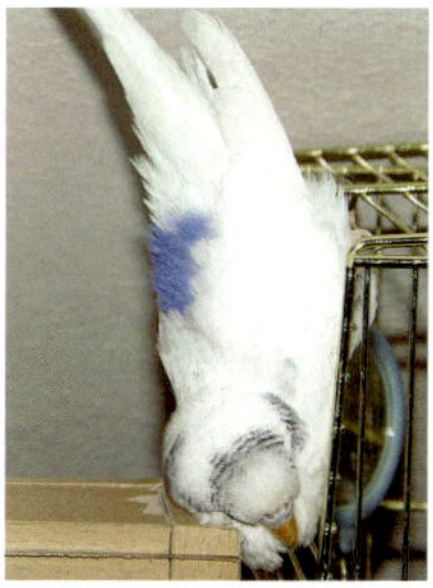

Frauenau — Hotel Falkenau

★★★

H K KT

Godehardstraße 18, 94258 Frauenau/Bay. Wald
Dipl.-Ing. Hansjörg Bayer, Tel. 09926-715, Fax 09926-90115
info@hotel-falkenau.de, www.hotel-falkenau.de

Unterkunft: ÜF; 2 EZ, 6 DZ, 1 Dreibettzimmer, 5 Suiten
Preise: EZ 29 €/Tag, DZ 48 €/Tag, Suiten 60 €/Tag, inkl. Frühstücksbuffet
Ausstattung: DU, Bad, WC, Fön, Bademäntel, TV, Radiowecker, Internetanschluß, Minibar, Balkon.
Sonstiges: Liegewiese, Sonnenterrasse, Wellnessbereich. Kostenlose Parkplätze.
Tiere: Hunde, Katzen, Kleintiere. Hunde und Katzen je 3 €/Tag, Kleintiere kostenlos. Willkommensleckerli. Vorrat an Katzenfutter. Tiere dürfen sich frei bewegen, kein Zutritt zum Frühstücksraum. 5000 qm Park um das Haus. Tierarzt: 9 km, Tierfuttereinkauf: 1 km. Tiere vor Ort: Katzen.
Kinder: Spielplatz (DEHOGA-Auszeichnung).
Beschreibung: Wunderschönes Hotel in ruhiger, zentraler Lage. Genießen Sie den herrlichen Ausblick über Frauenau. Ob Sie im Sommer wandern oder im Winter Skifahren möchten, wir sind immer für Sie da.

Kirchdorf im Wald — Landhaus Wildfeuer

★★★★ DLG-Gütezeichen

H K KT

Schlag 5, 94261 Kirchdorf im Wald
Gertraud Wildfeuer, Tel. 09928-442, Fax 09928-903027
ferienwohnung-wildfeuer@t-online.de, www.fewo-wildfeuer.de

Unterkunft: Ü; 2 FeWo, 2 bis 3 Zimmer für bis zu 5 Pers., 1 App.
Preise: 2 Pers. 25 bis 38 €/Tag, weitere Person 5 €/Tag
Ausstattung: DU, WC, KÜ, TV, glatte Böden/Teppichboden. Grillplatz, Wäscheservice. 4000 qm prämierter naturnaher Garten.
Tiere: Hunde, Katzen. Kleintiere a.A. Hunde, Katzen kostenlos. Tiere dürfen sich frei bewegen, große Hunde angeleint. Grünflächen ums Haus. Tierarzt: 4 km, Tierfuttereink.: 2 km.
Beschreibung: Wohnen in der Natur, Nationalpark Bayerischer Wald, herrliche unverbaute Aussicht, Winter- u. Wandergebiet. Wellness-/Fitnessprogramme mit Saunaland kostenlos.

Langdorf b. Regen — Haus Tannwald

P H K KT

Nebelberg 15, 94264 Langdorf b. Regen (Nähe Bodenmais)
Fr. Stelter, H. Wohlgemuth, Tel. 09922-2640, Fax 09922-503873
haus-tannwald@t-online.de, www.haus-tannwald.de

Unterkunft: HP, VP; 2 EZ, 9 DZ, 5 MB
Preise: EZ 17-19,50 €/Tag, DZ 28-33 €/Tag, HP 6 €, VP 10 €
Ausstattung: DU, Bad, WC, TV, gl. Böd./Teppichb. Kostenl. Parkpl.
Tiere: Hunde, Katzen, Pferde, Kleintiere. Alle Tiere kostenlos. Willkommensleckerli, Decke, Näpfe, Tiersitterservice, Gassidienst, Hundeschule. Vorrat an Tierfutter. Tiere dürfen sich frei bewegen. Grünflächen um das Haus. Entfernung Tierarzt: 7 km, Tierfuttereinkauf: 2 km. Tiere vor Ort: Hunde, Pferde, Streichelzoo.
Beschreibung: Fam. Pension in Alleinlage, Umgeben von Fluß und Wald.

DEUTSCHLAND

Bayreuth — Hotel Lohmühle

★★★

Badstraße 37, 95444 Bayreuth
Martina Groh-Walter, Tel. 0921-53060, Fax 0921-5306469
lohmuehle@t-online.de, www.hotel-lohmuehle.de

H K KT

Unterkunft: ÜF, HP, VP; 21 EZ, 18 DZ, 3 MB
Preise: EZ 60 bis 66,50 €/Tag, DZ 89,50 bis 102,50 €/Tag, Zuschlag HP 15 €, VP 30 €, MB a.A.
Ausstattung: DU, Bad, WC, Radio/TV, Tel., Teppichboden. Rest., Bar.
Tiere: Hunde, Katzen. Kleintiere a.A. Hunde und Katzen je 2,50 €/Tag. Decke, Näpfe, Gassidienst. Vorrat an Hundefutter. Tiere dürfen sich frei bewegen, angeleint im Hausbereich. Nächste Grünanlage: 100 m, Tierarzt: 1 km, Tierfuttereinkauf: 500 m. Tiere vor Ort: Hund.
Beschreibung: Nähe Sportzentrum, Golfplatz und Sehenswürdigkeiten.

Bayreuth — Waldhotel Stein

★★★★

Seulbitzer Straße 79, 95448 Bayreuth
Familie Stein, Tel. 0921-9001, Fax 0921-94725
waldhotelstein@t-online.de, www.bayreuth.de

H K KT

Unterkunft: ÜF, HP, VP; 10 EZ, 10 DZ, 5 MB, 30 Suiten, 5 App.
Preise: EZ 65-125 €/Tag, DZ 85-180 €/Tag, Zuschlag HP 15 €, VP 30 €, Suite/App. a.A.
Ausstattung: DU, Bad, WC, TV, Tel., glatte Böden/Teppichb., NR-Zimmer, Rest. Kostenl. Parkpl.
Tiere: Hunde, Katzen. Kleintiere a.A. Hunde, Katzen kostenlos. Willkommensleckerli, Tiersitterservice, Gassidienst. Hunde-/Katzenfutter. Tiere dürfen sich frei bewegen, angeleint im Hausbereich. Grünflächen ums Haus. Tierarzt: 100 m, Tierfuttereink.: vor Ort.
Behind. Einr.: Sechs rollstuhlgerechte Zimmer.
Beschreibung: Hallenbad, Sauna, Sommerrodelbahn, Falknerei. Hausprospekt vorhanden.

Wunsiedel — Landhotel Juliushammer

Juliushammer 1, 95632 Wunsiedel
Gerlinde Sebald, Tel. 09232-9750, Fax 09232-8147
hoteljuliushammer@t-online.de, www.hoteljuliushammer.de

H K KT

Unterkunft: U, ÜF, HP, VP; 40 EZ oder DZ, 6 MB, 5 FeWo, 5 App.
Preise: DZ als EZ 50-53 €/Tag, DZ 80-83 €/Tag, Zuschl. HP 10 €, VP 18 €, FeWo a.A.
Ausstattung: DU, WC, TV, NR-Zimmer, Rest., Wellnessbereich. Tennisplätze, kostenl. Parkpl.
Tiere: Hunde, Katzen. Kleintiere a.A. Hund 6 €/Tag, Katze 3 €/Tag. Tiere dürfen sich frei bewegen. Grünflächen um das Haus. Tierarzt und Tierfuttereinkauf: 2 km. Tiere vor Ort: Katze.
Beschreibung: Ruhig zwischen 2 Kleinstädten im Röslautal gelegen. Spaziergänge und Wanderungen ab Haus. Ca. 10 Skilifte und zahlreiche Langlaufloipen im Fichtelgebirge. Hausprospekt.

Bad Alexandersbad — Landhaus Am Forst

Zum Nagelbrunnen 18-20, 95680 Bad Alexandersbad
Doris Heinl und Petra Meier, Tel. 09232-4242, Fax 09232-4466
am.forst@t-online.de, www.amforst.de

H K

Unterkunft: Ü, ÜF; 9 EZ, 12 DZ, 5 FeWo
Preise: EZ 21,50-26 €/Tag, DZ 39-48 €/Tag, FeWo a.A.
Ausstattung: DU, WC, TV-Anschluß, Safe, NR-Zimmer. Grillplatz, Fitnessraum, Kaffeeterrasse. Kostenlose Parkplätze.
Tiere: Hunde, Katzen, je 2 €/Tag. Willkommensleckerli. Tiere dürfen sich frei bewegen, angeleint im Hausbereich, kein Zutritt zum Frühstücksraum. Grünflächen um das Haus. Tierarzt und Tierfuttereinkauf: 3 km.
Beschreibung: Idyllisch am Waldrand gelegene familiäre Pension mit parkähnlichem Garten. Kur- und Wellnesspauschalen.

Ebrach — Historikhotel Klosterbräu Landidyll

★★★

Marktplatz 4, 96157 Ebrach
Familie Gries, Tel. 09553-180, Fax 09553-1888
klosterbraeu@landidyll.com, www.landidyll.com/klosterbraeu

H K KT

Unterkunft: Ü, ÜF, HP, VP; 5 EZ, 29 DZ, 5 MB, 2 Suiten
Preise: EZ 48 bis 59 €/Tag, DZ 87 bis 97 €/Tag, Zuschlag HP 13 €, VP 20 €
Ausstattung: DU, teilw. Bad, WC, TV, NR-Zimmer. Wellnessbereich, Rest., Bar. Kostenl. Parkpl.
Tiere: Hunde, Katzen. Kleintiere a.A. Hunde und Katzen kostenlos. Hunde-Bistro mit Freß-/Wassernapf, Spielzeug, Knabbergebäck. Vorrat an Hunde- und Katzenfutter. Tiere dürfen sich frei bewegen, angeleint im Hausbereich. Grünflächen rund um das Haus. Tierarzt: 8 km. Tiere vor Ort: Hunde, Hasen, Gänse, Enten.
Behind. Einr.: Zwei DZ mit DU und Bad komplett behindertengerecht eingerichtet.
Beschreibung: Ehemaliger Zisterzienser-Abtei. Hausprospekt vorhanden.

Rödental — Gasthof - Brauerei Grosch

★★★

Oeslauer Straße 115, 96472 Rödental
Familie Pilarzyk, Tel. 09563-7500, Fax 09563-750147
groschbier@aol.com, www.braugasthoefe.com/gasthof/grosch

H K KT

Unterkunft: ÜF, HP; 1 EZ, 18 DZ, davon 7 MB
Preise: EZ 54-57 €/Tag, DZ 74-78 €/Tag, MB a.A., HP ab 12 €, Pauschalangebote a.A.
Ausstattung: DU, WC, TV, Minibar, NR-Zimmer. Rest., Brauereibesichtigung. Kostenl. Parkplätze.
Tiere: Hunde, Katzen. Kleintiere a.A. Hunde und Katzen kostenlos. Freß-/Wassernapf. Tiere dürfen sich frei bewegen, angeleint im Hausbereich. Grünflächen um das Haus. Entfernung Tierarzt: 5 km, Tierfuttereinkauf: 1 km.
Kinder: Spielecke, Malsets, Wickeltisch, Kinderbetten, Babyphon.
Beschreibung: Ausgangspunkt für Ausflüge ins Coburger-/Thüringer-Land. Hausprospekt vorhanden.

Rödental — Ferienwohnung Müller

Fornbacher Straße 21, 96472 Rödental
Kurt Müller, Tel. 09563-2255, Fax 09563-729627
info@ferien-mueller.de, www.ferien-mueller.de

H K KT

Unterkunft: Ü; 2 FeWo, 1x2 Zimmer, 1x3 Zimmer
Preise: 2 bis 6 Pers. 30 bis 35 €/Tag, weitere Pers. 3-5 €/Tag.
Ausstattung: DU, Bad, WC, KÜ, Mikrowelle, TV, Tel., glatte Böden/Teppichboden, Balkon, Waschmaschine. Kostenlose Parkplätze.
Tiere: Hunde, Katzen. Kleintiere a.A. Hunde und Katzen kostenlos. Willkommensleckerli. Tiere dürfen sich frei bewegen, außer Spielplatz. Grünflächen rund um das Haus. Tierarzt: 6 km, Tierfuttereinkauf: 8 km. Tiere vor Ort: Katze, Kaninchen.
Kinder: Schaukel, Planschbecken, gr. Garten, Sandkasten, Spiele, Kinderbett, -hochstuhl.
Beschreibung: Ruhige, komf. FeWos am Ortsrand. Wald- und Seenähe, Thermalbäder, Burgen, Museen.

Würzburg — Hotel Würzburger Hof

★★★

Barbarossaplatz 2, 97070 Würzburg
Frau Heinen-Kerkel / Paschek / Ernst, Tel. 0931-53814, Fax 0931-58324
rezeption@hotel-wuerzburgerhof.de, www.hotel-wuerzburgerhof.de

H

Unterkunft: ÜF; 13 EZ 21 DZ, 3 MB, 5 Suiten, 4 App.
Preise: EZ 70 bis 97 €/Tag, DZ 110 bis 145 €/Tag, MB/Suite/App. a.A.
Ausstattung: DU, Bad, WC, Radio/TV, Tel., Teppichb., teilw. Balkon. Parkhaus gegen Gebühr.
Tiere: Hunde, kostenlos. Willkommensleckerli, Körbchen, Decke, Freß-/Wassernapf. Tiere angeleint im Hausbereich. Nächste Grünanlage 300 m entfernt. Tierarzt: 5 km, Tierfuttereinkauf: 50 m. Tiere vor Ort: Hunde.
Beschreibung: Stilvoll eingerichtetes Familienhotel in zentraler Lage. Hausprospekt vorhanden.

Würzburg

Mühlenhof Daxbaude
★★★

Frankenstraße 205, 97078 Würzburg
Frau David / Schmitt / Fiebig, Tel. 0931-250 470, Fax 0931-250 47 250
hotel-muehlenhof-daxbaude@t-online.de, www.muehlenhof-daxbaude.de

H KT

Unterkunft: ÜF; 7 EZ, 25 DZ
Preise: EZ 49 €/Tag, DZ 85-90 €/Tag, Pauschalangebote a.A.
Ausstattung: DU, Bad, WC, TV/Radio, Tel., Teppichb. Gasthaus, Sauna.
Tiere: Hunde. Kleintiere a.A. Hunde kostenlos. Decke, Näpfe. Kleiner Vorrat an Hundefutter. Tiere dürfen sich frei bewegen, angeleint im Hausbereich. Grünflächen um das Haus. Tierarzt: 1 km, Tierfuttereinkauf: 3 km. Tiere vor Ort: Mischlingsrüde Max.
Beschreibung: Im 16. Jahrhundert als Mühle erbaut – heute ein liebevoll eingerichtetes Hotel und Gasthaus. Hausprospekt vorh.

Sulzfeld

Ferienwohnungen Lindleshof
★★★★★

Lindleshof, 97633 Sulzfeld
Elisabeth Heller, Tel. 09761-774, Fax 09761-6101
lindleshof@t-online.de, www.lindleshof.de

P H K KT

Unterkunft: Ü, ÜF; 1 FH, 6 FeWo (1 bis 3 Schlafzimmer)
Preise: 2 Pers. 30-60 €/Tag, weitere Pers. 5 €/Tag, Energie n. Verbr., Pauschalangeb. a.A.
Ausstattung: DU, WC, KÜ, TV, Spül-/Waschmasch., gl. Böden. Brötchenservice. Kostenl. Parkpl.
Tiere: Hunde, Katzen, Pferde. Kleintiere a.A. Pferde: Box/Auslauf je 15 €/Tag, Hunde je 3 €/Tag, Katzen je 2 €/Tag. Näpfe. Kleiner Vorrat an Tierfutter. Tiere dürfen sich frei bewegen. Grünflächen um das Haus, eingezäuntes Grundstück. Tierarzt: 5 km, Tierfuttereinkauf: 2 km. Tiere vor Ort: Hunde, Katzen, Pferde, Geflügel.
Kinder: Planschbecken, Spielplatz, Spielzimmer, Spielfeld für Ballspiele u.v.m.
Beschreibung: Ferienhof in Einzellage, beheiztes Schwimmbad, viele Sportmöglichkeiten.

Fladungen

Ferienhaus "in domosutoris"

Kirchberg 4, 97650 Fladungen-Oberfladungen
✉ Hans-Burkhard Schenck, Klein Sarau 39, 23627 Groß Sarau,
Tel. 04509-8197, Fax 04509-7079801
hbrsche@aol.com, www.ferienhaus-schenck.de

H K KT

Unterkunft: Ü; 1 FH
Preise: 2 bis 5 Pers. 22 bis 30 €/Tag, Endreinigung 33 €, Energie nach Verbrauch, Pauschalangebote a.A.
Ausstattung: DU, WC, KÜ, Tel., gl. Böd., großer Kamin. Kostenl. Parkpl.
Tiere: Hunde, Katzen. Kleintiere a.A. Hunde und Katzen kostenlos. Tiere dürfen sich frei bewegen, angeleint im Hofraum. Nächste Grünanlage: 200 m. Entfernung Tierarzt: 20 km, Tierfuttereinkauf: 1 km.
Beschreibung: Dörfliche, ruhige Lage, 200 m zum Ortsrand. Hausprospekt vorhanden.

DEUTSCHLAND

Bischofsheim a. d. Rhön

Haus Barbara

★★★★

P H K KT

Am Bahndamm 1, 97653 Bischofsheim-Unterweißenbrunn
(kein Bahnbetrieb) Barbara Johannes, Tel. und Fax 09772-1790
www.haus-barbara.com

Unterkunft: Ü, ÜF; 1 FeWo f. 2-6 Pers., 60-120 qm, WZ, KÜ, erweiterbar
Preise: 2 Personen 27 bis 32 €/Tag, Zuschlag weitere Pers. 3-6 €/Tag, Pauschalang. a.A.
Ausstattung: 3 x DU, Bad, WC, Bidet, Fön, KÜ, Spülmaschine, Mikrowelle, Sat-TV, Radio/CD, Wasch- u. Trocknerraum, glatte Böden/Teppichboden. Brötchenservice.
Sonstiges: Urlaub auf dem Bauernhof. Fahrräder, Heimtrainer, Stepper. Hauseigene Brennerei, Grill, Liegewiese. Kostenl. Parkplätze.
Tiere: Hunde, Katzen. Pferde, Kleintiere a.A. Hund/Katze je 3 €/ Tag. Kleiner Vorrat an Hunde-/Katzenfutter. Tiere dürfen sich frei bewegen. Eingezäunte Grünflächen um das Haus, 1200 qm Grundstück. Entfernung Tierarzt: 10 km, Tierfuttereinkauf: 1 km. Tiere vor Ort: Hund, Katze, Vögel, Kühe, Kaninchen.
Kinder: Hochstuhl, Schaukel, Wippe, Sandkasten, Billard.
Beschreibung: Naturpark Bayer. Rhön, Berge, Seen. Rad- und Wanderwege am Haus. Mountainbiking, Ski alpin, Langlauf, Segelfliegen. Hausprospekt vorhanden.

Schönau-Burgwallbach

Pension Auerhahn

H

Auerhahnstraße 15, 97659 Schönau-Burgwallbach
Inge Kupke, Tel. und Fax 09775-452

Unterkunft: ÜF; 4 DZ, 1 FeWo (4 Zimmer)
Preise: DZ 36-50 €/Tag, FeWo 2 Pers. 38 €/Tag, weitere Pers. 4 €/Tag, Endreinigung 18 €
Ausstattung: DU, WC, glatte Böden/Teppich, Terrasse. Kostenlose Parkplätze.
Tiere: Hunde, 2,50 €/Tag. Willkommensleckerli. Tiere dürfen sich frei bewegen, angeleint im Frühstücksraum. Grünflächen rund um das Haus. Entfernung Tierarzt und Tierfuttereinkauf: 10 km.
Beschreibung: Gästehaus im staatlich anerkannten Erholungsort Burgwallbach. Hausprospekt vorhanden.

Hammelburg

Hotel-Gasthof Nöth

★★

H K KT

Morlesauer Straße 3 und 6, 97762 Hammelburg-Morlesau
Fr. Spath, Tel. 09357-479, Fax 09357-1357
hotel-gasthof_noeth@t-online.de, www.hotel-noeth.de

Unterkunft: Ü, ÜF, HP, VP; 12 DZ, 5 MB, 1 FeWo
Preise: DZ als EZ 19-31,50 €/Tag, DZ 38-70 €/Tag, Zuschl. HP 12 €, VP 17 €, FeWo a.A.
Ausstattung: DU, WC, TV, gl. Böden/Teppichb., NR-Zimmer, Safe. Rest., Bar. Kostenl. Parkpl.
Tiere: Hunde, Katzen. Kleintiere a.A. Hunde, Katzen kostenlos. Kleiner Vorrat an Tierfutter. Willkommensleckerli, Decke, Näpfe. Tiere angeleint im Hausbereich/Rest. Grünflächen um das Haus, eingezäuntes Grundstück. Hundestrand: 50 m, Tierarzt: 7 km, Tierfuttereinkauf: 4 km. Tiere vor Ort: Hunde, Katzen, Bauernhoftiere.
Beschreibung: Idyllisches Bauerndorf an der Fränkischen Saale. Hausprospekt vorhanden.

Eußenheim — Gästehaus Pension Heuler ★★★★

Am Gebersthalweg 6, 97776 Eußenheim
Gisela Heuler, Tel. 09353-1628, Fax 09353-981797
pension.heuler@vr-web.de, www.pension-heuler.de

H K KT

Unterkunft: ÜF; 3 EZ, 12 DZ, 1 MB
Preise: EZ 21 bis 36 €/Tag, DZ 36 bis 53 €/Tag, Pauschalangebote a.A.
Ausstattung: DU/Etagendusche, WC, TV, glatte Böden/Teppichboden, NR-Zimmer, teilweise Safe und Balkon. Fitnessbereich, beheiztes Hallenbad. Kostenlose Parkplätze.
Tiere: Hunde, Katzen. Kleintiere a.A. Hunde, Katzen je 2,50 €/Tag. Willkommensleckerli. Kleiner Vorrat an Tierfutter. Tiere angeleint in Hausbereich und Frühstücksraum. Grünflächen um das Haus, Wiese/Auslauf direkt hinter dem Haus. Tierarzt und Tierfuttereinkauf: 5 km. Tiere vor Ort: Hund.
Beschreibung: Herrliche, ruhige Lage am Ortsrand mit Blick ins Gebersthal.

Zeitlofs — Biberburg

Hofstraße 6, 97799 Zeitlofs
Herr Manke, Tel. 09746-7167, Fax 09746-7169
office@forst-rupboden.de, www.landweb.de/waldurlaub/

P H K KT

Unterkunft: Ü; 1 FeWo (ca. 80 qm, 3 Zimmer, Wohnküche)
Preise: 1-2 Pers 31 €/Tag, weitere Pers. 10 €/Tag, Endrein. 30 €
Ausstattung: DU, Bad, WC, KÜ, TV, gl. Böd./Teppichb. Kostenl. Parkpl.
Tiere: Hunde, Katzen, Pferde. Kleintiere a.A. Pferde: Box/ Auslauf je 10 €/Tag, Hunde und Katzen kostenlos. Tiere dürfen sich frei bewegen. Grünflächen um das Haus. Tierarzt und Tierfuttereinkauf: 8 km.
Kinder: Spielplatz, Reitmöglichkeit.
Beschreibung: FeWo integriert in Haus auf großem Gutshof im Grünen. Jagd- und Angelmöglichkeiten. Baden, Joggen, Walking.

Igersheim — Reiterhof Trunk ★★★★

Reckerstal 14, 97999 Igersheim-Reckerstal
Alexander Trunk, Tel. 07931-8290, Fax 07931-52472
info@ferienhof-trunk.de, www.ferienhof-trunk.de

P H KT

Unterkunft: Ü; 11 FeWo (37 bis 90 qm)
Preise: 1-7 Pers. 16-70 €/Tag, weitere Pers. je 10 €/Tag
Ausstattung: DU, Bad, WC, KÜ, Waschmaschine, TV, gl. Böden/ Teppichboden. Brötchenservice. Kostenl. Parkplätze.
Tiere: Pferde, Hunde. Kleintiere a.A. Pferd: Box/Auslauf je 10 €/Tag, Hunde je 4 €/Tag. Tiere dürfen sich angeleint bewegen. Grünflächen um das Haus, eingezäuntes Grundstück. Tierarzt und Tierfuttereinkauf: 5 km.
Beschreibung: Familienurlaub auf dem Reiterhof. Stutenmilchkuren, Yoga, Reitunterricht, Ausritte, Wandern, Joggen.

Viernau — Ferienhaus Traumblick

Springstillerstraße 20, 98547 Viernau/Thüringen
Helga Arnold, Tel. 036847-50253, Fax 036847-50273
traumblick@gmx.de, www.thueringer-ferienhaus.de

H K KT

Unterkunft: Ü; 1 FH
Preise: 4 Pers. 45 €/Tag, weitere Pers. 10 €/Tag, Endreinigung 30 €
Ausstattung: DU, WC, KÜ, TV, Bettwäsche/Handtücher inklusive.
Tiere: Hunde, Katzen. Kleintiere a.A. Hunde, Katzen pauschal je 20 €. Freß-/Wassernapf, Spielzeug. Tiere dürfen sich frei bewegen. Grünflächen um das Haus. Entfernung Tierarzt: 13 km, Tierfuttereinkauf: 2 km.
Beschreibung: Mitten im Thüringer Wald, unweit vom Wintersport-Wander-Eldorado Oberhof. Alle Infos auf unserer Homepage.

Bücheloh — Landpension Risch

★★★

Ilmenauer Straße 42, 98693 Bücheloh (bei Ilmenau)
Sabine Risch, Tel. 03677-62855, Fax 03677-895384
pension-risch@t-online.de, www.pension-risch.de

H K KT

Unterkunft: Ü, ÜF, HP; 1 EZ, 5 DZ, 1 FH, 2 FeWo
Preise: EZ 20-25 €/Tag, DZ 35-40 €/Tag, HP 8 €, FH/FeWo: a.A.
Ausstattung: DU, WC, TV, Sitzecke, Kamin, gl. Böden/Teppichb. Rest.
Sonstiges: Wäscheservice, Terrasse, Garten, Grill, Sauna, Billard.
Tiere: Hunde, Katzen. Kleintiere a.A. Hund 5 €/Tag, Katze 2 €/Tag. Decke, Näpfe. Vorrat an Katzenfutter. Tiere angeleint im Hausbereich. Grünflächen um das Haus. Tierarzt: 5 km, Tierfuttereinkauf: 500 m. Tiere vor Ort: Katzen, Nutztiere.
Beschreibung: Gute Freizeitmöglichkeiten in der Umgebung: Freibad, Hallenbad, Gondelteich, Stausee. Hausprospekt vorh.

Gräfenthal — Hotel-Gasthaus Steiger

★★★

Ortsstraße 27, 98743 Gräfenthal-Gebersdorf
Mario Liebmann, Tel. 036703-82890, Fax 036703-82892
hotel-steiger@t-online.de, www.hotel-steiger.de

H K KT

Unterkunft: Ü, ÜF, HP; 2 EZ, 11 DZ, 1 MB, 1 Suite
Preise: EZ 35 €/Tag, DZ 53 €/Tag, Zuschlag HP 9,50 €
Ausstattung: DU, Bad, WC, TV, Minibar, Balkon, NR-Zimmer. Sauna, Solarium, Fitness, Rest., Bar, Billard. Kostenl. Parkpl.
Tiere: Hunde, Katzen. Kleintiere a.A. Hund ab 2,60 €/Tag, Katze ab 1,60 €/Tag. Körbchen, Decke, Näpfe. Tiere dürfen sich frei bewegen, angeleint im Hausbereich. Grünflächen um das Haus. Tierarzt und Tierfuttereinkauf: 3 km. Tiere vor Ort: Hasen, Schweine, Vögel, Katze.
Beschreibung: Ruhige Ortslage. Thüringer Porzellan-, Bier-, Burgenstraße.

Wohlsborn — Gasthaus - Pension Bärenhügel

In der Hohle 3, 99439 Wohlsborn
Karola Köditz, Tel. 03643-410505, Fax 03643-410663
service@gasthaus-pension-baerenhuegel.de, www.gasthaus-pension-baerenhuegel.de

H KT

Unterkunft: ÜF, HP; 4 DZ, 1 MB
Preise: DZ als EZ 38 €/Tag, DZ 52-56 €/Tag, Zuschl. HP 8 €
Ausstattung: DU, WC, TV, NR-Zimmer, Balkon. Rest., Biergarten.
Tiere: Hunde. Kleintiere a.A. Hund pauschal 8 €. Decke, Willkommensleckerli, Freß-/Wassernapf. Tiere dürfen sich frei bewegen, angeleint im Hausbereich. Grünflächen rund um das Haus. Tierarzt: 6 km, Tierfuttereinkauf: 2 km. Tiere vor Ort: Katzen, Hasen, Enten.
Beschreibung: In reizvoller Landschaft finden Sie hier vor den Toren der Klassikerstadt Weimar Ruhe. Hausprospekt vorh.

Ilfeld — Ausflugs + Ferienhotel Hufhaus/Harzhöhe

99768 Ilfeld/Südharz
Bärbel Lotter, Tel. 036331-48125, Fax 036331-48126
info@hotelhufhaus.de, www.hotelhufhaus.de

P H K KT

Unterkunft: ÜF, HP, VP; 2 EZ, 29 DZ, 8 MB, 1 Suite, 7 FH
Preise: EZ 15-33 €/Tag, DZ 40-46 €/Tag, Zuschlag HP 6 €, VP 8 €, MB/Suite/FH a.A.
Ausstattung: DU, WC, TV, gl.Böden/Teppichboden, Rest., Bar, NR-Zimmer. Kostenl. Parkplätze.
Tiere: Hunde, Katzen, Pferde. Kleintiere a.A. Pferde: Box je 10 €/Tag, Hunde/Katzen kostenlos. Kleiner Vorrat an Pferde-/Hundefutter. Näpfe. Tiere dürfen sich frei bewegen, angeleint im Hausbereich/Frühstücksraum/Rest., kein Zutritt zum Spielplatzbereich. Grünflächen um das Haus, eingezäuntes Grundstück. Tierarzt: 5 km, Tierfuttereinkauf: 6 km. Tiere vor Ort: Hund, Katzen, Pferde, Schweine, Schafe, Ziegen, Hasen.
Beschreibung: Alleinlage, mitten in einem Landschaftsschutzgebiet, umgeben von Kulturdenkmälern.

Frankenroda — Landgasthof/Reiterhof Probstei Zella

Probstei Zella 1, 99826 Frankenroda
Familie Groß, Tel. 036924-41976, Fax 036924-41874
zella@t-online.de, www.zella.de

P H K KT

Unterkunft: ÜF, HP; 2 EZ, 11 DZ, 4 MB, 1 Suite, 1 FH, 2 FeWo
Preise: EZ 25-28 €/Tag, DZ 40-60 €/Tag, HP 9 €, MB/FH/FeWo a.A.
Ausstattung: DU, Bad, WC, TV, Teppichb. Wellnessbereich, Rest.
Tiere: Hunde, Katzen, Pferde. Kleintiere a.A. Pferd: Box/Auslauf 8 €/Tag, Hund, Katze je 3 €/Tag. Näpfe. Vorrat an Pferdefutter. Tiere dürfen sich frei bewegen, angeleint im Hausbereich. Grünflächen um das Haus. Tierarzt: 7 km, Tierfuttereinkauf: 2 km. Tiere vor Ort: Hunde, Pferde, Katzen.
Beschreibung: Ehemaliges Klostergebäude im Naturpark. Schwimmteich, Biergarten, Kanu- und Fahrradverleih.

Sundhausen — Ferienhof "Sell's Scheune"

Stiegelsgasse 1 A, 99947 Sundhausen
Michael Sell, Tel. 036043-70483, Fax 036043-70411
info@sells-scheune.de, www.sells-scheune.de

P H K KT

Unterkunft: Ü; 2 FeWo: Wohn-/Kochzimmer, Schlafzimmer, DU/WC
Preise: 1-2 Pers. 35 €/Tag, 3-4 Pers. 45-55 €/Tag, Kinder bis 4 Jahre frei, Pauschalang. a.A.
Ausstattung: DU, WC, KÜ, TV, Telefon, Waschmaschine, glatte Böden/Teppichboden. Terrasse.
Tiere: Hunde, Katzen, Pferde. Kleintiere a.A. Pferd: Box 7 €/Tag, Hund 5 €/Tag, Katze 2,50 €/Tag. Vorrat an Tierfutter. Tiere dürfen sich frei bewegen, außer im Hinterhof. Grünflächen rund um das Haus. Grundstück ist eingezäunt. Tierarzt: 3 km, Tierfuttereinkauf: 100 m. Tiere vor Ort: Hunde, Katzen, Ziegen, Ponys, Bienen.
Kinder: Kindertagesstätte, Jugendclub. Freibad 3 km entfernt, Töpferei am Ort.
Beschreibung: Schönes 450-Seelendorf mit zentralem Dorfanger. Hausprospekt vorhanden.

GESUCHT:
Tierfreundliche Hotels und Ferienwohnungen in Deutschland und dem europäischen Ausland

Sie sind ein tierfreundliches Hotel oder besitzen ein(e) tierfreundliche(s) Ferienwohnung/Ferienhaus. Dann nehmen Sie bitte mit uns Kontakt auf. Ein Eintrag auf unserer INTERNETSEITE ist jederzeit möglich unter www.tierfreundliche-hotels.de.

Das BUCH erscheint in regelmäßigen Abständen neu, wir merken Sie vor. Infos auf unserer Internetseite oder Sie fordern die Unterlagen per Fax bei uns an (Anschrift siehe Seite 2).

Wir unterstützen regelmäßig
SPENDENPROJEKTE
eingetragener Vereine,
überwiegend Katzenhilfen und Kleintier-Nothilfen.
Wenn Sie auch helfen möchten,
informieren Sie sich bitte auf unser Internetseite
www.tierfreundliche-hotels.de

Infoteil Hundestrände

Deutschland

Für Hunde ausgewiesene Strände gibt es in Deutschland hauptsächlich an **Nord- und Ostsee**. Im folgenden Teil finden Sie Angaben, die auf den aktuellen Informationen der Fremdenverkehrsämter beruhen. Da sich diese Angaben ändern können, empfehlen wir, sich vor der Reise oder auch vor Ort bei der Tourist Information zu erkundigen, um auf dem neuesten Stand zu sein.

An den meisten deutschen Seen (z.B. an den Bayerischen Seen) herrscht Leinenpflicht, oft dürfen die Hunde nicht ins Wasser.
Bitte informieren Sie sich hier jeweils vor Ort.
In Freibädern sind Hunde generell nicht erlaubt.

Österreich

In Österreich bekamen wir Informationen über einen ausgewiesenen Hundestrand am **Gieringer Weiher** zwischen Reith und Kitzbühel. Der Gieringer Weiher ist ein warmer, naturbelassener Moorsee inmitten des Erholungsgebietes "Bichlach", ein Sommer-Badetraum und ein Winter-Eisstockparadies. Es gibt zehn Eisstockbahnen am See und zwei am Waldrand (Natur- und Kunsteisbahnen, abends beleuchtet). Auch für ausgedehnte Rad- und Wandertouren ist das Bichlach-Gebiet bekannt.

Italien

In Italien, in der südlichen Toskana - **der Maremma** - gibt es einen wunderschönen Hundestrand. Mehr dazu erfahren Sie im Italien-Teil dieses Buches.

Hundestrände Deutschland

Nordsee

Friedrichskoog Hundestrand

Lage: 25718 Friedrichskoog-Spitze
Strand: Grasstrand, Länge 800 m.
Parkplatz: Vor Ort, gebührenpflichtig.
Gebühren: Keine Strandabgabegebühr.
Sonstiges: Leinenpflicht. Imbiss und Restaurant vor Ort, Toiletten vor Ort. Strandkorbvermietung. Sportmöglichkeiten: Fitnesspark 500 m entfernt. Automaten mit Hundetoilettenbeutel vorhanden.
Ausflugsziele: Kurpark, Kutterhafen (4 km), Seehundstation (4 km).
Weitere Infos: Tourismus-Service Friedrichskoog
Koogstraße 141, 25718 Friedrichskoog
info@friedrichskoog.de, www.friedrichskoog.de

Hundestrände Deutschland

Nordsee

Büsum Hundestrand

Lage: 25761 Büsum, Zone 1 und Zone 9 (nördlichster und südlichster Strandabschnitt)
Strand: Gras/Sandstrand.
Parkplatz: Vor Ort, gebührenfrei.
Gebühren: Keine Strandabgabegebühr.
Sonstiges: Leinenpflicht (Nationalpark Schleswig-Holsteinisches Wattenmeer). Imbiss 500 m entfernt, Toiletten 500 m entfernt. Kostenlose Hundetoilettenbeutel erhältlich.
Weitere Infos: Kur- und Tourismus Service Büsum
Südstrand 11, 25761 Büsum
info@buesum.de, www.buesum.de

Nordsee

Nordseeinsel Pellworm
Hundestrand Hooger Fähre

Lage: 25849 Nordseeinsel Pellworm, Hooger Fähre
Strand: Grasstrand, Länge 100 m.
Parkplatz: Vor Ort.
Gebühren: Keine Strandabgabegebühr.
Sonstiges: Imbiss und Restaurant vor Ort, Toiletten vor Ort.
Strandkorbvermietung.
Automaten mit Hundetoilettenbeutel vorhanden.
Ausflugsziele: Alte Kirche (3 km), Neue Kirche (4 km), Leuchtturm (6 km).
Weitere Infos: Tourismus-Service-Pellworm
Uthlandestraße 2, 25849 Pellworm
info@pellworm.de, www.pellworm.de

Nordsee

Nordseeinsel Pellworm
Hundestrand Leuchtturm

Lage: 25849 Nordseeinsel Pellworm, Leuchtturm
Strand: Grasstrand, Länge 300 m, Watt.
Parkplatz: Vor Ort, gebührenfrei.
Gebühren: Keine Strandabgabegebühr.
Sonstiges: Imbiss und Restaurant vor Ort, Toiletten vor Ort.
Sportmöglichkeiten: Volleyball.
Strandkorbvermietung.
Automaten mit Hundetoilettenbeutel vorhanden.
Ausflugsziele: Alte Kirche (5 km), Neue Kirche (4 km), Leuchtturm (200 m).
Weitere Infos: Tourismus-Service-Pellworm
Uthlandestraße 2, 25849 Pellworm
info@pellworm.de, www.pellworm.de

Nordsee

Nordseeinsel Pellworm
Hundestrand Schütting

Lage: 25849 Nordseeinsel Pellworm, Schütting
Strand: Grasstrand, Länge 100 m.
Parkplatz: Vor Ort.
Gebühren: Keine Strandabgabegebühr.
Sonstiges: Café vor Ort, Toiletten vor Ort.
Strandkorbvermietung.
Automaten mit Hundetoilettenbeutel vorhanden.
Ausflugsziele: Alte Kirche (2 km), Neue Kirche (4 km), Leuchtturm (5 km).
Weitere Infos: Tourismus-Service-Pellworm
Uthlandestraße 2, 25849 Pellworm
info@pellworm.de, www.pellworm.de

Nordsee

Nieblum/Föhr Hundestrand

Lage: 25938 Nieblum/Föhr
Strand: Sandstrand, Länge 500 m.
Gebühren: Strandabgabegebühr in Kurabgabe enthalten.
Sonstiges: Leinenpflicht.
Imbiss und Restaurant 100 m entfernt, Toiletten 100 m entfernt.
Sportmöglichkeiten: Volleyball 100 m entfernt.
Ausflugsziele: Historischer Ortskern, Kirche (1 km).
Weitere Infos: Kurverwaltung Nieblum
Poststrat 2, 25938 Nieblum
nieblum@foehr.de, www.nieblum.de

Nordsee

Utersum/Föhr Hundestrand

Lage: 25938 Utersum/Föhr
Strand: Sandstrand, Länge 400 m.
Parkplatz: Vor Ort, gebührenfrei.
Gebühren: Strandabgabegebühr in Kurabgabe enthalten.
Sonstiges: Leinenpflicht. Imbiss/Kiosk 100 m entfernt, Toiletten vor Ort.
Strandkorbvermietung. Sportmöglichkeiten: Surfschule, Beachvolleyball.
Automaten mit Hundetoilettenbeutel vorhanden.
Ausflugsziele: Triibergem (Hünengräber), Megalitgrab.
Weitere Infos: Kurverwaltung Utersum
Klaf 2, 25938 Utersum
kv-utersum@t-online.de, www.utersum.de

Nordsee

Wyk auf Föhr
Strandabschnitt 12

Lage: 25938 Wyk auf Föhr
Strand: Sandstrand, Länge 250 m.
Parkplatz: 500 m entfernt, gebührenfrei.
Gebühren: Strandabgabegebühr in Kurabgabe enthalten.
Sonstiges: Leinenpflicht. Imbiss, Restaurant, Café 500 m entfernt, Toiletten 500 m entfernt. Strandkorbvermietung. Sportmöglichkeiten: Windsurfingschule 200 m entfernt. Automaten mit Hundetoilettenbeutel vorhanden.
Ausflugsziele: Nationalparkausstellung (1 km), Friesenmuseum (1 km).
Weitere Infos: Tourist-Info Wyk auf Föhr
Am Fähranleger 1, 25938 Wyk auf Föhr
urlaub@foehr.de, www.foehr.de

Nordsee

Wyk auf Föhr
Strandabschnitt 30

Lage: 25938 Wyk auf Föhr
Strand: Sandstrand, Länge 150 m.
Parkplatz: Vor Ort, gebührenfrei.
Gebühren: Keine Strandabgabegebühr.
Sonstiges: Leinenpflicht. Imbiss 500 m entfernt, Toiletten 500 m entfernt. Strandkorbvermietung. Sportmöglichkeiten: Windsurfingschule 800 m entfernt.
Ausflugsziele: Nationalparkausstellung (3 km), Friesenmuseum (2 km).
Weitere Infos: Tourist-Info Wyk auf Föhr
Am Fähranleger 1, 25938 Wyk auf Föhr
urlaub@foehr.de, www.foehr.de

Nordsee

List/Sylt Hundestrand

Lage: 25992 List/Sylt, Textilstrand und FKK-Strand
Strand: Sandstrand, Länge 500 m.
Parkplatz: Vor Ort, gebührenpflichtig, 2 €/Tag.
Gebühren: Strandabgabegebühr 3,50 €/Tag.
Sonstiges: Leinepflicht im ganzen Ortsgebiet.
Imbiss und Restaurant 200 m entfernt, Toiletten 300 m entfernt.
Strandkorbvermietung. Sportmöglichkeiten: Gymnastikprogramm.
Automaten mit Hundetoilettenbeutel vorhanden.
Weitere Infos: Kurverwaltung Nordseebad List auf Sylt
Am Brünk 1, 25992 List/Sylt
info@list-sylt.de, www.list.de

Nordsee

Wenningstedt-Braderup/Sylt Hundestrand

Lage: 25996 Wenningstedt-Braderup/Sylt, FKK-Strand Nord
Strand: Sandstrand.
Parkplatz: 1 km entfernt, gebührenfrei.
Gebühren: Kurabgabe 2,50 €/Tag vom 1.5. bis 30.9., sonst 1 €/Tag.
Sonstiges: Leinenpflicht. Restaurant vor Ort, Toiletten vor Ort.
Strandkorbvermietung. Sportmöglichkeiten: Strandgymnastik, Volleyball, Surfen. Automaten mit Hundetoilettenbeutel vorhanden.
Weitere Infos: Kurverwaltung Wenningstedt-Braderup
Osetal 5, 25996 Wenningstedt-Braderup
info@wenningstedt.de, www.wenningstedt.de

Nordsee

Wenningstedt-Braderup/Sylt Hundestrand

Lage: 25996 Wenningstedt-Braderup/Sylt, Textil-Hundestrand Süd
Strand: Sandstrand.
Parkplatz: 500 m entfernt, gebührenfrei.
Gebühren: Kurabgabe 2,50 €/Tag vom 1.5. bis 30.9., sonst 1 €/Tag.
Sonstiges: Leinenpflicht. Imbiss und Restaurant 500 m entfernt, Toiletten vor Ort.
Sportmöglichkeiten: Strandgymnastik, Volleyball, Surfen.
Automaten mit Hundetoilettenbeutel vorhanden.
Weitere Infos: Kurverwaltung Wenningstedt-Braderup
Osetal 5, 25996 Wenningstedt-Braderup
info@wenningstedt.de, www.wenningstedt.de

Nordsee

Dorum Hundestrand

Lage:	27632 Dorum-Neufeld, (zwischen Bremerhaven und Cuxhaven)
Strand:	Grasstrand, Länge 500 m.
Parkplatz:	Vor Ort, gebührenpflichtig, 3,50 €/Tag.
Gebühren:	Strandabgabegebühr für Tagesgäste ohne Kurkarte: Erwachsene 3,50 €/Tag, Kinder 2 €/Tag, Hunde 1,50 €/Tag. Mit Kurkarte ist die Strandbenutzung kostenlos.
Sonstiges:	Leinenflicht (Nähe zum Nationalpark niedersächsisches Wattenmeer). Imbiss und Restaurant vor Ort, Toiletten vor Ort. Strandkorbvermietung. Hundedusche. Automaten mit Hundetoilettenbeutel vorhanden. Sportmöglichkeiten: Wellenbad, Trampolinanlage, Fußball, Minigolf.
Ausflugsziele:	Leuchtturm Obereversand, Nationalparkhaus, Kutterhafen.
Weitere Infos:	Kurverwaltung Land Wursten Am Kutterhafen 3, 27632 Dorum kurverwaltung@wursterland.de, www.wursterland.de

Ostsee

Zempin/Usedom Hundestrand

Lage: 17459 Seebad Zempin/Usedom, Ende Campingplatz
Strand: Sandstrand, Länge 100 m.
Parkplatz: 1 km entfernt.
Gebühren: Keine Strandabgabegebühr.
Sonstiges: Leinenpflicht. Restaurant 200 m entfernt, Toiletten vor Ort.
Sportmöglichkeiten: Volleyball 200 m entfernt.
Automaten mit Hundetoilettenbeutel vorhanden.
Weitere Infos: Fremdenverkehrsamt Seebad Zempin
Fischerstraße 1, 17459 Seebad Zempin
seebad-zempin@t-online.de, www.seebad-zempin.de

Ostsee

Zempin/Usedom Hundestrand

Lage: 17459 Seebad Zempin/Usedom, Möwenweg
Strand: Sandstrand, Länge 100 m.
Parkplatz: 300 m entfernt, gebührenpflichtig, 3 €/Tag.
Gebühren: Keine Strandabgabegebühr.
Sonstiges: Leinenpflicht. Imbiss vor Ort, Toiletten 50 m entfernt.
Strandkorbvermietung.
Sportmöglichkeiten: Volleyball 50 m entfernt.
Automaten mit Hundetoilettenbeutel vorhanden.
Weitere Infos: Fremdenverkehrsamt Seebad Zempin
Fischerstraße 1, 17459 Seebad Zempin
seebad-zempin@t-online.de, www.seebad-zempin.de

Ostsee

Rostock-Warnemünde
Strandblöcke 10 und 11

Lage: 18119 Rostock-Warnemünde, Rostock-Markgrafenheide/Hohe Düne
Strand: Sand-/Steinstrand (meistens nur Sand), Länge 200 m.
Parkplatz: Vor Ort, gebührenpflichtig.
Gebühren: Keine Strandabgabegebühr.
Sonstiges: Imbiss und Restaurant 200 m entfernt, Toiletten 300 m entfernt. Sportmöglichkeiten: Volleyball. Automaten mit Hundetoilettenbeutel vorhanden.
Ausflugsziele: Ausgedehntes Waldgebiet Rostocker Heide mit Wander- und Radwegen entlang der Küste zwischen Markgrafenheide und Graal Müritz. Seebad Warnemünde mit Mole, Leuchtturm, Promenade (3 km). Historisches Stadtzentrum der Hansestadt Rostock (14 km) mit vielen Sehenswürdigkeiten und Einkaufsmöglichkeiten.
Weitere Infos: Tourist-Information Warnemünde
Am Strom 59 / Ecke Kirchenstraße, 18119 Rostock-Warnemünde
touristinfo@rostock.de, www.rostock.de

Ostsee

Rostock-Warnemünde
Strandblock 33

Lage: 18119 Rostock-Warnemünde, Rostock-Diedrichshagen
Strand: Sand-/Steinstrand (meistens nur Sand), Länge 100 m.
Parkplatz: Vor Ort, gebührenpflichtig.
Gebühren: Keine Strandabgabegebühr.
Sonstiges: Imbiss und Restaurant 200 m entfernt, Toiletten 300 m entfernt. Sportmöglichkeiten: Volleyball. Automaten mit Hundetoilettenbeutel vorhanden.
Ausflugsziele: Alter Strom mit reizvollen Kapitäns- und Fischerhäusern (1,5 km), Leuchtturm (1,5 km), Teepott mit Cafés, Restaurants und Ausstellung (1,5 km), neogotische Kirche Warnemünde (1,5 km).
Weitere Infos: Tourist-Information Warnemünde
Am Strom 59 / Ecke Kirchenstraße, 18119 Rostock-Warnemünde
touristinfo@rostock.de, www.rostock.de

Ostsee

Rostock-Warnemünde
Strandblock 37

Lage: 18119 Rostock-Warnemünde, Rostock-Diedrichshagen
Strand: Sand-/Steinstrand (meistens nur Sand), Länge 100 m.
Parkplatz: Vor Ort, gebührenpflichtig.
Gebühren: Keine Strandabgabegebühr.
Sonstiges: Imbiss und Restaurant 250 m entfernt, Toiletten 350 m entfernt. Sportmöglichkeiten: Volleyball. Automaten mit Hundetoilettenbeutel vorhanden.
Ausflugsziele: Historisches Stadtzentrum der Hansestadt Rostock mit vielen Sehenswürdigkeiten und Einkaufsmöglichkeiten.
Weitere Infos: Tourist-Information Warnemünde
Am Strom 59 / Ecke Kirchenstraße, 18119 Rostock-Warnemünde
touristinfo@rostock.de, www.rostock.de

Ostsee

Graal-Müritz
Aufgänge 7, 18-19, 37, 46-47

Lage: 18181 Ostseeheilbad Graal-Müritz
Strand: Sandstrand, Länge insgesamt 2 km.
Parkplatz: 30 m entfernt, gebührenpflichtig.
Gebühren: Kurabgabe 2 €/Tag.
Sonstiges: Leinenpflicht im Ort.
Imbiss 50 m entfernt, Toiletten 15 m entfernt.
Strandkorbvermietung. Sportmöglichkeiten: Volleyball.
Ausflugsziele: Hochmoor, Seebrücke, Aquadrom.
Weitere Infos: Tourismus- und Kur GmbH
Rostocker Straße 3, 18181 Ostseeheilbad Graal-Müritz
touristinformation.tuk@graal-mueritz.de, www.graal-mueritz.de

Ostsee

Börgerende
Hundestrand

Lage: 18211 Börgerende
Strand: Sand-/Steinstrand, Länge 500 m.
Parkplatz: Vor Ort und 200 m entfernt, teilweise gebührenpflichtig, 2 €/Tag.
Gebühren: Keine Strandabgabegebühr.
Sonstiges: Leinenpflicht. Restaurant und Imbiss 700 m entfernt, Toiletten 200 m entfernt.
Weitere Infos: Touristinfo Börgerende
Seestraße 14, 18211 Börgerende
info.boergerende-rethwisch@t-online.de, www.boergerende-rethwisch.de

Ostsee
Rerik
Strandabgang "Teufelsschlucht"

Lage: 18230 Ostseebad Rerik
Strand: Stein-/Sandstrand, Länge 1 km.
Parkplatz: Vor Ort, gebührenpflichtig.
Gebühren: Strandabgabegebühr 1,50 €/Tag, Kinder bis 18 Jahre frei.
Sonstiges: Leinenpflicht. Imbiss/Restaurant 100 m entfernt, Toiletten 50 m entfernt. Sportmöglichkeit: Volleyball 1 km entfernt. Automaten mit Hundetoilettenbeutel vorhanden.
Ausflugsziele: Stadtzentrum (200 m), Kirche, Museum.
Weitere Infos: Kurverwaltung Ostseebad Rerik
Dünenstraße 7, 18230 Ostseebad Rerik
info@rerik.de, www.rerik.de

Ostsee
Rerik
Strandabgang "Zur Halbinsel Wustrow"

Lage: 18230 Ostseebad Rerik
Strand: Stein-/Sandstrand, Länge 1 km.
Parkplatz: Vor Ort, gebührenpflichtig.
Gebühren: Strandabgabegebühr 1,50 €/Tag, Kinder bis 18 Jahre frei.
Sonstiges: Leinenpflicht. Imbiss/Restaurant 100 m entfernt, Toiletten 50 m entfernt. Strandkorbvermietung. Sportmöglichkeit: Volleyball 1 km entfernt. Automaten mit Hundetoilettenbeutel vorhanden.
Ausflugsziele: Stadtzentrum (200 m), Kirche, Museum.
Weitere Infos: Kurverwaltung Ostseebad Rerik
Dünenstraße 7, 18230 Ostseebad Rerik
info@rerik.de, www.rerik.de

Ostsee

Baabe/Rügen Hundestrand

Lage: 18586 Baabe/Rügen
Strand: Sandstrand, sehr breit, feinsandig, Länge 500 m.
Parkplatz: 500 m entfernt, gebührenpflichtig.
Gebühren: Kurtaxe 2,30 €/Tag.
Sonstiges: Imbiss/Restaurant vor Ort und 350 m entfernt, Toiletten 350 m entfernt. Sportmöglichkeiten: Volleyball.
Ausflugsziele: Mönchguter Museen (4 km), Granitz-Jagdschloss (5 km), Kreideküste (35 km)
Weitere Infos: Kurverwaltung Baabe
Fritz-Worm-Straße 1, 18586 Baabe
kvbaabe@t-online.de, www.baabe.de

Ostsee

Göhren/Rügen Hundestrand

Lage: 18586 Ostseebad Göhren/Rügen, Nordstrand
Strand: Sandstrand, Länge 250 m.
Parkplatz: Vor Ort, gebührenpflichtig.
Gebühren: Keine Strandabgabegebühr.
Sonstiges: Leinenpflicht. Imbiss/Restaurant vor Ort, Toiletten vor Ort. Strandkorbvermietung. Sportmöglichkeiten: Tennis. Hundetoilettenbeutel vorhanden.
Ausflugsziele: Bernsteinpromenade mit Seebrücke und Kurpavillon, Mönchguter Museen.
Weitere Infos: Kurverwaltung Ostseebad Göhren
Poststraße 9, 18586 Ostseebad Göhren
kv@goehren-ruegen.de, www.goehren-ruegen.de

Ostsee

Sellin/Rügen Hundestrand

Lage: 18586 Ostseebad Sellin/Rügen
Strand: Sand-/Steinstrand, Länge 100 m.
Parkplatz: 1 km entfernt, gebührenpflichtig, 5 €/Tag.
Gebühren: Strandabgabegebühr 2,30 €/Tag.
Sonstiges: Leinenpflicht. Imbiss 150 m entfernt, Toiletten 170 m entfernt.
Ausflugsziele: Seebrücke (1,5 km).
Weitere Infos: Kurverwaltung Ostseebad Sellin
Warmbadstraße 4, 18586 Ostseebad Sellin
kv@ostseebad-sellin.de, www.ostseebad-sellin.de

Ostsee

Thiessow/Rügen Hundestrand

Lage: 18586 Thiessow/Rügen
Strand: Sandstrand, Länge 70 m.
Parkplatz: Vor Ort.
Gebühren: Keine Strandabgabegebühr.
Sonstiges: Leinenpflicht. Imbiss 250 m entfernt, Toiletten vor Ort.
Sportmöglichkeiten: Skaterbahn 300 m entfernt.
Automaten mit Hundetoilettenbeutel vorhanden.
Ausflugsziele: Lotsenturm.
Weitere Infos: Kurverwaltung Ostseebad Thiessow
Hauptstraße 36, 18586 Thiessow
ostseebad-thiessow@t-online.de, www.ostseebad-thiessow.de

Ostsee — Binz/Rügen Strandabgang 1

Lage: 18609 Ostseebad Binz/Rügen (Prorer Wieck), Fischerstrand
Strand: Sand-/Steinstrand, Länge 100 m.
Gebühren: Keine Strandabgabegebühr.
Sonstiges: Imbiss am Strandabgang 6, Restaurant in Höhe Strandabgang 3, Toiletten vor Ort (Strandabgang 5).
Strandkorbvermietung am Kiosk Strandabgang 6.
Automaten mit Hundetoilettenbeutel vorhanden.
Der Strand befindet sich im historischen Teil des Ostseebades.
Weitere Infos: Kurverwaltung Ostseebad Binz
Heinrich-Heine-Straße 7, 18609 Ostseebad Binz
kv-binz@t-online.de, www.ostseebad-binz.de

Ostsee — Binz/Rügen Strandabgang 52

Lage: 18609 Ostseebad Binz/Rügen (Prorer Wieck)
Strand: Sandstrand, Länge 150 m.
Parkplatz: Vor Ort, gebührenpflichtig, 0,50 €/Stunde von 7.00 bis 19.00 Uhr.
Gebühren: Keine Strandabgabegebühr.
Sonstiges: Imbiss vor Ort, Toiletten 230 m entfernt (Strandabgang 51).
Strandkorbvermietung.
Automaten mit Hundetoilettenbeutel vorhanden.
Weitere Infos: Kurverwaltung Ostseebad Binz
Heinrich-Heine-Straße 7, 18609 Ostseebad Binz
kv-binz@t-online.de, www.ostseebad-binz.de

Ostsee — Binz/Rügen Strandabgang 73

Lage: 18609 Ostseebad Binz/Rügen (Prorer Wieck), Ortsteil Prora
Strand: Sandstrand, Länge 150 m.
Parkplatz: Vor Ort, gebührenpflichtig.
Gebühren: Keine Strandabgabegebühr.
Sonstiges: Imbiss vor Ort, Restaurant 250 m entfernt.
Strandkorbvermietung am Kiosk Strandabgang 72.
Automaten mit Hundetoilettenbeutel vorhanden.
Ausflugsziele: Museumsmeile Prora.
Weitere Infos: Kurverwaltung Ostseebad Binz
Heinrich-Heine-Straße 7, 18609 Ostseebad Binz
kv-binz@t-online.de, www.ostseebad-binz.de

Die hier aufgeführten Strandabschnitte in Binz sind von Mai bis September ausgewiesene Hundestrände. In der restlichen Zeit sind *alle* Strände in Binz für Gäste mit Hund frei zugänglich.

Ostsee

Timmendorfer Strand Hundestrand

Lage: 23669 Timmendorfer Strand-Niendorf, Nähe Vogelpark-Parkplatz
Strand: Sandstrand, Länge 250 m.
Parkplatz: Vor Ort, gebührenfrei.
Gebühren: Strandabgabegebühr 3 €/Tag.
Sonstiges: Imbiss vor Ort, Toiletten vor Ort.
Strandkorbvermietung.
Automaten mit Hundetoilettenbeutel vorhanden.
Ausflugsziele: Volgelpark Niendorf (500 m)
Weitere Infos: Haus des Gastes
Strandstraße 121 A, 23669 Timmendorfer Strand
niendorf@timmendorfer-strand.de, www.timmendorfer-strand.de

Ostsee

Scharbeutz Hundestrand

Lage: 23683 Scharbeutz-Haffkrug
Strand: Sandstrand, Länge 100 m.
Parkplatz: Vor Ort, gebührenpflichtig, 2,60 €/Tag.
Gebühren: Keine Strandabgabegebühr.
Sonstiges: Restaurant 20 m entfernt, Toiletten vor Ort.
Strandkorbvermietung. Sportmöglichkeiten: Surfen, Segeln.
Automaten mit Hundetoilettenbeutel vorhanden.
Ausflugsziele: Sea-Life-Center Timmendorfer Strand (3 km), Gut Garkau (5 km).
Weitere Infos: Tourismus-Service Scharbeutz
Bahnhofstraße 2, 23683 Scharbeutz
info@scharbeutz.de, www.scharbeutz.de

Ostsee

Grömitz Hundestrand

Lage: 23743 Ostseeheilbad Grömitz,
Promenade Nord und Lensterstrand Naturstrand
Strand: Sand-/Steinstrand.
Parkplatz: Vor Ort, teilweise gebührenpflichtig.
Gebühren: Strandabgabegebühr: Hauptsaison 2,60 €/Tag, Nebensaison 1,50 €/Tag.
Kinder bis 18 Jahre frei.
Sonstiges: Imbiss/Restaurant vor Ort, Toiletten vor Ort.
Strandkorbvermietung.
Kostenlose Hundetoilettenbeutel beim Tourismus-Service erhältlich.
Weitere Infos: Tourismus-Service Grömitz
Kurpromenade 58, 23743 Ostseeheilbad Grömitz
info@groemitz.de, www.groemitz.de

Ostsee

Kellenhusen Hundestrand

Lage: 23746 Kellenhusen, Nordstrand
Strand: Sandstrand, Länge 200 m.
Parkplatz: Vor Ort, gebührenpflichtig, 2,50 €/Tag.
Gebühren: Keine Strandabgabegebühr.
Sonstiges: Restaurant/Café vor Ort, Toiletten 30 m entfernt.
Strandkorbvermietung.
Sportmöglichkeiten: Minigolf, Segeln.
Ausflugsziele: Leuchtturm (1 km).
Weitere Infos: Kurverwaltung Kellenhusen
Strandpromenade 15, 23746 Kellenhusen
info@kellenhusen.de, www.kellenhusen.de

Ostsee

Kellenhusen Hundestrand

Lage: 23746 Kellenhusen, Südstrand
Strand: Sandstrand, Länge 100 m.
Parkplatz: Vor Ort, gebührenfrei.
Gebühren: Keine Strandabgabegebühr.
Sonstiges: Restaurant/Bistro 150 m entfernt, Toiletten vor Ort.
Strandkorbvermietung.
Sportmöglichkeiten: Basketball, Volleyball, Fußball, Surfen, Golf.
Ausflugsziele: Kloster Cismar (5 km).
Weitere Infos: Kurverwaltung Kellenhusen
Strandpromenade 15, 23746 Kellenhusen
info@kellenhusen.de, www.kellenhusen.de

Ostsee

Boltenhagen Strandaufgang 22

Lage: 23946 Ostseebad Boltenhagen
Strand: Sandstrand, Länge 500 m.
Parkplatz: 300 m entfernt, gebührenfrei.
Gebühren: Strandabgabegebühr 2,50 €/Tag.
Sonstiges: Leinenpflicht im gesamten Gemeindegebiet.
Imbiss und Restaurant vor Ort, Toiletten vor Ort.
Automaten mit Hundetoilettenbeutel vorhanden.
Ausflugsziele: Seebrücke 290 m lang, Kurpark, Ostsee-Thermalbad, Kurhaus.
Weitere Infos: Kurverwaltung Ostseebad Boltenhagen
Ostseeallee 4, 23946 Ostseebad Boltenhagen
ostseebad-boltenhagen@t-online.de, www.boltenhagen.de

Ostsee

Eckernförde Hundestrand

Lage: 24340 Eckernförde, südlicher Hauptstrand
Strand: Sand-/Steinstrand, Länge 1 km.
Parkplatz: Gebührenpflichtig, 4,50 €/Tag.
Gebühren: Keine Strandabgabegebühr am Hundestrand.
Sonstiges: Restaurant 300 m entfernt, Toiletten 300 m entfernt.
Sportmöglichkeiten: Tauchen, Surfen, Katamaran-Segeln 1 km entfernt.
Automaten mit Hundetoilettenbeutel vorhanden.
Weitere Infos: Eckernförde Touristik GmbH
Am Exer 1, 24340 Eckernförde
info@ostseebad-eckernfoerde.de, www.ostseebad-eckernfoerde.de

Ostsee

Damp Hundestrand

Lage: 24351 Damp, Eckernförder Bucht, Südstrand
Strand: Sandstrand, Länge 500 m.
Parkplatz: Vor Ort und 500 m entfernt, teilweise gebührenpflichtig, 1 €/Stunde, 12 €/Tag.
Gebühren: Keine Strandabgabegebühr.
Sonstiges: Restaurant 500 m entfernt, Toiletten vor Ort. Sportmöglichkeiten: Surfen, Segeln, Vital-Centrum 200 m entfernt. Automaten mit Hundetoilettenbeutel vorhanden.
Ausflugsziele: Gedenkstätte Albatros, Biotop, Waldlehrpfad.
Weitere Infos: Tourist-Information
Ladenzeile 1, 24351 Damp
tourist-information@damp.de, www.damp-urlaub.de

Ostsee

Kronsgaard Hundestrand

Lage: 24395 Kronsgaard-Pottloch
Strand: Sandstrand, Länge 600 m.
Parkplatz: Vor Ort.
Gebühren: Keine Strandabgabegebühr.
Sonstiges: Restaurant 100 m entfernt, Toiletten vor Ort. Strandkorbvermietung.
Ausflugsziele: Naturerlebniszentrum Maasholm (3,5 km), Leuchtturm Falshöft (2 km), Naturschutzgebiet Geltinger Birk (4 km).
Weitere Infos: Touristikverein Ferienland Ostsee Gelting-Maasholm e.V.
An der B 199, 24395 Gelting
info@ferienlandostsee.de, www.ferienlandostsee.de

Ostsee

Langballig Hundestrand

Lage: 24977 Langballig-Langballigau, Flensburger Außenförde
Strand: Stein-/Grasstrand, Länge 500 m.
Parkplatz: Vor Ort, gebührenfrei.
Gebühren: Keine Strandabgabegebühr.
Sonstiges: Leinenpflicht. Imbiss vor Ort, Toiletten vor Ort. Strandkorbvermietung. Sportmöglichkeiten: Tretbootfahren. Automaten mit Hundetoilettenbeutel vorhanden.
Ausflugsziele: Naturschutzgebiet Tal der Langballigau (1 km), Museumsdorf Unewatt (3 km).
Weitere Infos: Touristikverein Am Langballig/Ostsee e.V.
Süderende 1, 24977 Langballig
tourismus@langballig.de, www.langballig-tourismus.de

Fotoimpressionen Deutschland

Ausflug zum Weissensee (Allgäu)

Fotoimpressionen Deutschland

Große Sprünge im Grünen

Romantischer See im Odenwald

Fotoimpressionen Deutschland

Spessartidylle

Fotoimpressionen Deutschland

Märchenhafte Winternacht

Winterlandschaft bei Oberammergau

Fotoimpressionen Deutschland

Wunderwerk der Natur - die Baumwurzel

Verwunschene Felslandschaft

Österreich

Reise-Informationen:

Österreich Werbung - Urlaubsinformation
Margaretenstraße 1
A-1040 Wien

Tel. 01802 - 10 18 18
Fax 01802 - 10 18 19 *(Tel./Fax sind Rufnummern innerhalb Deutschlands)*

E-Mail: urlaub@austria.info
Internet: www.austria.info

Für die Einreise mit Hund und / oder Katze in EU-Mitgliedstaaten gelten folgende Bestimmungen:
Kennzeichnung mit Mikrochip oder gut lesbarer Tätowierung (Tätowierung wird nur bis 3. Juli 2011 anerkannt).
EU-Heimtierausweis mit dem Eintrag der gültigen Tollwutimpfung (Impfung vor mindestens 30 Tagen und höchstens 12 Monaten).

Maulkorb und Leine sind mitzuführen. Weitgehend gilt Leinenzwang, teilweise auch Maulkorbzwang, z. B. in Innenstädten.
Wer seinen Hund im Auto zurückläßt, kann mit Wagenaufbruch, der Verbringung des Hundes in ein Tierheim und einer Anzeige rechnen.

Hinweis:
Änderungen und evt. spezielle Bestimmungen **für die Einreise mit anderen Tieren** (z. B. amtstierärztliche Untersuchung an der Grenze, Cites-Papiere) erfahren Sie bei der zuständigen Botschaft oder Ihrem Amtstierarzt. Über die Mitnahmebedingungen für Tiere bei Flugreisen informieren Sie sich bitte bei der entsprechenden Fluggesellschaft.

Fotoimpressionen Österreich

Wandern im Tennengebirge

Fotoimpressionen Österreich

Die Lammeröfen (Salzburger Land)

Fotoimpressionen Österreich

Die Bregenzer Ach mit Blick auf den Bodensee

Bauerngarten in Oberösterreich

Fotoimpressionen Österreich

Kuscheln im Bauernbett

Herziges Haus im Salzburger Land

Schw. Gmünd
Aalen
Heidenheim
Ingolstadt
Donau
Ulm
Augsburg
Landshut
MÜNCHEN
Salzach
Salzburg - S.125
Kempten
Lindau
Bregenz
Eichenberg - S.128
Jungholz - S.127
Allgäuer Alpen
Sibratsgfäll - S.128
Weißenbach - S.127
Bichlbach - S.126
Lermoos - S.127
Bayer. Alpen
Chiemg. Alpen
Oberndorf - S.126
Kitzbühel - S.126
Inn
Salzburg
Innsbruck
Hohe Tauern
Sautens - S.126
Vorarlberg
Tirol
Mallnitz
Matrei - S.134
St. Veit - S.133
St. Jakob - S.134
Oberdrauburg - S.132
Südtirol
Bolzano
Dolomiten
Trentino
Trento
Pordenone
Udine
L. di Garda
Bergamo
Bréscia
Vicenza
Treviso
Verona
Padova

Zwettl - S.124
Nieder-
österreich
Donau
Mühlviertel
March
Linz
Mauerbach - S.123
WIEN
St.Pölten
Petronell - S.123
Bratis
hmolln - S.125
uck
Wels
Steyr - S.124
Baden - S.123
Ober-
österreich
Podersdorf - S.128
Enns
Losenstein - S.124
Atter-
see
Traun-
see
Burgenland
Sopron
Hinterstoder - S.124
Bad Aussee - S.130
ammergut
Schladming - S.130
Frohnleiten - S.129
Szombathely
Graz
Mur
Steiermark
Bad Kleinkirchheim - S.132
ermillstatt - S.133
rnten
S.133
Treffen - S.131
St. Kanzian - S.130
Klagenfurt
Karawanken
Drava
Maribor
Ljubljana
Sava
ZAGREB
Sava
Kupa
Trieste
Rijeka

Alphabetisches Ortsverzeichnis Österreich

Willkommene Tiere:
H = Hund
K = Katze
KT = Kleintier
P = Pferd

Petronell

Hotel Marc Aurel

★★★

H K KT

Hauptstraße 10, A-2404 Petronell
Sabrina Hartlieb, Tel. 0043-2163-2285, Fax 0043-2163-228560
info@marcaurel.at, www.marcaurel.at

Unterkunft: ÜF, HP, VP; 2 EZ, 29 DZ, 5 MB
Preise: EZ 45-50 €/Tag, DZ 64-70 €/Tag, Zuschl. HP 11 €, VP 22 €
Ausstattung: DU oder Bad, WC, TV, Tel., Teppichboden, NR-Zimmer. Restaurant, Bar, Lift. Kostenlose Parkplätze.
Tiere: Hunde, Katzen. Kleintiere a.A. Hunde je 10 € pauschal, Katzen kostenlos. Willkommensleckerli. Tiere dürfen sich frei bewegen, angeleint im Hausbereich, Frühstücksraum und Restaurant. Grünflächen um das Haus. Tierarzt: 7 km, Tierfuttereinkauf: 2 km.
Beschreibung: Donauradweg, Naturpark Donau-Auen, Golfplätze, Wien.

Baden

Motel Baden

★★★

H K KT

Schützengasse 36, A-2500 Baden
H. Scheuerhammer, Fr. Wustinger, Tel. 0043-2252-871310, Fax 0043-2252-871316
office@motel-baden.at, www.motel-baden.at

Unterkunft: ÜF, HP, VP; 15 EZ, 22 DZ, 2 MB
Preise: EZ 50-55 €/Tag, DZ 76-84 €/Tag, Zuschl. HP 12 €, VP 24 €, MB/Pauschalangeb. a.A.
Ausstattung: DU, Bad, WC, TV, Telefon, Teppichboden, NR-Zimmer. Restaurant, Bar, Lift. Kostenlose Parkplätze, Parkhaus gegen Gebühr.
Tiere: Hunde, Katzen. Kleintiere a.A. Hunde und Katzen kostenlos. Willkommensleckerli. Tiere angeleint im Hausbereich, Frühstücksraum und Restaurant. Grünflächen um das Haus. Tierarzt: 500 m, Tierfuttereinkauf: 100 m. Tiere vor Ort: Hund.
Beschreibung: Römertherme Baden, Casino Baden, Mountainbikestrecken im Wienerwald.

Mauerbach

Berghotel Tulbingerkogel

★★★★

H K

Tulbingerkogel 1, A-3001 Mauerbach b. Wien
Relais du Silence, Hr. u. Fr. Bläuel, Tel. 0043-2273-7391, Fax 0043-2273-739173
hotel@tulbingerkogel.at, www.tulbingerkogel.at

Unterkunft: ÜF, HP, VP; 5 EZ, 27 DZ, 10 MB, 2 Suiten
Preise: EZ 70-90 €/Tag, DZ 104-196 €/Tag, HP 25 €, Suite/VP a.A.
Ausstattung: DU, Bad, WC, TV, Teppichb., Minibar. Rest., Bar, Lift. Terrassen-Pool, Waldsauna, Dampfbad, Fitnessraum.
Tiere: Hunde, Katzen. Hunde 6 bis 9 €/Tag, Katzen 6 €/Tag. Kleiner Vorrat an Tierfutter. Tiere dürfen sich frei bewegen, angeleint im Frühstücksraum und Restaurant. Grünflächen rund um das Haus. Entfernung Tierarzt und Tierfuttereinkauf: 5 km. Tiere vor Ort: Hunde.
Beschreibung: Familienhotel, idealer Ausgangspunkt für Ausflüge.

Eggern

Genießergasthof Kutscherklause

★★★

H

Marktplatz 4, A-3861 Eggern
Magdalena Breuer-Wurz, Tel. 0043-2863-214, Fax 0043-2863-7323
kutscherklause@aon.at, www.kutscherklause.at

Unterkunft: ÜF, HP; 3 EZ, 20 DZ, 3 MB
Preise: EZ 34-36 €/Tag, DZ 50-76 €/Tag, Zuschlag HP 15 €
Ausstattung: DU, Bad, WC, TV/Radio, Teppichboden, NR-Zimmer, teilweise Balkon. Rest., Bar. Kostenlose Parkplätze.
Tiere: Hunde, je 2,50 €/Tag. Willkommensleckerli, Decke, Näpfe. Tiere dürfen sich frei bewegen, angeleint im Hausbereich, Frühstücksraum und Rest. Nächste Grünanlage 100 m entfernt. Tierarzt: 6 km, Tierfuttereinkauf: 50 m. Tiere vor Ort: 2 Golden Retriever.
Beschreibung: Weitere Infos finden Sie unter: www.kutscherklause.at

Zwettl
Bergwirt Schrammel GesmbH
★★★

Moidrams 1, A-3910 Zwettl
Maria und Franz Schrammel, Tel. 0043-2822-52803, Fax 0043-2822-528038
info@hotel-bergwirt.at, www.hotel-bergwirt.at

H K KT

Unterkunft: ÜF, HP oder VP ab 3 Übernachtungen; 6 EZ, 13 DZ, 5 MB
Preise: EZ 37 €/Tag, DZ 66 €/Tag, Zuschl. HP 10 €, VP 18 €, MB/Pauschalangebote a.A.
Ausstattung: DU, WC, Sat-TV, Telefon, Radio, Minibar. Restaurant, Bar, Lift, Sauna, Aufenthaltsraum, Tagungsräume. Kostenlose Parkplätze, eigener Busparkplatz.
Tiere: Hunde, Katzen. Kleintiere a.A. Hunde und Katzen kostenlos. Näpfe. Tiere dürfen sich frei bewegen, angeleint im Hausbereich, Frühstücksraum und Restaurant. Nächste Grünanlage 1 km entfernt. Tierarzt: 1 km, Tierfuttereinkauf: 1,5 km.
Beschreibung: Idealer Ausgangspunkt für Ausflüge und Wanderungen. Nähe Stift Zwettl, Hallen- und Freibad, Tennisplätze, Golfen. Gute regionale Küche. Hausprospekt vorhanden.

Steyr
Hotel Schwechaterhof
★★★

Leopold-Werndl-Str. 1, A-4400 Steyr
Frau Pötzl, Tel. 0043-7252-53067, Fax 0043-7252-477054
schwechaterhof.steyr@aon.at, www.schwechaterhof.at

H

Unterkunft: ÜF; 1 EZ, 6 DZ
Preise: EZ 50 €/Tag, DZ 72 €/Tag
Ausstattung: DU, Bad, WC, TV, Teppichboden, Minibar, Fön, Safe. Restaurant, Lift, Gastgarten. Parkhaus gegen Gebühr.
Tiere: Hunde, kostenlos. Körbchen, Decke, Näpfe, Spielzeug. Tiere dürfen sich frei bewegen, angeleint im Frühstücksraum und Restaurant. Grünflächen rund um das Haus. Entfernung Tierarzt: 50 m, Tierfuttereinkauf: 200 m.
Beschreibung: Unseren familiär geführten Gasthof finden Sie direkt neben der gotischen Stadtkirche im Zentrum von Steyr.

Losenstein
Familiengasthof Blasl
★★★

Bahnhofstr. 3, A-4460 Losenstein
Georg Blasl, Tel. 0043-7255-6215, Fax 0043-7255-62154
blasl@ooenet.at, www.tiscover.com/blasl

H K KT

Unterkunft: Ü, ÜF, HP, VP; 8 EZ, 14 DZ, 1 MB, 1 FeWo (55 qm)
Preise: EZ 29 bis 31 €/Tag, DZ 54 bis 58 €/Tag, Zuschlag HP 10 €, VP 17 €, FeWo 60 bis 74 €/Tag
Ausstattung: DU, Bad, WC, TV, Teppichb. Wellnessber., Rest., Biergarten.
Tiere: Hunde, Katzen. Kleintiere a.A. Hunde je 1,45 €/Tag, Katzen kostenlos. Vorrat an Katzen-/Nagerfutter. Tiere dürfen sich frei bewegen, angeleint in Frühstücksraum/Rest. Grünflächen um das Haus. Tierarzt: 2 km, Tierfuttereinkauf: 200 m. Tiere vor Ort: Schafe, Hasen, Katzen.
Beschreibung: Gelegen im malerischen Ennstal. Nationalpark Kalkalpen.

Hinterstoder
Berghotel Hinterstoder

Hutterer Böden 70, A-4573 Hinterstoder
Marion Eckhart, Tel. 0043-7564-5421, Fax 0043-7564-542150
berghotel@stn.at, www.berghotel-hinterstoder.at

H K KT

Unterkunft: HP, VP; 7 DZ, 17 MB, 14 App.
Preise: DZ als EZ ab 77 €/Tag, DZ ab 118 €/Tag, inkl. HP, Zuschl. VP 13 €, MB/App. a.A.
Ausstattung: DU, Bad, WC, TV, Radio, Tel., Teppichboden, Minibar, Safe, Bademantel, Fön, teilw. Balkon. Rest., Bar, Lift, Wellness- und Fitnessbereich. Kostenlose Parkplätze.
Tiere: Hunde, Katzen. Kleintiere a.A. Hunde, Katzen je 5 €/Tag. Körbchen, Decke, Näpfe. Vorrat an Hunde-/Katzenfutter. Tiere dürfen sich frei bewegen, kein Zutritt zu Frühstücksraum/Rest. Eingezäuntes Grundstück. Tierarzt: 25 km, Tierfuttereinkauf: 10 km.
Kinder: Kinderbetreuung, Spielzimmer, gratis Saftbar. Abends Kinderstammtisch mit Buffet.
Beschreibung: Hotel ist nur im Winter geöffnet. Ruhige Lage (1400 m), schöne Winterwanderwege.

Salzburg

Altstadthotel Amadeus
★★★

Linzer Gasse 43-45, A-5020 Salzburg
Familie Walketseder, Tel.0043-662-871401, Fax 0043-662-8714017
salzburg@hotelamadeus.at, www.hotelamadeus.at

Unterkunft: ÜF; 4 EZ, 15 DZ, 3 MB
Preise: EZ 74-90 €/Tag, DZ 100-170 €/Tag, Pauschalangeb. a.A.
Ausstattung: DU, Bad, WC, TV, Tel., Teppichb., NR-Zimmer. Bar, Lift.
Tiere: Hunde, kostenlos. Tiere dürfen sich frei bewegen, angeleint im Hausbereich, kein Zutritt zu Frühstücksraum und Restaurant. Nächste Grünanlage 200 m entfernt. Tierarzt: 2 km, Tierfuttereinkauf: 100 m.
Beschreibung: Komfortables Altstadthotel, direkt im Zentrum, ideal für Ihren Stadturlaub in Salzburg. Die meisten Sehenswürdigkeiten sind nur wenige Gehminuten entfernt.

Maria Schmolln

Bachleitner's Huntel

Haus Nr. 6, A-5241 Maria Schmolln
Herr oder Frau Bachleitner, Tel. 0043-7743-2226, Fax 0043-7743-22264
huntel@utanet.at, www.huntel.at

Unterkunft: ÜF, HP; 2 EZ, 4 DZ, 1 MB
Preise: EZ 35,40 bis 40,50 €/Tag, DZ 62,50 bis 69,50 €/Tag, Zuschlag HP 12 €, MB und Pauschalangebote a.A.
Ausstattung: DU, WC, TV, Radio, glatte Böden, NR-Zimmer.
Sonstiges: Restaurant, Aufenthaltsraum. Kostenlose Parkplätze.
Tiere: Hunde. Ein Hund 9 €/Tag, jeder weitere Hund 6 €/Tag. Willkommensleckerli, Näpfe, Hundeboutique, Hundetoilettenbeutel. Kleiner Vorrat an Hundefutter vorhanden. Agility, Breitensport, Dummykurs, Schwimmteich, Hundeschule, 5000 qm eingezäunter Auslauf. Tiere dürfen sich frei bewegen, angeleint im Hausbereich, Frühstücksraum und Rest. Grünflächen rund um das Haus. Hundestrand: 28 km, Tierarzt: 6 km, Tierfuttereinkauf: vor Ort. Tiere vor Ort: 5 Golden Retriever.
Beschreibung: Gemütlicher, familiärer Gasthof, Blockhaus neben dem Hundeplatz. Wallfahrtsort (585 m), hügelig, waldreich. Ideal gelegen für Ausflüge jeder Art zwischen Passau und Salzburg (45 km). Tennis, Golf, Reiten, Wanderwege, Therme Geinberg. Bitte Prospekt mit dem Jahresprogramm anfordern.

Strobl

Hotel Wolfgangseehof
★★★★

Parkweg 1, A-5350 Strobl am Wolfgangsee
Familie Kutzer, Tel. 0043-6137-66170, Fax 0043-6137-66177
rezeption@wolfgangseehof.at, www.wolfgangseehof.at

Unterkunft: Ü, ÜF, HP, VP; 42 DZ, 3 Suiten
Preise: DZ als EZ 78-123 €/Tag, DZ 92-137 €/Tag, HP 18 €, VP 32 €, Suiten/Pauschalang. a.A.
Ausstattung: DU, Bad, getrenntes WC, TV, Teppichboden, Safe, Minibar, Balkon/Terrasse. Rest., Bar, Sauna, Massage. Tennishalle/-freiplätze, Squash, Fitness. Kostenl. Parkplätze.
Tiere: Hunde, Katzen. Kleintiere a.A. Alle Tiere kostenlos. Kleiner Vorrat an Hunde- und Katzenfutter. Tiere dürfen sich frei bewegen, angeleint im Frühstücksraum und Rest. Grünflächen rund um das Haus. Entfernung Tierarzt: 5 km, Tierfuttereinkauf: 500 m.
Beschreibung: Die Hotelanlage im Salzburger Landhausstil wurde auf einem 23.000 qm großen Parkgrundstück erstellt. 300 m bis zum Ortszentrum und zum See. Hausprospekt.

Kitzbühel — Gartenhotel Erika

★★★★

H K KT

Josef-Pirchl-Str. 21, A-6370 Kitzbühel
Fam. Schorer, Tel. 0043-5356-64885, Fax 0043-05356-6488513
office@erika-kitz.at, www.erika-kitz.at

Unterkunft: HP; 10 DZ, 12 MB, 25 Suiten
Preise: DZ 162-210 €/Tag, MB 162-350 €/Tag, inkl. HP, Suite a.A.
Ausstattung: DU, Bad, WC, TV, Teppichb., Safe. Rest., Bar, Lift, Sauna. 2 Schwimmbäder, großer Garten, Bio-Schwimmteich, „Erika Wellness-Oase", gratis: City-Bikes. Kostenl. Parkpl.
Tiere: Hunde, Katzen. Kleintiere a.A. Alle Tiere kostenlos, bei extremer Verschmutzung wird ein entsprechender Betrag erhoben. Näpfe. Tiere dürfen sich frei bewegen. Tierarzt und Tierfuttereinkauf: 500 m. Tiere vor Ort: Hund, Katzen.
Beschreibung: Sportliches Familienhotel mit einzigartiger Atmosphäre.

Oberndorf — Erlebnishotel Schmiedboden

★★★

H

Schmiedboden 12, A-6372 Oberndorf
Christine Gamper, Tel. 0043-5356-64646, Fax 0043-5356-646466
urlaub8@schmiedboden.at, www.schmiedboden.at

Unterkunft: ÜF, HP; 1 EZ, 6 DZ, 2 MB, 3 Suiten
Preise: EZ 35-50 €/Tag, DZ 70-110 €/Tag, Zuschlag HP 6 €
Ausstattung: DU, WC, Sat-TV, Radio, Teppichb. Rest., Bar, römisches Schwitzbad, überdachtes Schwimmbad. Kostenl. Parkpl.
Tiere: Hunde, kostenlos. Decke, Näpfe, Hundetoilettenbeutel, Hundezwinger, hauseigener Agilityparcour. Hunde dürfen sich angeleint bewegen. Grünflächen um das Haus. Tierarzt und Tierfuttereinkauf: 4 km. Tiere vor Ort: Hund.
Beschreibung: Herrliche Wanderwege und Badeseen, auch für Hunde, in der Nähe. Bitte Hausprospekt anfordern.

Sautens — Ferienwohnungen Pienz

P H K

Haderlehn 15, A-6432 Sautens/Ötztal
Anton Pienz, Astrid Bobnar, Tel. und Fax 0043-5252-6142
pienz@telering.at, http://members.telering.at/pienz

Unterkunft: Ü; 2 FH, 5 FeWo für 2 bis 8 Personen
Preise: 2 bis 8 Personen 36 bis 135 €/Tag
Ausstattung: DU, WC, KÜ, TV, glatte Böden. Sauna, Sanarium, Solarium. Kostenlose Parkplätze.
Tiere: Hunde, Katzen, Pferde. Pferde je 22 €/Tag, Hunde und Katzen je 4 €/Tag. Pferdeboxen, Reitplatz, Reitmöglichkeiten gegen Gebühr, weitläufige Auslauffläche für Hunde. Kleiner Vorrat an Pferdefutter. Tiere dürfen sich frei bewegen. Grünflächen um das Haus. Tierarzt: 15 km, Tierfuttereinkauf: 3 km.
Beschreibung: Eigener Naturbadeteich, 60.000 qm Grundstück, Reitmöglichkeit.

Bichlbach — Haus Austria

***

H K KT

Siedlung 142, A-6621 Bichlbach
Helga Fasser, Tel. 0043-5674-5376, Fax 0043-5674-20060
haus-austria@utanet.at, www.haus-austria.at

Unterkunft: Ü; 7 Appartements
Preise: 2 bis 4 Pers. 32 bis 57 €/Tag, Endreinigung 22 bis 30 €
Ausstattung: DU, WC, KÜ, Mikrowelle, TV, Teppichb. Brötchenservice, Masseur im Haus, Solarium, Massage-Whirlpool, Sauna, Infrarot-Wärmekabine, Tischtennis. Kostenl. Parkplätze.
Tiere: Hunde, Katzen. Kleintiere a.A. Hunde je 4 €/Tag, Katzen und Kleintiere je 2,50 €/Tag. Tiere dürfen sich frei bewegen. Grünflächen rund um das Haus. Entfernung Tierarzt: 13 km, Tierfuttereinkauf: 150 m. Tiere vor Ort: Hund, Fische.
Beschreibung: Unser Haus liegt ruhig am Rande des Ortskerns mit direktem Blick zur Zugspitze. Golfgründerbetrieb, 10 % Ermäßigung bei der Tiroler Zugspitz-Golfanlage.

Lermoos

Haus Bergfrieden

Oberdorf 14, A-6631 Lermoos
Frau Pirchheim, Tel. 0043-5673-2385, Fax 0043-5673-20150
pension.bergfrieden@vienna.at, www.bergfrieden-tirol.at

H K KT

Unterkunft: Ü, ÜF, HP; 1 EZ, 7 DZ, 3 MB, 1 FeWo (2 Zimmer, Balkon)
Preise: EZ 16 bis 28 €/Tag, DZ 34 bis 49 €/Tag, MB 34 bis 70 €/Tag, HP 15 €, FeWo 2-5 Pers. 40-95 €/Tag, Endreinigung 30 €, Pauschalangebote a.A., Kurtaxe
Ausstattung: DU, Bad, WC, TV, gl. Böden/Teppichb. Brötchenservice, Frühstück. Kostenl. Parkpl.
Tiere: Hunde, Katzen. Kleintiere a.A. Alle Tiere kostenlos. Näpfe, Hundetoilettenbeutel. Kleiner Vorrat an Hunde- und Katzenfutter. Tiere dürfen sich frei bewegen, angeleint im Frühstücksraum und Rest. Grünflächen um das Haus. Hundetoiletten in der Nähe. Entfernung Tierarzt: 20 km, Tierfuttereinkauf: 500 m. Tiere vor Ort: Hund, Katze.
Beschreibung: Wandern, Sommerrodelbahn, Panoramabad. Skifahren bis vor die Haustür, Langlauf.

Weißenbach

Gasthof Goldenes Lamm

★★★

Oberbach 14, A-6671 Weißenbach
Roland Schweissgut, Tel. 0043-5678-5216, Fax 0043-5678-5734
info@goldenes-lamm.at, www.goldenes-lamm.at

H K KT

Unterkunft: ÜF, HP; 2 EZ, 14 DZ, 3 MB, 1 Familienzimmer
Preise: EZ 30,50 bis 38 €/Tag, DZ 49 bis 62 €/Tag, Zuschlag HP 11,50 bis 12,50 € (ab 4 Übernachtungen)
Ausstattung: DU, Bad, WC, TV, Teppichboden. Rest. Kostenl. Parkpl.
Tiere: Hunde, Katzen, Kleintiere. Hund 2,50 bis 5 €/Tag, andere Tiere kostenlos. Kleiner Vorrat an Hundefutter. Tiere dürfen sich frei bewegen, angeleint im Frühstücksraum und Restaurant. Grünflächen rund um das Haus. Tierarzt: 9 km, Tierfuttereinkauf: 200 m. Tiere vor Ort: Pferde.
Beschreibung: Angebot: 7 Tage bleiben, 6 bezahlen. Hausprospekt.

Jungholz

Haus Cornelia

★★★★

Haus Nr. 77, A-6691 Jungholz
Edmund Lochbihler, Tel. und Fax 0043-5676-8159
edmund@nextra.at, www.haus-cornelia.com

H K KT

Unterkunft: Ü; 2 FeWo mit Wohn-/Schlafraum
Preise: 2 bis 4 Pers. 35 bis 60 €/Tag, weitere Pers. 8 €/Tag, Endreinigung 26 €, Pauschalangebote a.A.
Ausstattung: DU, WC, KÜ, TV, Teppichb. Brötchenserv. Kostenl. Parkpl.
Tiere: Hunde, Katzen. Kleintiere a.A. Alle Tiere kostenlos. Decke, Näpfe, Spielzeug. Tiere dürfen sich frei bewegen, auch im Garten und auf der Terrasse. Grünflächen rund um das Haus. Tierarzt: 5 km, Tierfuttereinkauf: 50 m.
Kinder: Spielzeug, Malbücher, Kinderbücher, Garten.
Beschreibung: Gepflegte Ferienwohnungen am Südhang.

Jungholz

Landhaus Edmund

★★★

Haus Nr. 118, A-6691 Jungholz
Cornelia Lochbihler, Tel. 0043-5676-8407, Fax 0043-5676-8421
www.connys.info

H K KT

Unterkunft: Ü; 3 FeWo
Preise: 2 bis 6 Pers. 38 bis 70 €/Tag, weitere Pers. 8 €/Tag, Endreinigung 26 €, Pauschalangebote a.A.
Ausstattung: DU, WC, KÜ, TV, Teppichboden. Brötchenservice. Garten, Terrasse, Balkon. Kostenlose Parkplätze.
Tiere: Hunde, Katzen. Kleintiere a.A. Alle Tiere kostenlos. Näpfe. Vorrat an Katzen-, Nager-, Vogelfutter. Tiere dürfen sich frei bewegen. Tierarzt: 5 km, Tierfuttereinkauf: 50 m.
Beschreibung: Gemütliche Ferienwohnungen mitten im Grünen. Südhang, herrlicher Blick in die Tiroler und Allgäuer Berge.

Eichenberg — Ferienwohnungen Mühlenhof

Lutzenreute 26, A-6911 Eichenberg
Anneliese Sohler, Tel. und Fax 0043-5573-83587
anneliese.sohler@aon.at, www.tiscover.at/annelies.sohler

Unterkunft: Ü, ÜF; 3 FeWo (WZ/SZ, bzw. Wohnküche, 1 SZ ca. 55 qm)
Preise: 2 bis 6 Pers. ab 42 €/Tag. Pauschalangebote a.A.
Ausstattung: DU, Bad, WC, KÜ, Waschmasch., Sat-TV, glatte Böden, Balkon, separater Eingang. Kostenlose Parkplätze.
Tiere: Hunde, Katzen. Kleintiere a.A. Alle Tiere kostenlos. Tiere dürfen sich frei bewegen. Grünflächen um das Haus. Tierarzt/Tierfuttereinkauf: 8 km. Tiere vor Ort: Bauernhoftiere.
Kinder: Spielecke, große Spiel-/Liegewiese, Kleinkinderausstattung.
Beschreibung: Unser Bauernhof ist ruhig gelegen mit einem fantastischen **Blick auf den Bodensee**. Dreiländereck.

Sibratsgfäll — Landgasthof Waldrast

★★

Sausteig 133, A-6952 Sibratsgfäll
Günter Michel, Tel. 0043-5513-6430, Fax 0043-5513-4170
info@waldrast.co.at, www.gasthof-waldrast.at

Unterkunft: Ü, ÜF, HP, VP; 2 EZ, 6 DZ, 2 MB
Preise: EZ 27-31 €/Tag, DZ 54-62 €/Tag, Zuschl. HP 12 €, VP 20 €
Ausstattung: DU, WC, TV, gl. Böden/Teppichb., NR-Zimmer. Rest.
Tiere: Hunde, kostenlos. Decke, Näpfe, Hundetoilettenbeutel. Tiere dürfen sich frei bewegen, angeleint im Hausbereich, Frühstücksraum und Rest. Grünflächen um das Haus. Tierarzt und Tierfuttereinkauf: 6 km. Tiere vor Ort: 1 Neufundländer, 1 Belgische Schäferhündin.
Beschreibung: Familiäre Atmosphäre, gute Küche. Viele Wandermöglichkeiten. Erholung inmitten der herrlichen Bergwelt.

Podersdorf am See — Gästehaus "Am Seeufer"

★★

Seeufergasse 10, A-7141 Podersdorf am See
Anita Gisch, Tel. 0043-699-11805350 (Mobil), Fax 0043-2177-2337
anita.gisch@utanet.at, www.gaestehaus-seeufer.at

Unterkunft: ÜF; 2 EZ, 5 DZ, 3 MB, 1 App.
Preise: EZ 22 bis 25 €/Tag, DZ 40 bis 44 €/Tag, MB und App. a.A.
Ausstattung: DU, WC, Teppichboden, NR-Zimmer, Balkon. Kostenlose Parkplätze.
Tiere: Hunde, Katzen, Pferde. Kleintiere a.A. Pferd: Box mit Koppelauslauf je 13 €/Tag, Hunde je 2 €/Tag, Katzen kostenlos. Kleiner Vorrat an Pferdefutter vorhanden. Tiere dürfen sich frei bewegen, angeleint im Hausbereich, kein Zutritt zum Frühstücksraum. Grünflächen um das Haus, eingezäuntes Grundstück. Entfernung Tierarzt: 8 km, Tierfuttereinkauf: 500 m. Tiere vor Ort: Katze.
Beschreibung: Das Gästehaus liegt direkt am See, ländlicher Baustil, gemütliche Atmosphäre.

Frohnleiten

Hotel Frohnleitnerhof

Hauptplatz 14 A, A-8130 Frohnleiten
Rezeption, Tel. 0043-3126-4150, Fax 0043-3126-4150-555
info@frohnleitnerhof.at, www.frohnleitnerhof.at

H K

Unterkunft: ÜF, HP, VP; 29 DZ

Preise: DZ als EZ 54 €/Tag, DZ 86 €/Tag, Zuschlag HP 10,20 €/Tag. Pauschalangebote a.A.

Ausstattung: DU, WC, TV, Telefon, Fax-/Modemanschluss, Teppichboden, Fön, Terrasse, Restaurant, Bar.

Sonstiges: Lift, Hausbrauerei, Trocken- und Kräutersauna, Dampfbad. Parkhaus gegen Gebühr.

Tiere: Hunde, Katzen, je 5 €/Tag. Fress-/Wassernapf. Tiere dürfen sich frei bewegen, angeleint im Frühstücksraum und Restaurant. Grünflächen rund um das Haus. Entfernung Tierarzt und Tierfuttereinkauf: vor Ort.

Beschreibung: Der malerische historische Markt mit seiner einzigartigen Murfassade und den üppigen Blumen- und Gartenanlagen bietet ein unvergleichliches Ambiente. Komfortable Zimmer mit großzügigen Balkonen in Südwestlage mit Murblick. Großzügige Saunalandschaft. Ausgezeichnetes Restaurant mit einladender Außenterrasse, bestens sortierter Weinkeller, gemütliche Braustube mit eigener Hausbrauerei und naturtrübem Frohnleitner Bier. Ausgedehnte Wander- und Radwege, idealer Ausgangspunkt für viele attraktive Ausflugsziele (Graz, Steirische Weinstraße etc.) und kulturelle Veranstaltungen. Partnerhotel der Golfclubs Murhof, Maria Lankowitz und Bad Gleichenberg. Bitte Hausprospekt anfordern.

ÖSTERREICH

Schladming

Appartementhaus Handlos
★★★★

Augasse 521, A-8970 Schladming
Werner Handlos, Tel. 0043-3687-226330 o. 0043-664-1833833, Fax 0043-3687-226333
info@handlos.com, www.handlos.com

H K KT

Unterkunft: Ü, ÜF; 4 DZ, 7 Suiten, 8 App.
Preise: DZ 98 bis 148 €/Tag, App. 2-7 Pers. 70 bis 300 €/Tag
Ausstattung: DU, Bad, WC, TV, glatte Böden/Teppichboden. Frühstücksbuffet. Wellness-Oase mit Stollensauna.
Tiere: Hunde, Katzen. Kleintiere a.A. Hund 8 €/Tag, Katzen kostenlos. Näpfe, Spielzeug. Kleiner Vorrat an Hundefutter. Tiere dürfen sich frei bewegen, angeleint im Frühstücksraum. Grünflächen um das Haus. Tierarzt: 1 km, Tierfuttereinkauf: 50 m. Tiere vor Ort: Hund.
Beschreibung: Feng-Shui Gartenanlage. Trinkbrunnen mit Granderwasser.

Bad Aussee

Gasthof Staud'nwirt
★★★

Grundlseer Str. 21, A-8990 Bad Aussee
Karin Wilpernig, Tel. 0043-3622-54565, Fax 0043-3622-52427
karin.wilpernig@aon.at, www.aussee.at/staudnwirt

H K

Unterkunft: Ü, ÜF, HP, VP; 1 EZ, 7 DZ, 6 MB, 1 FH
Preise: EZ 33-36 €/Tag, DZ 66-72 €/Tag, HP 10 €, VP 16 €
Ausstattung: DU, WC, TV, Teppichb. Rest. Beim Gasthof: Swimmingpool, Flussbad-Traun, Liegewiese. Kostenl. Parkplätze.
Tiere: Hunde, Katzen. Hunde je 2 €/Tag, Katzen kostenlos. Näpfe. Tiere dürfen sich frei bewegen, angeleint im Frühstücksraum, Rest. und am Spielplatz. Grünflächen um das Haus. Tierarzt: 3 km, Tierfuttereinkauf: 2,5 km. Tiere vor Ort: Hunde, Katzen, Hasen.
Beschreibung: 2,5 km außerhalb von Bad Aussee, am Fluss gelegen.

St. Kanzian

FeWos Presslauer-Mori

Quellweg 8, A-9122 St. Kanzian am Klopeinersee
Irmgard Mori, Tel. 0043-4239-3125, Fax 0043-4239-3745
fewo-presslauer-mori@gmx.at, www.fewo-presslauer-mori.de.vu

H KT

Unterkunft: Ü; 6 FeWo, 2 oder 3 Wohnräume, Balkon oder Terrasse.
Preise: 2 bis 5 Pers. 21 bis 88 €/Tag, Endreinigung 26 €
Ausstattung: DU, WC, KÜ, Waschmasch., Sat-TV, gl. Böden/Teppichb. Garten, Pool. Kostenl. Parkpl.
Tiere: Hunde. Kleintiere a.A. Hunde kostenlos. Näpfe. Tiere dürfen sich frei bewegen, außer auf dem Spielplatz. Grünflächen rund um das Haus. Hundetoiletten in der Nähe. Entfernung Tierarzt: 1 km, Tierfuttereinkauf: 500 m. Tiere vor Ort: Katze.
Kinder: Sandkasten, Schaukel, Plansch-Schildkröte.
Behind. Einr.: Eine Ferienwohnung mit ebenerdigem Zugang.
Beschreibung: Ca.10 Gehminuten vom Klopeinersee entfernt in sonniger ruhiger Lage. Hausprospekt.

Treffen - Gerlitzenalpe

Sonnenhotel Zaubek

★★★★

H KT

Kanzelhöhe 7, A-9521 Treffen/Ossiachersee
Fr. Friederike, Tel. 0043-4248-2713, Fax 0043-4248-271361
zaubek@sonnenhotel.com, www.sonnenhotel.com

Unterkunft: HP
Zimmer: 8 EZ, 16 DZ, 5 Suiten
Preise: EZ 60 bis 120 €/Tag, DZ 140 bis 240 €/Tag, Suite 86 bis 135 €/Tag/Person. Preise inkl. Verwöhnhalbpension, Pauschalangebote auf Anfrage, Kinderermäßigung 50-90%
Ausstattung: DU, Bad, WC, TV, Fax/Modemanschluß, Teppichboden, Fön, Bademäntel, Safe, Sitzecke.
Sonstiges: Hallenbad, Sauna, Dampfgrotte, Solarien, Lift, Tennisplatz. Infrarotkabine, Badekabine am See. Kostenlose Parkplätze.
Tiere: Hunde. Kleintiere a.A. Alle Tiere kostenlos. Hundespeisekarte, Handtücher, Gassidienst. Kleiner Vorrat an Hundefutter. Tiere dürfen sich frei bewegen, außer im Speisesaal 1 und Spielplatz, angeleint in Frühstücksraum und Restaurant. Grünflächen rund um das Haus. Entfernung Tierarzt und Tierfuttereinkauf: 20 km.
Kinder: Spielplatz, Spielzimmer, Kindermenüs, Kinderbetreuung ab 3 J.
Beschreibung: 1500 m Panoramalage mit 2000 Sonnenstunden pro Jahr über dem Ossiachersee, 20 km von Villach. Blick auf ganz Kärnten, herrliche Gassiwege, geführte Wanderungen, ruhige Lage in klarer Bergluft. Bestes aus Küche und Keller, modernes Skigebiet, Skischule, Winterwanderwege, Kinderbetreuung (ab 3 Jahren) und Spielzimmer. Bitte Hausprospekt oder Angebot per E-Mail anfordern.

Bad Kleinkirchheim

Haus Ilse

Bernsteinweg 24, A-9546 Bad Kleinkirchheim
✉ Ilse Abl, Ankershofenstr. 8, A-9020 Klagenfurt, Tel. und Fax 0043-4635-12690
oder Tel. 0043-4240-661, ilse.abl@aon.at, www.tiscover.at/haus-ilse

H K KT

Unterkunft: Ü; 1 FH, 2 SZ, WZ, Balkon.
Preise: 1-6 Pers. 40-145 €/Tag, Endrein. 28 €, Pauschalang. a.A.
Ausstattung: DU, Bad, WC, KÜ, Spül-/Waschmaschine, Sat-TV, gl. Böden, Wäscheservice, Wanderkarten. Kostenl. Parkpl. u. Garage.
Tiere: Hunde, Katzen. Kleintiere a.A. Alle Tiere kostenlos. Decke, Näpfe. Vorrat an Tierfutter. Tiere dürfen sich frei bewegen. Grünflächen ums Haus. Tierarzt: im Ort, Tierfuttereink.: 2 km.
Kinder: Spiele, Bücher, Tischtennis, Baumhaus, Schaukel.
Beschreibung: Ruhige und sonnige Südhanglage in 1250 m Höhe, über Kleinkirchheim, umgeben von Wiesen und Wäldern.

Jenig

Das kleine Feriendorf

Jenig 41, A-9631 Jenig
Margrit Brinkmann, Tel. 0043-4285-542, Fax 0043-4285-23101
office@daskleineferiendorf.at, www.daskleineferiendorf.at

H K KT

Unterkunft: Ü; 6 FH auf 5000 qm Grundstück
Preise: 3 bis 5 Pers. 38 bis 115 €/Tag, Strom nach Verbrauch
Ausstattung: DU, WC, KÜ, Waschmaschine, TV, glatte Böden. Wäsche- und Brötchenservice.
Sonstiges: Grillplatz, Pool, Tischtennis, Waschraum mit Geräten. Kostenlose Parkplätze.

Tiere: Hunde, Katzen. Kleintiere a.A. Hunde, Katzen je 18 €/Woche. Decke, Näpfe, Hundetoilettenbeutel. Vorrat an Hunde-/Katzenfutter. Tiere dürfen sich frei bewegen. Grünflächen um das Haus. Tierarzt: 10 km, Tierfuttereinkauf: 2 km. Tiere vor Ort: Hund, Katzen.
Kinder: Sandkasten, Spielgeräte.
Beschreibung: Ruhiges Feriendorf in der Naturarena Kärnten. Pressegger See und Weißensee in der Nähe. Winter: Skiarena Kärnten/Nassfeld, 5 Autominuten zu den Liften. Abenteuer Alpen: Rafting, Trekking, Wandern, Biken. Bitte Hausprospekt anfordern.

Oberdrauburg-Irschen

Haus Weger

Simmerlach 94, A-9781 Oberdrauburg-Irschen
Aloisia Weger, Tel. und Fax 0043-4710-3104
birgit_weger@gmx.net

H K KT

Unterkunft: ÜF; 2 FeWo 2-5 Pers., 2 SZ, Wohn-KÜ, Südbalkon
Preise: 27 bis 44 €/Tag, exklusive Endreinigigung
Ausstattung: DU, Bad, WC, Radio, Sat-TV, gl. Böden/Teppichb. Wäsche-/Brötchenservice, Gartengrill, Spiel-/Liegewiese. Tischtennis.
Tiere: Hunde, Katzen. Kleintiere a.A. Alle Tiere kostenlos. Grünflächen ums Haus. Tiere dürfen sich frei bewegen. Tierarzt und Tierfuttereinkauf: 300 m. Tiere vor Ort: Katze, Hasen.
Beschreibung: **Kräuterdorf Irschen**: Idealer Ausgangspunkt für Wanderungen und Radtouren, Schwimmen, Reiten. Winter: Langlauf, Skifahren, Eislaufen. Ganzjahresbetrieb.

Mallnitz
Hotel Alpengarten
★★★★

Rabisch 11, A-9822 Mallnitz
Petra Angermann, Tel. 0043-4784-8100, Fax 0043-4784-810015
info@alpengarten.at, www.alpengarten.at

H K KT

Unterkunft: Ü, ÜF, HP, VP; 2 EZ, 10 DZ, 12 MB, 6 Suiten
Preise: EZ 43,60 bis 61,77 €/Tag, DZ 79,94 bis 130,82 €/Tag, Preise inklusive HP, Zuschlag VP 10 €, Pauschalangebote a.A.
Ausstattung: DU, Bad, WC, TV, Teppichboden, Minibar, Safe. Restaurant, Bar.
Tiere: Hunde, Katzen. Kleintiere a.A. Alle Tiere kostenlos. Decke, Näpfe, Vorrat an Tierfutter. Tiere dürfen sich frei bewegen, angeleint in Frühstücksraum, Rest. und Spielplatz. Grünflächen um das Haus. Tierarzt und Tierfuttereinkauf: 1 km. Tiere vor Ort: Hunde, Katzen, Esel, Streichelzoo.
Beschreibung: Bitte Hausprospekt anfordern.

Obermillstatt
Ferienwohnungen Cichini

A-9872 Obermillstatt 158
Margarete Cichini, Tel. und Fax 0043-4766-3533
cichini@aon.at, http://members.a1.net/cichini

H K KT

Unterkunft: Ü; 6 FeWo, 1-2 SZ, 1 WZ/SZ, Balkone, Terrasse oder Wintergarten
Preise: 2 bis 6 Pers. 44 bis 104 €/Tag, Endreinigung bis 36 €, Kurtaxe, Strom
Ausstattung: DU, WC, KÜ, Spül-/Waschmaschine, Sat-TV, gl. Böden. Wäsche-/Brötchenservice. Babyausstattung, Sauna, große Liegewiese, Tischtennis. Gratis Baden und Parken.
Tiere: Hunde, Katzen. Kleintiere a.A. Hund, Katze je 2,18 €/Tag. Tiere dürfen sich frei bewegen. Grünflächen rund um das Haus. Tierarzt: 8 km, Tierfuttereinkauf: 3 km.
Kinder: Kinderspielplatz, Spiele, Tischfußball, Rutsche, Sandkasten.
Beschreibung: Obermillstatt am Millstätter See, 824 m Seehöhe, Familien-/Kinderparadies, Berg-See-Natur-Kultur-Erlebnis. Kärnten-Card für 100 Ausflugsabenteuer (ca. 32 €).

Millstatt
Pension + FeWo-Haus Sedlak
★★★

Zopfenkopfweg 12, A-9872 Millstatt/See
Isabella Sedlak, Tel. 0043-4766-2114, Fax 0043-4766-211450
pension.sedlak@stn.at, www.pension-sedlak.at

H K KT

Unterkunft: Ü, ÜF; 2 EZ, 8 DZ, 3 MB, 9 FeWo (1-3 SZ, bis 6 Personen)
Preise: EZ ab 31 €/Tag, DZ ab 52 €/Tag, FeWo 1-2 Pers. ab 65 €/Tag, Pauschalangeb. a.A.
Ausstattung: Pension: DU, WC, Fön, TV, Radio, Tel., gl. Böden/Teppichb. FeWo: DU, Bad, WC, KÜ, gl. Böden/Teppichb., Balkon. Radverleih, Tischtennis. Kostenlose Parkpl.
Tiere: Hunde, Katzen. Kleintiere a.A. Hunde und Katzen kostenlos. Tiere dürfen sich frei bewegen, auch auf dem Badeplatz und im Wasser. Grünflächen um das Haus. Automaten mit Hundetoilettenbeutel. Tierarzt: 3 km, Tierfuttereinkauf: 1 km.
Kinder: Spielplatz.
Beschreibung: Eigener Badestrand. Unser Haus ist von einem 13.000 qm großen Garten umgeben.

St. Veit
Alpengasthof Pichler
★★★

Gsaritzen 13, A-9962 St. Veit in Def./Osttirol
Fam. Pichler, Tel. 0043-4879-311, Fax 0043-4879-31111
c.pichler@tirol.com, www.tiscover.com/pichler

H

Unterkunft: ÜF, HP; 1 EZ, 18 DZ, 3 MB, 4 FeWo
Preise: EZ 28-34 €/Tag, DZ 50-64 €/Tag, HP 10 €, FeWo: 2-6 Pers. 42-85 €/Tag. Kinder bis 5 J. gratis, bis 14 J. 50%.
Ausstattung: DU, Bad, WC, TV, Tel., Teppichb., teilw. Balkon. Nette Saunalandschaft mit Massagen. Kostenl. Parkplätze.
Tiere: Hunde, kostenlos. Tiere dürfen sich frei bewegen, angeleint in Frühstücksraum, Rest. und Spielplatz. Grünflächen um das Haus. Tierarzt: 20 km, Tierfuttereinkauf: vor Ort.
Beschreibung: Unser Alpengasthof liegt am Sonnenhang des Defereggentales mitten im Nationalpark "Hohe Tauern".

St. Jakob — Gäste-Appartementhaus Hafele

★★★

Unterrotte 108, A-9963 St. Jakob in Def./Osttirol
Dietmar und Ingrid Hafele, Tel. 0043-4873-6344, Fax 0043-4873-634419
hafele.dietmar@utanet.at, www.hafeledietmar.at

P H K KT

Unterkunft: Ü, ÜF, HP; 4 EZ, 4 DZ, 4 MB, 12 App.
Preise: EZ 17-25 €/Tag, DZ 34-50 €/Tag, Zuschl. HP 12 €, App. a.A.
Ausstattung: Pension: DU, Bad, WC, TV, Tel., Teppichb., Balkon. Rest.
Tiere: Hunde, Katzen, Pferde. Kleintiere a.A. Alle Tiere kostenlos. Tiere dürfen sich frei bewegen. Grünflächen um das Haus. Tierarzt: 35 km, Tierfuttereinkauf: 100 m.
Kinder: Spielplatz, Spielzimmer, Kinderbecken, Tischtennis, Tischbillard, Minigolf, beleuchtete Kinderrodelbahn.
Beschreibung: Urlaubserlebnis total: Schwimmbad, Sauna, Solarium, Fitnessraum, Grillstation, Tennis, Volleyball, Basketball.

Matrei — Hotel Goldried

★★★★

Goldriedstr. 15, A-9971 Matrei in Osttirol
Hotel Goldried GmbH, Tel. 0043-4875-61130, Fax 0043-4875-6061
hotelgoldried@tirol.com, www.goldried.at

H K KT

Unterkunft: Ü, HP; 13 DZ, 39 MB, 63 Appartements
Preise: EZ 58,50-82 €/Tag, DZ 101-152 €/Tag, Preise inkl. HP, App. 2-8 Pers. 53,50-199 €/Tag. Pauschalangeb. a.A.
Ausstattung: DU, Bad, WC, TV, Safe, NR-Zimmer. Restaurant, Bar, Lift, Brötchendienst, Solarium, Sauna, Frei- u. Hallenbad.
Tiere: Hunde, Katzen. Kleintiere a.A. Hunde und Katzen je 10 €/Tag. Näpfe. Tiere dürfen sich frei bewegen. Grünflächen rund um das Haus. Entfernung Tierarzt und Tierfuttereinkauf: 1 km. Tiere vor Ort: Katzen.
Beschreibung: Hoher Wohnkomfort, exzellente Küche, persönl. Betreuung.

ÖSTERREICH

Matrei — Matreier Tauernhaus

★★

Tauer 22, A-9971 Matrei
Frau Brugger, Tel. 0043-4875-8811, Fax 0043-4875-881112
matreier.tauernhaus@aon.at, www.matreier-tauernhaus.at

H K KT

Unterkunft: ÜF, HP; 5 EZ, 20 DZ, 11 MB
Preise: EZ 25 bis 33 €/Tag, DZ 40 bis 56 €/Tag, Zuschlag HP 8 €, MB a.A.
Ausstattung: DU, Bad, WC, glatte Böden/Teppichboden, teilweise Balkon. Restaurant, Bar.
Sonstiges: Wellnessbereich, Sauna. Kostenl. Parkplätze.
Tiere: Hunde, Katzen. Kleintiere a.A. Hunde, Katzen kostenlos. Tiere dürfen sich frei bewegen, angeleint im Hausbereich, Frühstücksraum und Rest. Grünflächen um das Haus. Tierarzt und Tierfuttereinkauf: 14 km. Tiere vor Ort: Hund, Katzen, Pferde, Esel, Ziegen, Schweine, Hasen.
Kinder: Spielplatz, Streichelzoo.
Beschreibung: Alpengasthof (gegründet 1207) auf 1512 m Höhe, mitten im Nationalpark "Hohe Tauern". Wanderungen, Bergsteigen, Kutschfahrten.

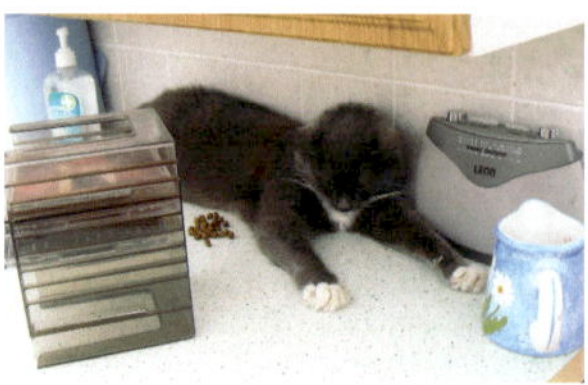

Schweiz

Reise-Informationen:

Schweiz Tourismus
Postfach 16 07 54
D-60070 Frankfurt a.M.

Tel. 00800 - 100 200 30 (gratis)
Fax 00800 - 100 200 31 (gratis) *(Tel./Fax sind Rufnummern innerhalb Deutschlands)*

E-Mail: info@myswitzerland.com
Internet: www.myswitzerland.com

Einreise mit Hund und / oder Katze:
Amtstierärztliches Gesundheitszeugnis, nicht älter als 30 Tage
Gültiger Impfpass, vorschriftsmäßige Tollwutimpfung (Impfung vor mindestens 30 Tagen und höchstens 12 Monaten).
In Waldgebieten gilt Leinenzwang.
Leinen- und Maulkorbzwang regional möglich.

Hinweis:
Änderungen und evt. spezielle Bestimmungen **für die Einreise mit anderen Tieren** (z. B. amtstierärztliche Untersuchung an der Grenze, Cites-Papiere) erfahren Sie bei der zuständigen Botschaft oder Ihrem Amtstierarzt. Die neuesten gültigen Bestimmungen erfahren Sie beim
Bundesverband der beamteten Tierärzte
Kronacher Straße 30
D-96215 Lichtenfels
Tel. 09571-18232, Fax 09571-18123
E-Mail: Bbt-lif@t-online.de, Internet: www.amtstieraerzte.de.
Über die Mitnahmebedingungen für Tiere bei Flugreisen informieren Sie sich bitte bei der entsprechenden Fluggesellschaft.

Fotoimpressionen Schweiz

Hoffentlich läßt er mir noch was übrig !

Abkühlung im Gebirgsbach

Fotoimpressionen Schweiz

Die läuft gar nicht weg?

Bergsee bei Braunwald

Fotoimpressionen Schweiz

Reiterurlaub in der Schweiz

Fotoimpressionen Schweiz

Der Schnee ist ganz schön kalt...

...ich find ihn herrlich!

Mulhouse
Belfort
Basel
Jura
Doubs
Doubs
Biel
Neuchâtel
Lac de Neuchâtel
Huttwil - S.145
Bern
Fribourg
Interlaken
Iseltwald - S.143
Grindelwald - S.143
Lac-Léman
Lausanne
Berner Alpen
Leukerbad - S.144
Wallis
Mörel - S.145
Genève
Grimentz - S.145

Singen
Schaffhsn.
Konstanz
Friedrichshafen
Kempten
Bodensee
Lindau
Winterthur
Allgäuer Alpen
Bregenz
Wienacht - S.150
rich
St.Gallen
urg - S.146
uzern - S.146
Schwyz
Obstalden - S.149
Vaduz
Triesenberg/FL - S.150
Vorarl-berg
Rickenbach - S.147
Bad Ragaz - S.149
Braunwald - S.150
Glarner Alpen
S.146
Chur
Davos - S.148
Lenzerheide-Sporz - S.148
Graubünden
Tessin
Ascona - S.147
L.Maggiore
Lugano
Lugano - S.148
Bissone - S.147
L.di Como
Varese
Lecco

Alphabetisches Ortsverzeichnis Schweiz

Willkommene Tiere:
H = Hund
K = Katze
KT = Kleintier
P = Pferd

Iseltwald — Hotel Chalet Du Lac ★★★

CH-3807 Iseltwald
Sascha Abegglen u. Susanne Frewein, Tel. 0041-338-458458, Fax 0041-338-458459
abegglen@dulac-iseltwald.ch, www.dulac-iseltwald.ch

H K

Unterkunft: ÜF, HP; 4 EZ, 17 DZ
Preise: EZ 90 bis 135 CHF/Tag, DZ 150 bis 240 CHF/Tag, MB 210 bis 330 CHF/Tag, Zuschlag HP 35 CHF
Ausstattung: DU, WC, TV, Telefon, Teppichboden, teilweise Balkon. Restaurant.
Sonstiges: Kostenlose Parkplätze.
Tiere: Hunde, Katzen. Alle Tiere kostenlos. Kleiner Vorrat an Hundefutter. Tiere dürfen sich frei bewegen, angeleint in Frühstücksraum und Restaurant. Grünflächen rund um das Haus. Hundetoilettenbeutel-Automaten in der Nähe. Tierarzt und Tierfuttereinkauf: 10 km. Tiere vor Ort: Hund.
Beschreibung: 3-Sterne-Hotel im Chaletstil; familiäre Atmosphäre. An der malerischen Fischerbucht von Iseltwald direkt am Brienzersee gelegen. Komfortable Zimmer mit wunderschöner Aussicht auf Berge und See. Fischspezialitäten und traditionelle Schweizer Küche. Große Terrasse und Seegarten. Bitte Hausprospekt anfordern.

Grindelwald — Chalet Am Hang ★★★

Am Hang, CH-3818 Grindelwald
Fam. Kusel, Tel. 0041-33-8533720, Fax 0041-33-8533721
chalet.amhang@bluewin.ch, http://amhang.grindelwald.com

H K KT

Unterkunft: Ü; 2 FeWo, 22 qm (Studio), 60 qm, 2 Zimmer
Preise: 50-90 CHF/Tag, weitere Pers. 10 CHF/Tag. Pauschalangebote a.A.
Ausstattung: DU, WC, KÜ, glatte Böden/Teppichboden. Wäscheservice. Kostenlose Parkplätze.
Tiere: Hunde, Katzen. Kleintiere a.A. Alle Tiere kostenlos. Decke, Fress-/Wassernapf, Gassidienst. Tiere dürfen sich frei bewegen, außer im Blumengarten. Grünflächen rund um das Haus. Entfernung Tierarzt: 8 km, Tierfuttereinkauf: 1 km. Tiere vor Ort: Katze.
Beschreibung: Wohnen am Wanderweg zum Wetterhorn. 5 Minuten von der Hauptstraße entfernt, Südseite mit freiem Blick gegen den Eiger.

Grindelwald — Chalet Gletscherblick

Baumen-Mühlebach, CH-3818 Grindelwald
Walter Geier, Rebenweg 12, CH-4419 Lupsingen, Tel. 0041-61-9110515

H K

Unterkunft: Ü; 2 FeWo, 1mal 2 bis 3 Betten, 1mal 3 bis 5 Betten
Preise: 2 bis 5 Pers. 39 bis 71 CHF/Tag, Pauschalangebote a.A.
Ausstattung: DU, WC, KÜ, Mikrowelle, TV, Teppichboden.
Tiere: Hunde, Katzen. Alle Tiere kostenlos. Tiere dürfen sich frei bewegen. Grünflächen rund um das Haus. Entfernung Tierarzt und Tierfuttereinkauf: 3 km.
Beschreibung: Direkt an Skipiste und Wanderwegen gelegen, am sonnigen Südhang des Gletscherdorfes Grindelwald im Berner Oberland (1230 m) im Angesicht von Wetterhorn, Eiger, Mönch und Jungfrau. Hausprospekt vorhanden.

SCHWEIZ

Grindelwald

Chalet Hollandia

★★

Bussalpstraße, CH-3818 Grindelwald
Mieke Homberger, Tel. 0041-33-8533263, Fax 0041-33-8535563
j.homberger@popnet.ch

H K KT

Unterkunft: Ü; 1 Appartement, WZ mit Kochnische
Preise: 1 bis 2 Pers. 40 bis 50 CHF/Tag, Kur- und Beherbergungstaxe 3,60 CHF/Tag
Ausstattung: DU, WC, KÜ, TV, glatte Böden. Kostenlose Parkplätze.
Tiere: Hunde, Katzen. Kleintiere a.A. Alle Tiere kostenlos. Tiere dürfen sich frei bewegen. Grünflächen rund um das Haus. Automaten mit Hundetoilettenbeutel in der Nähe. Entfernung Tierarzt: 20 km, Tierfuttereinkauf: 2 km.
Beschreibung: Ruhige Lage in Einfamilienhaus oberhalb von Grindelwald mit guter Zufahrt, im Winter Schneeketten erforderlich. Ideale Ausgangslage für Wanderungen im Sommer wie im Winter.

Grindelwald

Chalet Rocky Docky

CH-3818 Grindelwald/Grund
✉ Christina von Puttkamer, Kleinstraße 41, D-81379 München, Tel. 089-72407936
christinavp@gmx.net, www.grindelwald-chalet.de

H K KT

Unterkunft: Ü; 1 FeWo mit 4 Betten
Preise: 1 bis 4 Pers. 65 bis 115 CHF/Tag, Endreinigung 50 CHF
Ausstattung: DU, WC, TV, Küche, glatte Böden, Babybett. Grillplatz. Kostenloser Parkplatz.
Tiere: Hunde, Katzen. Kleintiere a.A. Alle Tiere kostenlos. Tiere dürfen sich frei bewegen. Grünflächen rund um das Haus. Tierarzt: 18 km, Tierfuttereinkauf: 1 km.
Beschreibung: Chalet Rocky Docky liegt am Fuß der Eigernordwand, in unmittelbarer Nähe der Jungfraubahn und Männlichen-Gondel.

Grindelwald

Chalet Trixi

CH-3818 Grindelwald/Grund
✉ Christina von Puttkamer, Kleinstraße 41, D-81379 München, Tel. 089-72407936
christinavp@gmx.net, www.grindelwald-chalet.de

H K KT

Unterkunft: Ü; 1 FeWo mit 6 Betten
Preise: 1 bis 6 Pers. 90 bis 150 CHF/Tag, Endreinigung 70 CHF
Ausstattung: DU, 2 WC, KÜ, Spülmasch., TV, Videorecorder, Teppichb., Babybett. Grillplatz, Gartenmöbel. Kostenl. Parkplätze.
Tiere: Hunde, Katzen. Kleintiere a.A. Alle Tiere kostenlos. Körbchen, Decke, Fress-/Wassernapf. Tiere dürfen sich frei bewegen. Grünflächen rund um das Haus. Entfernung Tierarzt: 18 km, Tierfuttereinkauf: 1 km.
Beschreibung: Das Gletscherdorf Grindelwald in den Berner Alpen ist ein einzigartig schönes Ski- und Wandergebiet.

Leukerbad

Hotel Bristol

★★★★

Rathausstr. 41, CH-3954 Leukerbad
S. Kappes, O. Jenny, Tel. 0041-27-4727500, Fax 0041-27-4727552
bristolleuk@bluewin.ch, www.bristolleukerbad.ch

H K

Unterkunft: ÜF, HP, VP; 8 EZ, 65 DZ, 4 MB, 1 Suite
Preise: EZ 130-170 CHF/Tag, DZ 230-300 CHF/Tag, MB 310-370 CHF/Tag, Suite 450-650 CHF/Tag, HP 50 CHF, VP 80 CHF
Ausstattung: Bad, WC, TV, Teppichb., Minibar, Balkon oder Terrasse, NR-Zimmer. Rest., Bar. Große Wellnessanlage mit 3 Schwimmbäder, Thermalquelle. Parkplatz 8 CHF/Tag.
Tiere: Hunde, Katzen, je 15 CHF/Tag. Fress-/Wassernapf. Tiere dürfen sich frei bewegen. Grünflächen rund um das Haus. Automaten mit Hundetoilettenbeutel in der Nähe. Entfernung Tierarzt: 15 km, Tierfuttereinkauf: 500 m.
Beschreibung: Badehotel Bristol (Juni 2001 renoviert). Bitte Hausprospekt anfordern.

Grimentz

Grimentz-Location

★★★

H K KT

CH-3961 Grimentz/Wallis
Karin Salamin, Tel. 0041-27-4753131, Fax 0041-27-4753031
info@grimentz-location.ch, www.grimentz-location.ch

Unterkunft: Ü; 13 Chalets, 43 Studios und Ferienwohnungen
Preise: 40 bis 200 CHF/Tag, Pauschalangebote a.A.
Ausstattung: DU, Bad, WC, KÜ, TV, Mikrowelle, Spül-/Waschmasch., Tel., gl. Böden/Teppichboden. Kostenlose Parkplätze.
Tiere: Hunde, Katzen. Kleintiere a.A. Hunde und Katzen kostenlos. Hundetoilettenbeutel. Tiere dürfen sich angeleint bewegen. Grünflächen um das Haus. Tierarzt: 25 km, Tierfuttereinkauf: im Ort.
Beschreibung: Wunderschönes altes Walliser Dorf. Skipisten bis vor die Haustüre, Wandern, Klettern, Erholung pur...

Mörel-Breiten

Hotel Salina Maris

★★★★

H K KT

CH-3983 Mörel-Breiten
Fam. Schmid, Tel. 0041-27-9284242, Fax 0041-27-9284241
info@salina.maris.ch, www.salina.maris.ch

Unterkunft: ÜF, HP; 5 EZ, 17 DZ, 3 MB, 3 Suiten
Preise: EZ 145-160 CHF/Tag, DZ 232-266 CHF/Tag, HP 29-36 CHF
Ausstattung: DU, Bad, WC, Radio/TV, Minibar. NR-Zimmer, Bar, Wellnessbereich, Internetcorner. Kostenl. Parkpl., Parkhaus.
Tiere: Hunde, Katzen. Kleintiere a.A. Hund/Katze je 5 CHF/Tag. Näpfe. Vorrat an Hunde-/Katzenfutter. Tiere dürfen sich frei bewegen, angeleint in Frühstücksraum/Rest. u. Garten. Grünflächen um das Haus. Tierarzt: 8 km, Tierfuttereinkauf: 900 m. Tiere vor Ort: Hunde, Katzen, Vögel.
Beschreibung: Einziges schweiz. anerkanntes alpines Thermalsolebad.

Huttwil

Hotel Mohren

★★★

H

Marktgassse 5, CH-4950 Huttwil
Fritz Graber, Tel. 0041-62-9622010, Fax 0041-62-9622011
info@mohren-huttwil.ch, www.mohren-huttwil.ch

Unterkunft: Ü, ÜF, HP, VP; 4 EZ, 20 DZ 8 MB
Preise: EZ 90 CHF/Tag, DZ 160 CHF/Tag, HP 25, VP 50 CHF
Ausstattung: DU, Bad, WC, TV, Teppichb., Minibar, NR-Zimmer. Rest., Lift, Seminarräume, großer Saal, Garten. Kostenl.Parkpl.
Tiere: Hunde, kostenlos. Decke. Tiere dürfen sich frei bewegen, angeleint in Frühstücksraum und Rest. Grünflächen: 100 m, Tierarzt: 1 km, Tierfuttereinkauf: 10 m.
Beschreibung: Huttwil, 45 Autominuten von Luzern, liegt am Rande von Emmental. Die Alpen sind in 1 Autostunde erreichbar. Eishalle, Sportanlagen, Schaukäsen, Wandern, Fahrrad fahren.

Luzern

Hotel Alpha

Zähringerstraße 24, CH-6003 Luzern
Judith Seeberger, Tel. 0041-41-2404280, Fax 0041-41-2409131
info@hotelalpha.ch, www.hotelalpha.ch

H K KT

Unterkunft: ÜF; 14 EZ, 18 DZ, 6 MB
Preise: EZ 65 bis 95 CHF/Tag, DZ 92 bis 130 CHF/Tag, MB a.A.
Ausstattung: DU, WC (teilw. Etagen-DU/WC), NR-Zimmer, gl. Böden.
Tiere: Hunde, Katzen. Kleintiere a.A. Hunde und Katzen kostenlos. Tiere dürfen sich frei bewegen, angeleint im Hausbereich und Frühstücksraum. Automaten mit Hundetoilettenbeutel in der Umgebung. Grünanlage: 500 m, Tierarzt: 1 km, Tierfuttereinkauf: 500 m.
Kinder: Babybetten, Kindersitze, Aufenthaltsraum mit Spielsachen.
Beschreibung: Ruhiges, zentral gelegenes, preiswertes Hotel.

Rothenburg

Express by Holiday Inn

★★★

Luzerner Raststätte A2, CH-6023 Rothenburg
Adrian de Souza, Tel. 0041-41-2882828, Fax 0041-41-2882929
info@holidayinn.ch, www.expressluzern.com

H K

Unterkunft: ÜF; 60 DZ
Preise: DZ als EZ 135-160 CHF/Tag, DZ 135-160 CHF/Tag
Ausstattung: DU, WC, TV, Telefon, Modemanschluß, Teppichboden, Fön, In-house-Movies, NR-Zimmer. Lift. Kostenlose Parkplätze.
Tiere: Hunde, Katzen. Alle Tiere kostenlos. Tiere dürfen sich frei bewegen, angeleint in Frühstücksraum/Rest. Grünflächen um das Haus. Hundetoilettenbeutel-Automaten in der Nähe. Tierarzt und Tierfuttereinkauf: 17 km.
Beschreibung: Bitte Hausprospekt anfordern.

Engelberg

Hotel Crystal

★★★

Dorfstr. 45, CH-6390 Engelberg
Fam. Eugster, Tel. 0041-41-6372122, Fax 0041-41-6372979
info@crystal-engelberg.ch, www.crystal-engelberg.ch

H K

Unterkunft: Ü, ÜF, HP, VP; 3 EZ, 24 DZ davon 6 MB, 1 Suite, 1 FeWo, 1 App.
Preise: EZ 90-140 CHF/Tag, DZ 160-240 CHF/Tag, MB 210-270 CHF/Tag, Suite 120-160 CHF/Tag, HP 30 CHF, VP 55 CHF, FeWo/App.: 2-7 Pers. 180-260 CHF/Tag, Endreinig. 50 CHF
Ausstattung: DU, Bad, WC, Radio/TV, Telefon, Teppichboden, Minibar, Fön, NR-Zimmer. Wäsche-/Brötchenservice, Restaurant, Bar, Wellnessbereich. Kostenl. Parkplätze.
Tiere: Hunde, Katzen. Alle Tiere kostenlos. Freß-/Wassernapf. Vorrat an Katzenfutter. Tiere dürfen sich frei bewegen, angeleint in Frühstücksraum und Restaurant. Entfernung Grünflächen: 400 m, Tierarzt: 10 km, Tierfuttereinkauf: 200 m.
Beschreibung: Bitte Hausprospekt anfordern.

Rickenbach

Erlebnishütte Mauser

Ibergereggstrasse, CH-6432 Rickenbach b. Schwyz
✉ Thomas Bürgler, Mangelegg 98, CH-6430 Schwyz
Tel. 0041-41-8117082, Fax 0041-41-8118073
thomas.buergler@schwyz.net, www.schwyz.net/erlebnishuette

H K KT

Unterkunft: Ü; 1 FH für 4 bis 13 Personen
Preise: 4 Personen 120 bis 150 CHF/Tag, nur wochenweise Vermietung
Ausstattung: DU, WC, KÜ, Mikrowelle, TV, Fax-/Modemanschluß, glatte Böden/Teppichboden. Kostenlose Parkplätze.
Tiere: Hunde, Katzen. Kleintiere a.A. Alle Tiere kostenlos. Tiere dürfen sich frei bewegen. Grünflächen rund um das Haus. Tierarzt und Tierfuttereinkauf: 5 km.
Beschreibung: Für Sommer- und Winterurlaub geeignet. Direkt an der Skipiste mit insgesamt 30 Anlagen.

Ascona

Hotel Casa Berno

★★★★

CH-6612 Ascona
Pierre Goetschi, Tel. 0041-91-7913232, Fax 0041-91-7921114
hotel@casaberno.ch, www.casaberno.ch

H

Unterkunft: HP; 8 EZ, 45 DZ, 11 Suiten
Preise: EZ 262 CHF/Tag, DZ 430-510 CHF/Tag, Preise inkl. HP
Ausstattung: Bad, WC, TV, Fax-/Modemanschluß, Teppichboden, Minibar, Safe, Fön. Restaurant, Lift, Sauna, Fitness, Schwimmbad, Fahrräder. Kostenlose Parkplätze.
Tiere: Hunde, 14 CHF/Tag. Tiere angeleint im Hausbereich, kein Zutritt zu Frühstücksraum und Rest. Grünflächen um das Haus. Tierarzt und Tierfuttereinkauf: 3 km.
Beschreibung: Hotel mit Panoramaaussicht. Spazierwege direkt vor dem Haus. Bitte Hausprospekt anfordern.

Bissone b. Lugano

Hotel Campione

★★★

Via Campione 62, CH-6816 Bissone b. Lugano
Herr Rast, Tel. 0041-91-6401616, Fax 0041-91-6401600
info@hotel-campione.ch, www.hotel-campione.ch

H K KT

Unterkunft: ÜF, HP, VP; 7 EZ, 23 DZ, 5 MB, 5 Suiten
Preise: EZ 102-152 CHF/Tag, DZ 154-244 CHF/Tag, HP 35 CHF, VP 56 CHF, Pauschalang. a.A.
Ausstattung: DU, Bad, WC, Radio/TV, Tel., glatte Böden/Teppichb., Minibar, Safe. Rest., Bar, Lift, Swimming-Pool, Elektromobil-Tankstelle. Kostenlose Parkplätze, Parkhaus geg. Geb.
Tiere: Hunde, Katzen. Kleintiere a.A. Alle Tiere je 8 CHF/Tag. Hundetoilettenbeutel. Tiere dürfen sich frei bewegen, angeleint in Frühstücksraum und Rest. Hundetoiletten und Hundetoilettenbeutel-Automaten in der Nähe. Grünflächen rund um das Haus. Tierarzt: 7 km, Tierfuttereinkauf: 500 m. Tiere vor Ort: Hund, Papagei.
Beschreibung: Bitte Hausprospekt anfordern.

Lugano — Best Western Hotel Albatro ★★★

Via Clemente Maraini 8, CH-6907 Lugano
P. L. Bravin, Tel. 0041-91-9210921, Fax 0041-91-9210927
info@albatro.ch, www.albatro.ch

Unterkunft: ÜF, HP; 40 DZ
Preise: DZ als EZ 125 bis 185 CHF/Tag, DZ 175 bis 240 CHF/Tag, MB 215 bis 280 CHF/Tag, Zuschlag HP 32 CHF
Ausstattung: DU, Bad, WC, TV, Fax-/Modemanschluß, Teppichboden, Minibar, Safe, Klimaanlage, NR-Zimmer. Restaurant, Bar.
Sonstiges: Außenschwimmbad, Garten. Parkhaus geg. Geb.
Tiere: Hunde, Katzen. Hund 15 CHF/Tag, Katze 10 CHF/Tag. Näpfe, Hundetoilettenbeutel. Kleiner Vorrat an Tierfutter. Tiere dürfen sich frei bewegen, kein Zutritt zum Hotelrestaurant. Grünflächen um das Haus. Hundetoiletten und Hundetoilettenbeutel-Automaten in der Nähe. Tierarzt: 1,5 km, Tierfuttereinkauf: 500 m.
Beschreibung: Das Hotel Albatro ist ganzjährig geöffnet und befindet sich in unmittelbarer Nähe des Stadtzentrums von Lugano. Bitte Hausprospekt anfordern.

Lenzerheide-Sporz — Romantik Hotel Guarda Val ★★★★

Val Sporz, CH-7078 Lenzerheide-Sporz
Erich Kurzen, Tel. 0041-81-3858585, Fax 0041-81-3858595
hotel@guardaval.ch, www.guardaval.ch

Unterkunft: ÜF, HP; 24 DZ, 10 MB, 2 Suiten
Preise: DZ als EZ 190 bis 240 CHF/Tag, DZ 290 bis 380 CHF/Tag, MB 450 bis 540 CHF/Tag, Suite 590 bis 1400 CHF/Tag, Zuschlag HP 50-90 CHF, Pauschalangebote a.A.
Ausstattung: DU, Bad, WC, TV, Fax-/Modemanschluß, Teppichboden, Minibar, Safe.
Sonstiges: 2 Restaurants, Bar. Sauna, Solarium. Gratisnutzung der Bergbahnen im Sommer, Gästeprogramm. Kostenlose Parkplätze.
Tiere: Hunde, Katzen, Pferde. Hunde und Katzen je 20 CHF/Tag, Pferd 50 CHF/Tag. Decke, Näpfe, Hundefuttervorrat, Pferdeboxen. Hunde dürfen sich frei bewegen, angeleint im Restaurant. Grünflächen rund um das Haus. Hundetoiletten in der Nähe. Tierarzt und Tierfuttereinkauf: 2 km. Tiere vor Ort: Hund, Katze.
Beschreibung: Bitte Hausprospekt anfordern.

Davos Platz — FeWo-Vermittlung Agentur S

Talstr. 62, CH-7270 Davos Platz
Heidi Schmid, Tel. und Fax 0041-81-4161266
agenturs@bluewin.ch, www.appa.ch

Unterkunft: Ü; 1 FH, 36 FeWo
Preise: Ab 40 CHF/Tag. Pauschalangebote a.A.
Ausstattung: DU, Bad, WC, KÜ, Spülmaschine, Waschmaschine, TV, glatte Böden und Teppichboden. Kostenlose Parkplätze, Parkhaus gegen Gebühr.
Tiere: Hunde, Katzen. Kleintiere a.A. Alle Tiere kostenlos. Fress-/Wassernapf. Tiere dürfen sich frei bewegen. Grünflächen rund um das Haus. Automaten mit Hundetoilettenbeutel in der Nähe. Entfernung Tierarzt: 2 km, Tierfuttereinkauf: 1 km.
Beschreibung: Davos ist ein idealer Ort für Hundefreunde. Es gibt sogar eine Hundelanglaufloipe. Bitte Hausprospekt anfordern.

Davos Platz — Hotel Heiss

★★

Obere Str. 11, CH-7270 Davos Platz
Helga Reinhard, Tel. 0041-81-4136248, Fax 0041-81-4133690
hotel.heiss@bluewin.ch, www.a-o.ch/7270-heiss

H K

Unterkunft: ÜF, HP; 2 EZ, 8 DZ, 2 MB
Preise: EZ 75-149 CHF/Tag, DZ 120-230 CHF/Tag, HP 25 CHF, Pauschalangebote a.A.
Ausstattung: DU, WC, Radio/TV, Tel., Teppichb., Minibar, Safe. Kostenl. Parkpl., Parkhaus g. Geb.
Tiere: Hunde, Katzen. Alle Tiere kostenlos. Tiere dürfen sich frei bewegen, angeleint in Frühstücksraum/Rest. Grünflächen rund um das Haus. Hundetoiletten und Hundetoilettenbeutel-Automaten in der Nähe. Tierarzt: 2 km, Tierfuttereinkauf: 300 m.
Beschreibung: Familienhotel mit persönlicher Atmosphäre. Ruhige, sonnige, zentrale Lage in Davos, mit Aussicht auf die umliegenden Berge. Garten. Nähe Bus, Post und Bahnhof. Wandern, Skilaufen, Langlauf (Hundeloipe), Eislaufen. Bitte Hausprospekt anfordern.

Bad Ragaz — Hotel Torkelbündte

★★★

Fläscherstraße 21 A, CH-7310 Bad Ragaz
Frau Landolt, Tel. 0041-81-3004466, Fax 0041-81-3004479
info@torkelbuendte.ch, www.torkelbuendte.ch

H K

Unterkunft: ÜF; 6 EZ, 6 DZ
Preise: EZ 79 bis 86 CHF/Tag, DZ 148 bis 162 CHF/Tag
Ausstattung: DU, WC, TV, Tel. Teppichb., Safe, Balkon, gl. Böden.
Tiere: Hunde, Katzen, kostenlos. Agility im Ort. Tiere dürfen sich frei bewegen, angeleint im Hausbereich, kein Zutritt zum Frühstücksraum. Hundetoiletten und Automaten mit Hundetoilettenbeutel in der Umgebung. Grünflächen um das Haus. Tierarzt: 500 m, Tierfuttereinkauf: 300 m. Tiere vor Ort: Hund (Cairn Terrier).
Beschreibung: Komfortable, familiäre Pension. Herzlich Willkommen.

Obstalden — Churfirstenblick

★★★

Boden, CH-8758 Obstalden
✉ Berti Sägesser, Grubenstr. 35, CH-4900 Langenthal, Tel. 0041-62-922-8608

H K KT

Unterkunft: Ü; 1 FH (7-8 Betten und 1 Kinderbett)
Preise: 4 Pers. 70 CHF/Tag, jede weitere Pers. 5 CHF/Tag, Endreinigung 95 CHF
Ausstattung: DU, Bad, 2 WC, KÜ, Waschmaschine, TV, glatte Böden/Teppichboden.
Sonstiges: Kostenlose Parkplätze.
Tiere: Hunde, Katzen. Kleintiere a.A. Alle Tiere kostenlos. Decke, Fress-/Wassernapf. Tiere dürfen sich frei bewegen, außer auf dem Spielplatz. Grünflächen rund um das Haus. Entfernung Tierarzt: 8 km, Tierfuttereinkauf: 1 km.
Kinder: Sandkasten, Spiele.
Beschreibung: Alleinstehendes, kinderfreundliches Einfamilienhaus mit Garten. Sonniger, ruhiger Sommersitzplatz (teilweise gedeckt). Lage: Kerenzerberg, Obstalden Gl. In der Nähe sind Sportbahnen, Hallenbad und Minigolfanlage. Bitte Hausprospekt anfordern.

Braunwald

Hotel Alpenblick
★★★

CH-8784 Braunwald
Fam. Gredinger, Tel. 0041-55-6431544, Fax 0041-55-6431975
alpenblick@spectraweb.ch, www.doghotel.ch

H K KT

Unterkunft: ÜF, HP, VP; 17 EZ, 35 DZ davon 8 MB, 1 Suite
Preise: EZ 105-145 CHF/Tag, DZ 180-260 CHF/Tag, MB 170-250 CHF/Tag, HP 30 CHF, VP 50 CHF, Pauschalang. a.A.
Ausstattung: DU, Bad, WC, Radio/TV, Tel., Minibar. Rest., Bar, Internet-Café, Outdoor-Billard, Hundeshop, Kino, Tischtennis.
Tiere: Hunde, Katzen. Kleintiere a.A. Alle Tiere je 8 CHF/Tag. Näpfe. Hundefuttervorrat. Tiere dürfen sich frei bewegen, angeleint in Frühstücksraum und Rest. Grünflächen um das Haus. Tierarzt: 8 km, Tierfuttereinkauf: 300 m.
Beschreibung: Braunwald ist ein autofreier Ort. Hausprospekt vorhanden.

Wienacht

Hotel Seeblick

CH-9405 Wienacht
Fam. Bittel, Tel. 0041-71-8913141, Fax 0041-71-8912944
info@hotel-seeblick.ch, www.hotel-seeblick.ch

H K KT

Unterkunft: Ü, ÜF, HP, VP; 3 EZ, 15 DZ, 2 Suiten,10 Bungalow-App.
Preise: EZ 120-122 CHF/Tag, DZ 200-204 CHF/Tag, MB 204-234 CHF/Tag, HP 25 CHF, VP 35 CHF, Pauschalangebote a.A.
Ausstattung: DU, WC, TV, Teppichb., NR-Zimmer, Rest. Kostenl. Parkpl.
Tiere: Hunde, Katzen. Kleintiere a.A. Hund/Katze je 8 CHF/Tag, andere Tiere kostenlos. Decke, Hundetoilettenbeutel. Tiere dürfen sich frei bewegen. Grünflächen rund um das Haus. Hundetoiletten u. Hundetoilettenbeutel-Automaten in der Nähe. Tierarzt: 5 km, Tierfuttereinkauf: 3 km.
Beschreibung: Bitte Hausprospekt anfordern.

Triesenberg/FL

Alpenhotel Malbun
★★★

9497 Triesenberg/Fürstentum Liechtenstein
Vibeke Voegeli, Tel. 00423-2631181, Fax 00423-2639646
info@alpenhotel.li, www.alpenhotel.li

H K KT

Unterkunft: ÜF, HP, VP; 3 EZ, 20 DZ
Preise: EZ 80-100 CHF/Tag, DZ 120-160 CHF/Tag, HP/VP a.A.
Ausstattung: DU, Bad, WC, TV, Tel., Teppichboden, Minibar, Balkon. Restaurant, Lift, Hallenbad. Kostenlose Parkplätze.
Tiere: Hunde, Katzen. Kleintiere a.A. Alle Tiere kostenlos. Näpfe, Spielzeug, Hundetoilettenbeutel. Kleiner Vorrat an Hundefutter. Tiere dürfen sich frei bewegen, angeleint in Frühstücksraum und Restaurant. Grünflächen um das Haus. Tierarzt und Tierfuttereinkauf: 12 km
Beschreibung: Das Haus mit der ältesten Hoteltradition in Malbun.

Frankreich

Reise-Informationen:

Fremdenverkehrsamt für Frankreich
Zeppelinallee 37
D-60325 Frankfurt a.M.

Tel. 0900 - 1 57 00 25 (0,49 €/Min)
Fax 0900 - 1 59 90 61 (0,49 €/Min)
(Tel./Fax sind Rufnummern innerhalb Deutschlands)

E-Mail: info.de@franceguide.com
Internet: www.franceguide.com

Für die Einreise mit Hund und / oder Katze in EU-Mitgliedstaaten gelten folgende Bestimmungen:
Kennzeichnung mit Mikrochip oder gut lesbarer Tätowierung (Tätowierung wird nur bis 3. Juli 2011 anerkannt).
EU-Heimtierausweis mit dem Eintrag der gültigen Tollwutimpfung (Impfung vor mindestens 30 Tagen und höchstens 12 Monaten).

Die Einreise mit Pitbullterriern und Tosas sowie deren Kreuzungen ist verboten. Schutz- und Wachhunde (frz. Kategorie 2 Hunde) dürfen nur mit Maulkorb einreisen und müssen an der Leine geführt werden.

Hinweis:
Änderungen und evt. spezielle Bestimmungen **für die Einreise mit anderen Tieren** (z. B. amtstierärztliche Untersuchung an der Grenze, Cites-Papiere) erfahren Sie bei der zuständigen Botschaft oder Ihrem Amtstierarzt. Über die Mitnahmebedingungen für Tiere bei Flugreisen informieren Sie sich bitte bei der entsprechenden Fluggesellschaft.

Fotoimpressionen Frankreich

Wo ist mein Surfbrett?

Fotoimpressionen Frankreich

Die Bretagne-Küste

Wo bleibt Ihr denn?

Fotoimpressionen Frankreich

Die Seele baumeln lassen

Und weiter geht die wilde Jagd

Fotoimpressionen Frankreich

Ich will auch mitspielen

Ein Schiff wird kommen...

Golfe de St. Malo
Rouen
Trégunc - S.160
Rennes
le Mans
St. Gildas - S.161
Nantes
Angers
Tours
FRANKREI
Foussais - S.162
Limoges
Gironde
Bordeaux
Golf von
Biskaja
Santander
Messanges - S.160
Bilbao
San
Sebastián
Toulouse
Pamplona
Iruñea

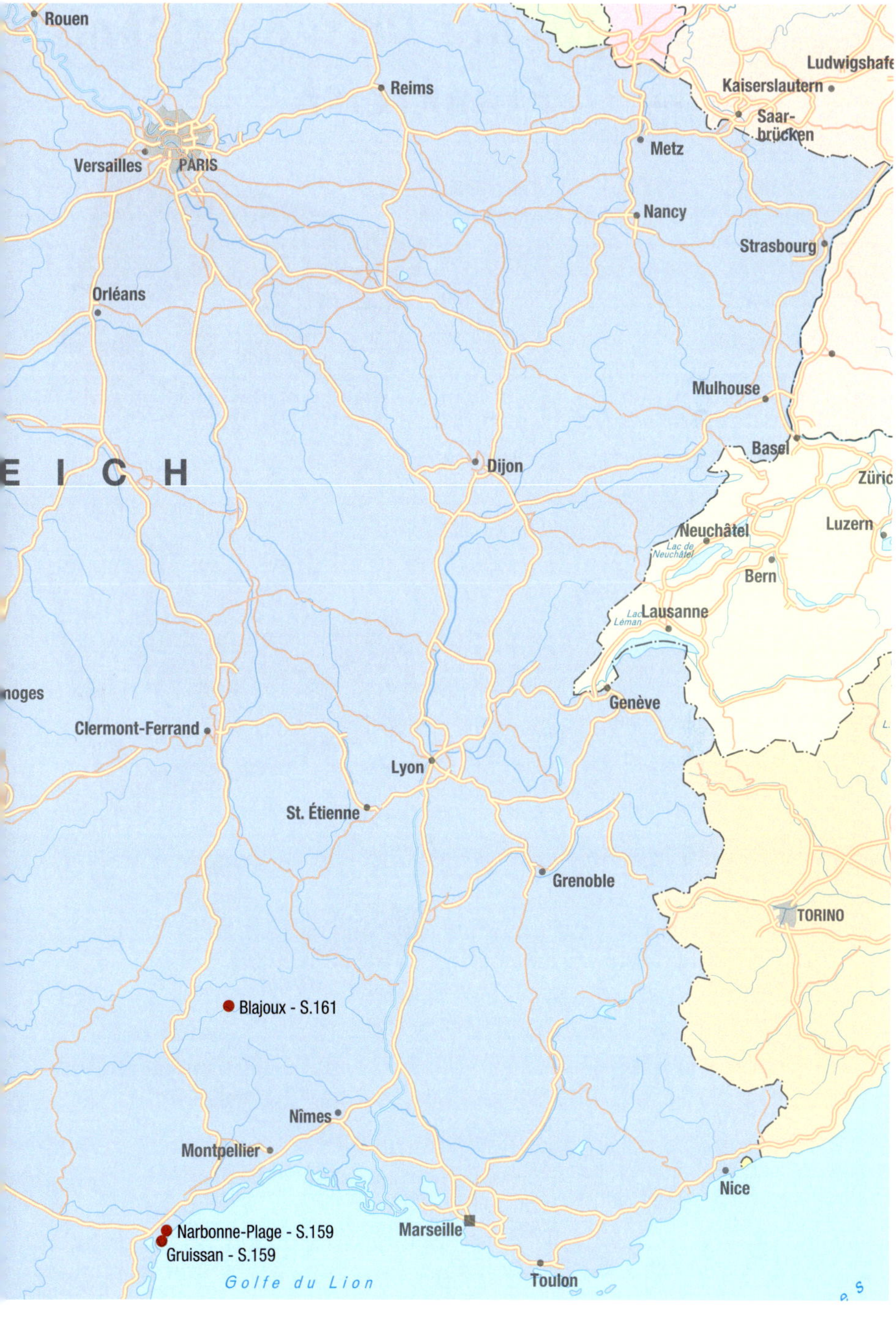
Rouen
Reims
Ludwigshafe
Kaiserslautern
Saar-
brücken
Versailles
PARIS
Metz
Nancy
Strasbourg
Orléans
Mulhouse
Basel
E I C H
Dijon
Züric
Luzern
Neuchâtel
Lac de Neuchâtel
Bern
Lac Léman
Lausanne
noges
Genève
Clermont-Ferrand
Lyon
St. Étienne
Grenoble
TORINO
Blajoux - S.161
Nîmes
Montpellier
Nice
Narbonne-Plage - S.159
Gruissan - S.159
Marseille
Toulon
Golfe du Lion

Alphabetisches Ortsverzeichnis Frankreich

Willkommene Tiere:
H = Hund
K = Katze
KT = Kleintier
P = Pferd

Narbonne-Plage — Ferienhaus "Villa Marine"

Le Hameau de la Plage 15, F-11100 Narbonne-Plage
✉ Frau Herrnberger, Vor dem Tore 61, D-47279 Duisburg
Tel. 0203-723391, Mobil 0177-3965589, Fax 0203-6086590
ruth.herrnberger@web.de, www.mittelmeer-ferienhaus.de

Unterkunft: Ü; 1 FH (90 qm, 3 SZ, WZ/Eßzimmer, Dachterrasse)
Preise: 250-890 €/Woche, zuzügl. Endreinig., Energiekost. Nov-März
Ausstattung: Bad, DU, 2 WC, KÜ, Spül-/Waschmaschine, Sat-TV.
Tiere: Hunde, kostenlos. Tiere dürfen sich frei bewegen. Grünflächen um das Haus, eingezäuntes Grundstück. Entfernung Tierarzt: 8 km, Tierfuttereinkauf: 2 km.
Kinder: Hochstuhl, Kinderbett.
Beschreibung: 250 m vom Strand und Naturgebiet "La Clape" entfernt, in einer gepflegten, mediterranen Ferienresidenz gelegen.

Gruissan — Ferienhaus "La Baie du Levant"

La Baie du Levant 16, F-11430 Gruissan
✉ Frau Herrnberger, Vor dem Tore 61, D-47279 Duisburg
Tel. 0203-723391, Mobil 0177-3965589, Fax 0203-6086590
ruth.herrnberger@web.de, www.exklusiv-ferienhaus.de

Unterkunft: Ü; 1 FH (100 qm, 3 SZ, WZ/Eßzimmer)
Preise: 350-950 €/Woche, zuzügl. Endreinig., Energiekost. Nov-März
Ausstattung: Bad, 2 WC, KÜ, Spülmaschine, Mikrowelle, Sat-TV, Stereoanlage, Balkon, 2 Terrassen, großer Wintergarten.
Tiere: Hunde, kostenlos. Tiere dürfen sich frei bewegen. Grünflächen um das Haus, eingezäuntes Grundstück. Automaten mit Hundetoilettenbeutel in der Nähe. Entfernung Tierarzt: 3 km, Tierfuttereinkauf: 800 m.
Kinder: Hochstuhl, Kinderbett, Spielsachen, Bilderbücher.
Beschreibung: Traumhafter Blick, exponierte Lage.

Gruissan — Ferienhaus "La Maison Marine"

Les Maldives 26, F-11430 Gruissan
✉ Frau Herrnberger, Vor dem Tore 61, D-47279 Duisburg
Tel. 0203-723391, Mobil 0177-3965589, Fax 0203-6086590
ruth.herrnberger@web.de, www.exklusiv-ferienhaus.de

Unterkunft: Ü; 1 FH (55 qm, 2 SZ, WZ/Eßzimmer)
Preise: 190-690 €/Woche, zuzügl. Endreinig., Energiekost. Nov-März
Ausstattung: Bad, 2 WC, KÜ, Spülmaschine, TV, Terrasse 25 qm
Tiere: Hunde, kostenlos. Tiere dürfen sich frei bewegen. Grünflächen um das Haus, eingezäuntes Grundstück. Automaten mit Hundetoilettenbeutel in der Nähe. Entfernung Tierarzt: 3 km, Tierfuttereinkauf: 1 km.
Kinder: Hochstuhl, Kinderbett, Spielsachen, Bilderbücher.
Beschreibung: 50 m vom Strand entfernt. Ortskern, Yachthafen, Naturgebiet "La Clape" und Restaurants zu Fuß erreichbar.

Trégunc

Ferienhaus Maison Carnot

1480, Route de la Pont de Trévignon, F-29910 Trégunc
✉ Jürgen Hansmann, Konrad-Adenauer-Str. 4, D-50374 Erftstadt
Tel. 02235-460354, Fax 02235-460355
jrhansmann@t-online.de, www.jrhansmann.de

H K

Unterkunft: Ü; 1 FH (4 SZ, 1 WZ, bis 7 Pers.)
Preise: ab 650 €/Woche, Endreinigung 100 €, Heizung 8 €/Tag
Ausstattung: 2 Bäder, 2 WC, KÜ, Spül- und Waschmaschine, TV, Kamin. Balkon, Terrasse mit Gartenmöbeln.
Tiere: Hunde, Katzen. 2 Hunde kostenlos, weitere a.A., Katzen kostenlos. Tiere dürfen sich frei bewegen. Grünflächen um das Haus, 2200 qm eingezäuntes Grundstück. Entfernung Tierfuttereinkauf: 3 km.
Beschreibung: Das Haus ist ruhig an einer kleinen Küstenstraße gelegen. Der Strand ist 80 m entfernt.

Messanges

Ferienhaus Dumont

82, Lotissement des Plantanes, F-40660 Messanges
✉ Jürgen Hansmann, Konrad-Adenauer-Str. 4, D-50374 Erftstadt
Tel. 02235-460354, Fax 02235-460355
jrhansmann@t-online.de, www.jrhansmann.de

H K KT

Unterkunft: Ü; 1 FH (2 SZ, 1 WZ, bis 5 Pers.)
Preise: ab 446 €/Woche, zuzügl. Endreinigung, Energiekosten
Ausstattung: Bad, WC, KÜ, Spül-/Waschmaschine, Kamin. Terrasse mit Gartenmöbeln, Außengrill mit Barbecue. Parkplatz.
Tiere: Hunde, Katzen. Kleintiere a.A. Hunde, Katzen kostenlos. Tiere dürfen sich frei bewegen. Grünflächen um das Haus, 900 qm eingezäuntes Grundstück. Entfernung Tierarzt: 1,5 km, Tierfuttereinkauf: 6 km.
Beschreibung: Das Ferienhaus befindet sich in sehr ruhiger Lage in einem Pinienwald. Der Atlantikstrand ist 2,5 km entfernt.

Blajoux
Ferienhaus "Maison du Soleil"

F-48320 Blajoux
✉ Fam. Gröber, Im Beeke 5, D-37075 Göttingen, Tel. 0551-20529181, Fax 0551-2054955
blajoux@tarnschlucht.de, www.tarnschlucht.de

H K KT

Unterkunft: Ü; 1 FH (45 qm, 2 SZ, 1 WZ/Eßzimmer, bis 5 Pers.)
Preise: ab 330 €/Woche, inklusive Kurtaxe und Energiekosten
Ausstattung: Bad, WC, KÜ, Sat-TV, Radio. Waschmaschine, Terrasse, Gartenmöbel, Grill, Fahrräder, Garage.
Tiere: Hunde, Katzen. Kleintiere a.A. Hunde, Katzen kostenlos. Tiere dürfen sich frei bewegen. Eingezäuntes Grundstück. Nächste Grünanlage 5 Minuten Fußweg. Entfernung Tierarzt: 17 km, Tierfuttereinkauf: 7 km.
Kinder: Kinderbett, Hochstuhl, Schaukel, Sandkasten.
Beschreibung: Ferien in der traumhaften Region der Tarnschlucht.

St. Gildas de Rhuys
Ferienhaus "Villa des Fleures"

Men Maria, F-56730 St. Gildas de Rhuys
✉ Frau Herrnberger, Vor dem Tore 61, D-47279 Duisburg
Tel. 0203-723391, Mobil 0177-3965589, Fax 0203-6086590
ruth.herrnberger@web.de, www.ferienvilla-bretagne.de

H

Unterkunft: Ü; 1 FH (100 qm, 3 SZ, WZ/Eßzimmer)
Preise: 250-950 €/Woche, zuzügl. Endreinig., Energiekost. Nov-März
Ausstattung: 2 Bäder, WC, KÜ, Spülmaschine, Sat-TV, offener Kamin, Gaszentralheizung. Garage, Garten (850 qm), Terrasse.
Tiere: Hunde, kostenlos. Tiere dürfen sich frei bewegen. Grünflächen um das Haus. Tierfuttereinkauf: 1 km.
Beschreibung: Ein romantischer Spazierweg führt Sie in wenigen Minuten zum phantastischen Strand. Geschäfte und Restaurants sind zu Fuß erreichbar.

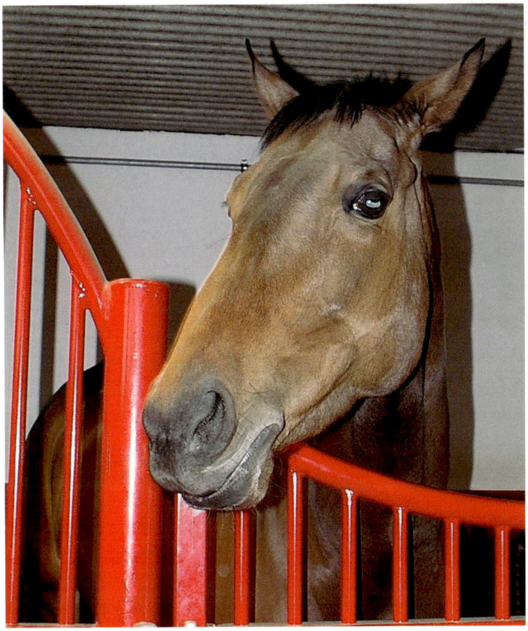

Foussais

Le Refuge Mélusine

★★★

F-85240 Foussais
✉ Alfred Hansknecht, Angerstraße 11, D-45134 Essen,
Tel. 0201-442633, Fax 0201-8439140
alkarlos@yahoo.de, www.urlaubsrefugium.de

H K KT

Unterkunft: Ü; 1 Ferienhaus (7 bis 8 Zimmer)

Preise: 1 bis 6 Personen 52 bis 110 €/Tag, Energie nach Verbrauch, Pauschalangebote a.A.

Ausstattung: DU, Bad, WC, KÜ, Spülmaschine, Mikrowelle, Waschmaschine, Sat-TV, Telefon, Kamin, glatte Böden/Teppichboden.

Sonstiges: Feenzimmer aus dem Roman "Auf Kreuzfahrt mit Mélusine".

Tiere: Hunde, Katzen. Kleintiere a.A. Hunde und Katzen kostenlos. Tiere dürfen sich frei bewegen. Grünflächen um das Haus, eingezäuntes, 2700 qm großes Grundstück. Seeufer (Baden für Hunde erlaubt), Tierarzt und Tierfuttereinkauf: 4 km.

Beschreibung: Das geschmackvolle und komfortable ehemalige Bauernhaus mit einer Wohnfläche von 180 qm, liegt im Süden der Vendée, einem geschichtsträchtigen Landstrich an der französischen Atlantikküste. Das eingezäunte, große Gartengrundstück fügt sich übergangslos in die typische, leicht hügelige Landschaft mit Hecken, Weiden, Feldern und Wäldern ein. Mélusine ist übrigens die legendäre Fee dieses Landstriches, deren Geist in den umliegenden roman(t)ischen Örtchen und Wäldern aus druidischer Zeit deutlich spürbar ist. Durch die Nähe zum Meer (40 km Luftlinie) genießt "Le Refuge Mélusine" eine besonders hohe jährliche Sonnenscheindauer von 2200-2400 Stunden.

Reise-Informationen:

Staatliches Italienisches Fremdenverkehrsamt ENIT
Kaiserstraße 65
D-60329 Frankfurt a.M.

Tel. ++49 (0)69 – 237 430
Fax ++49 (0)69 – 232 894

E-Mail: enit.ffm@t-online.de
Internet: www.enit-italia.de

Für die Einreise mit Hund und / oder Katze in EU-Mitgliedstaaten gelten folgende Bestimmungen:
Kennzeichnung mit Mikrochip oder gut lesbarer Tätowierung (Tätowierung wird nur bis 3. Juli 2011 anerkannt).
EU-Heimtierausweis mit dem Eintrag der gültigen Tollwutimpfung (Impfung vor mindestens 30 Tagen und höchstens 12 Monaten).

Maulkorb und Leine sind mitzuführen.

Hinweis:
Änderungen und evt. spezielle Bestimmungen **für die Einreise mit anderen Tieren** (z. B. amtstierärztliche Untersuchung an der Grenze, Cites-Papiere) erfahren Sie bei der zuständigen Botschaft oder Ihrem Amtstierarzt. Über die Mitnahmebedingungen für Tiere bei Flugreisen informieren Sie sich bitte bei der entsprechenden Fluggesellschaft.

Fotoimpressionen Südtirol

Auf Spurensuche

Eine Ruhe-Oase

Fotoimpressionen Südtirol

Wann reiten wir aus?

Das tut gut...

Fotoimpressionen Südtirol

Auch im Winter eine Reise wert - Südtirol

Alphabetisches Ortsverzeichnis Südtirol

**Italienischer Name in Klammern*

Willkommene Tiere:

H = Hund
K = Katze
KT = Kleintier
P = Pferd

Übersichtskarte Südtirol

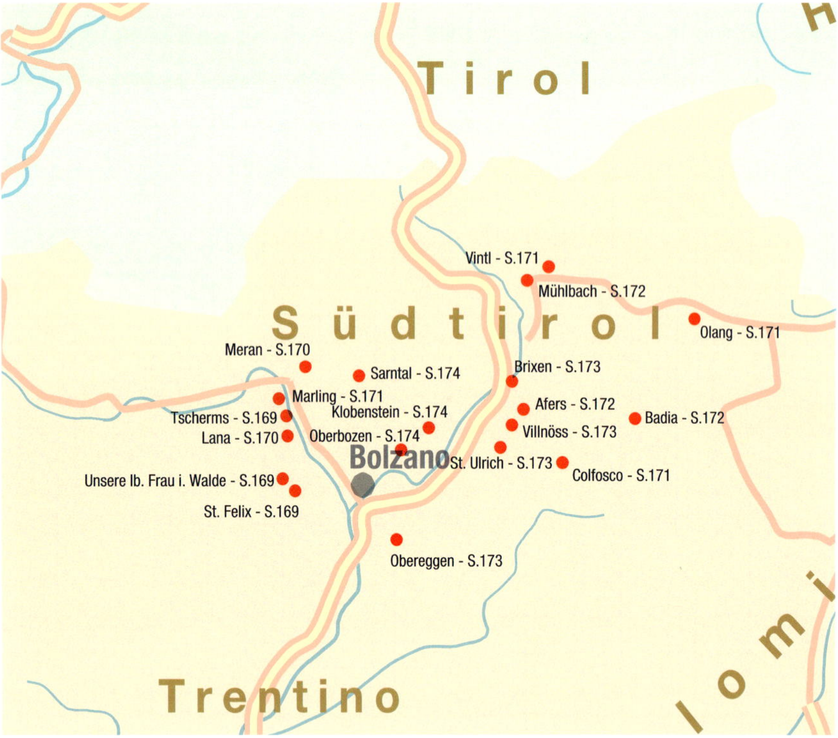

SÜDTIROL

St. Felix

Pension Greti

★★

H K KT

Gampenstr. 39, I-39010 St. Felix
Greti Kofler, Tel. 0039-0463-886226, Fax 0039-0463-885521
info@pension-greti.com, www.pension-greti.com

Unterkunft: ÜF, HP, VP; 1 EZ, 19 DZ
Preise: EZ 27,50-28,50 €/Tag, DZ inkl. HP 53-55 €/Tag, VP a.A.
Ausstattung: DU, WC, TV, Teppichboden, NR-Zimmer. Restaurant, Pizzeria, Bar. Sauna, Parkplätze, Parkhaus kostenlos.
Tiere: Hunde, Katzen. Kleintiere a.A. Alle Tiere kostenlos. Näpfe, Spielzeug. Kleiner Hunde-/Katzenfuttervorrat. Tiere dürfen sich frei bewegen, angeleint im Frühstücksraum/Rest. Grünflächen um das Haus. Tierarzt: 10 km, Tierfuttereinkauf: 7 km. Tiere vor Ort: Hunde, Katzen.
Beschreibung: Wasserfall, Tretsee, Golfanlage und Schwimmbad in 12 km.

Tscherms

Pension Angergut

★★★

H K KT

Gampenstr. 8, I-39010 Tscherms
Brigitte Nock, Tel. 0039-0473-561674, Fax 0039-0473-554303
angergut@rolmail.net, www.rolbox.it/angergut

Unterkunft: Ü, ÜF, HP; 2 EZ, 7 DZ, 2 FeWo (1 x 2 bis 3 Pers., 1 x 4 Pers.)
Preise: EZ 25 bis 30 €/Tag, DZ 50 bis 60 €/Tag, HP 11 bis 13 € FeWo: 2 bis 4 Pers. 55 bis 68 €/Tag. Pauschalangebote a.A.
Ausstattung: Pension: DU, WC, TV, glatte Böden/Teppichboden, Safe. Bar. FeWo: DU, WC, KÜ, TV, Wäsche und Geschirr vorhanden. Brötchenservice.

Sonstiges: Schwimmbad, Tischtennis. Kostenlose Parkplätze.
Tiere: Hunde, Katzen. Kleintiere a.A. Alle Tiere kostenlos. Decke, Fress-/Wassernapf, Spielzeug. Kleiner Vorrat an Hundefutter. Tiere dürfen sich frei bewegen, angeleint in Frühstücksraum und Restaurant. Grünflächen rund um das Haus. Tierarzt und Tierfuttereinkauf: 200 m. Tiere vor Ort: Hund.
Beschreibung: Entfernung nach Meran 5 km, nach Lana 1 km. Bitte Hausprospekt anfordern.

Unsere lb. Frau i. Walde

Gasthof "Zur Sonne"

H K

Malgasolt 33, I-39010 Unsere liebe Frau im Walde
Renate Piazzi, Tel. und Fax 0039-0463-859006
info@gasthofsonne.com, www.gasthofsonne.com

Unterkunft: ÜF, HP, VP; 2 EZ, 8 DZ, 2 Suiten
Preise: EZ 25-28 €/Tag, DZ 48-52 €/Tag, HP 10 €, VP 16 €
Ausstattung: DU, WC, TV, Teppichb., Safe, NR-Zimmer. Rest., Bar. Sonnenterrasse, Tischtennis, Radverleih, kostenl. Parkpl.
Tiere: Hunde, Katzen. Alle Tiere kostenlos. Decke, Näpfe. Kleiner Vorrat an Hunde-/Katzenfutter. Tiere dürfen sich frei bewegen, angeleint in Frühstücksraum/Rest. Tierarzt: 20 km, Tierfuttereinkauf: vor Ort. Tiere vor Ort: Hunde, Katzen.
Beschreibung: Tennisplatz, Eislaufplatz, Wandermöglichkeiten, Bergseen, Wallfahrtskirche. Bitte Hausprospekt anfordern.

Lana

FeWo Hubengut

Am Gries 16, I-39011 Lana
Brigitte Nock, Tel. 0039-0473-561674, Fax 0039-0473-554303
angergut@rolmail.net, www.rolbox.it/angergut

H K KT

Unterkunft: Ü; 6 FeWo (2 x 2 Pers., 3 x 4 Pers., 1 x 5 Pers.)
Preise: 2 bis 5 Personen 50 bis 80 €/Tag
Ausstattung: DU, Bad, WC, KÜ, Waschmaschine, Sat-TV. Lift, Wäsche und Geschirr, Brötchenservice.
Sonstiges: Park, Liegewiese, Grillmöglichkeit. Kostenlose Parkplätze.
Tiere: Hunde, Katzen. Kleintiere a.A. Alle Tiere kostenlos. Decke, Fress-/Wassernapf. Kleiner Vorrat an Hundefutter. Tiere dürfen sich frei bewegen. Grünflächen rund um das Haus. Tierarzt: 1 km, Tierfuttereinkauf: 100 m. Tiere vor Ort: Hund.
Beschreibung: Unser Haus liegt in der Fußgängerzone im Zentrum von Lana, alles zu Fuß erreichbar. Schnatterpeckaltar. Kirchen- und Wanderwege beginnen im Ort. Bitte Hausprospekt anfordern.

Meran

Hotel Westend

★★★

Speckbacher Str. 9, I-39012 Meran
Alexander Strohmer, Tel. 0039-0473-447654, Fax 0039-0473-222726
info@westend.it, www.westend.it

H K KT

Unterkunft: ÜF, HP, VP; 4 EZ, 16 DZ, 1 Suite
Preise: EZ 49-90 €/Tag, DZ 80-140 €/Tag, HP 15 €, VP 29 €
Ausstattung: DU, Bad, WC, TV, gl. Böden/Teppichb., Safe, Minibar, teilw. Balkon. Rest., Bar. Kostenl. Fahrradverleih u. Parkpl.
Tiere: Hunde, Katzen. Kleintiere a.A. Alle Tiere je 8 €/Tag. Tiere dürfen sich frei bewegen, kein Zutritt zu Frühstücksraum und Restaurant. Grünflächen rund um das Haus. Tierarzt: 2 km, Tierfuttereinkauf: 1 km.
Beschreibung: Unser Haus mit Atmosphäre und Tradition liegt 10 Min. vom Kur-, Kongress- und Stadtzentrum entfernt.

Meran

Residence Atlantic

★★★

Laugenstraße 8, I-39012 Meran
Familie Simeaner, Tel. 0039-0473-233093, Fax 0039-0473-211230
residence.atlantic@dnet.it, http://freeweb.dnet.it/residenceatlantic

H K KT

Unterkunft: Ü; 5 App.
Preise: 2 bis 6 Personen 58 bis 123 €/Tag
Ausstattung: DU, Bad, WC, KÜ, TV, Tel., gl. Böden, Balkon. Fitnessbereich. Wäsche-/Brötchenservice.
Tiere: Hunde, Katzen. Kleintiere a.A. Hunde und Katzen kostenlos. Willkommensleckerli, Decke, Näpfe, Hundetoilettenbeutel. Kleiner Vorrat an Hunde- und Katzenfutter vorhanden. Tiere dürfen sich frei bewegen. Grünflächen um das Haus. Entfernung Tierarzt: 3 km, Tierfuttereinkauf: 500 m. Tiere vor Ort: Hund, Katze.
Kinder: Schwimmbad, großer Garten.
Beschreibung: Ruhige Wohngegend, Villenviertel. 10 Gehmin. zum Stadtzentrum. Spazierwege.

Marling

Residence Waldner

★★

H K KT

Gampenstr. 68, I-39020 Marling
Zita Waldner, Tel. und Fax 0039-0473-447231
info@residencewaldner.it, www.residencewaldner.it

Unterkunft: Ü; 6 FeWo, 1 bis 2 Zimmer
Preise: 1-2 Pers. 20-40 €/Tag, weitere Pers. 5 €/Tag, Endrein. 20 €
Ausstattung: DU, WC, KÜ, Teppichboden, Sat-TV. Wäsche- und Brötchenservice. Beheiztes Freibad, Grill, Boccia, Tischtennis, große Liegewiese, kostenlose Parkplätze.
Tiere: Hunde, Katzen. Kleintiere a.A. Alle Tiere kostenlos. Agilityplatz und Obedience in der Nähe. Tiere dürfen sich frei bewegen. Grünflächen um das Haus. Tierarzt: 1 km, Tierfuttereinkauf: 2 km. Tiere vor Ort: Hunde, Katzen.
Beschreibung: Herrliche Wandermöglichkeiten, Golf, Tennis, Reiten.

Colfosco

Residence "Piz da Cir"

★★

H K KT

Strada Sora 33, I-39030 Colfosco
Maria Declara, Tel. 0039-0471-836284, Fax 0039-0471-836284
pizdacir@rolmail.net

Unterkunft: Ü; 8 App. (5 x 2-3 Pers., 2 x 4-5 Pers., 1 x 6-7 Pers.)
Preise: 1 Pers. 23-37 €/Tag, Endreinigung 30-40 €, Pauschalangebote a A.
Ausstattung: DU, WC, KÜ, Spülmaschine (ab 4 Pers.), TV, glatte Böden. Wäscheservice. Parkplätze und Garage kostenlos.
Tiere: Hunde, Katzen. Kleintiere a.A. Alle Tiere kostenlos. Tiere dürfen sich frei bewegen. Grünflächen rund um das Haus. Entfernung Tierarzt: 35 km, Tierfuttereinkauf: 500 m.
Beschreibung: Haus "Piz da Cir" liegt zentral, jedoch abseits vom Verkehr, in ruhiger, sonniger Lage. Zu den Skipisten und Lebensmittelgeschäften sind es knappe 5 Gehminuten.

Olang

Hotel Messnerwirt

★★★

H K KT

Kirchgasse 7, I-39030 Olang
Fr. Oberhammer, Tel. 0039-0474-496178, Fax 0039-0474-498087
info@messnerwirt.com, www.messnerwirt.com

Unterkunft: ÜF, HP, VP; 21 DZ, davon 6 als MB
Preise: DZ 68-126 €/Tag, MB f. 3 Pers. 83-127 €/Tag, HP 15 €, VP 30 €, Pauschalang. a.A.
Ausstattung: DU, Bad, WC, Sat-TV, Teppichb., NR-Zimmer. Rest., Bar, Saunalandschaft. Kostenl. Parkpl.
Tiere: Hunde, Katzen. Kleintiere a.A. Hund/Katze je 4 €/Tag. Decke, Näpfe. Kleiner Futtervorrat. Tiere dürfen sich frei bewegen, angeleint im Frühstücksraum und Rest. Grünflächen um das Haus. Tierarzt: 1 km, Tierfuttereinkauf: 300 m. Tiere vor Ort: Katze.
Kinder: Spielzimmer, großer Garten.
Beschreibung: Unser Haus ist zentral, aber ruhig gelegen. Bis zum Wald 200 m. Markierte Radfahr- und Wanderwege. Kinderspielplätze. Zum Skigebiet mit Gratis-Skibus 2 km.

Vintl

FeWo Walderhof

H K KT

Kegelbergstr. 18, I-39030 Vintl
Christian Unterkircher, Tel. und Fax 0039-0472-548132

Unterkunft: Ü, ÜF; 2 App.
Preise: 2-4 Pers. 32-45 €/Tag, Frühstück a.A.: 15-20 €/p.P.
Ausstattung: DU, WC, KÜ, gl. Böden. Bauernstube, kostenl. Parkpl.
Tiere: Hunde, Katzen. Kleintiere a.A. Alle Tiere kostenlos. Kleiner Katzenfuttervorrat. Tiere dürfen sich frei bewegen (nicht in den Wiesen vor dem Mähen). Grünflächen um das Haus. Tierarzt: 20 km, Tierfuttereinkauf: 6 km. Tiere vor Ort: Hunde, Katzen, Bauernhoftiere.
Beschreibung: Schönes altes Bergbauernhaus weit ab von Hektik und Verkehr, sehr ruhig, viel Platz für Mensch und Tier.

Badia

Hotel Serena

★★★

Pedraces 32, I-39036 Badia/Abtei
Tel.0039-0471-839664, Fax 0039-0471-839854
info@hotel-serena.com, www.hotel-serena.com

H K KT

Unterkunft: HP, VP (nur im Sommer); 12 EZ, 32 DZ, 5 MB, 3 Suiten
Preise: EZ 52-104 €/Tag, DZ 96-242 €/Tag, Preise inkl. HP, Zuschlag VP 15 €
Ausstattung: DU od. Bad, WC, Sat-TV, gl. Böden/Teppichb. Rest., Bar, Hallenbad, Türkisches Dampfbad, Finnische Sauna, Whirlpool, Fitnessraum. Heilpraktiker im Haus.
Tiere: Hunde, Katzen. Kleintiere a.A. Alle Tiere 7 €/Tag. Tiere dürfen sich frei bewegen, kein Zutritt zu Frühstücksraum/Rest., Bar und Leseraum. Grünflächen rund um das Haus. Entfernung Tierarzt: 8 km, Tierfuttereinkauf: 3 km.
Beschreibung: Unser Haus mit familiärer Atmosphäre ist ruhig gelegen mit Panormablick zum Hl. Kreuzkofel. Im Winter mit dem Gratis-Skibus in 3 Minuten zum nächsten Lift.

Mühlbach

Traterhof

✻✻✻

Spinges, I-39037 Mühlbach
Christine Oberrauch, Tel. und Fax 0039-0472-849449
guenther.o@virgilio.it

H KT

Unterkunft: Ü; 3 FeWo (1 x 2 Zimmer, 2 x 1 Zimmer)
Preise: 2-5 Pers. 35-68 €/Tag, weitere Pers. je 12,50 €/Tag
Ausstattung: DU, WC, KÜ, TV, glatte Böden. Brötchenservice.
Tiere: Hunde. Kleintiere a.A. Hunde kostenlos. Tiere dürfen sich frei bewegen, außer in der Privatwohnung. Grünflächen um das Haus. Tierarzt: 12 km, Tierfuttereinkauf: 10 km. Tiere vor Ort: Rinder, Hund, Katzen.
Kinder: Spielplatz, Kinderbetten.
Beschreibung: Bergbauernhof (1300 m) mit Familienanschluß. Einmaliges Panorama. Wandern: Mittelgebirge bis Hochalpin.

Afers

Berghotel Schlemmer

★★★

Palmschoss 294/5, I-39040 Afers bei Brixen
Tel. 0039-0472-521306, Fax 0039-0472-521236
berghotel.schlemmer@dnet.it, www.berghotel-schlemmer.com

H K KT

Unterkunft: HP; 1 EZ, 27 DZ
Preise: EZ 44 bis 80,50 €/Tag, DZ 68 bis 88 €/Tag, inkl. HP
Ausstattung: DU, WC, TV, Teppichb., Safe, NR-Zimmer. Rest., Bar, Lift, Sauna, türk. Dampfbad. Kostenlose Parkplätze.
Tiere: Hunde, Katzen. Kleintiere a.A. Hund 3 €/Tag, andere Tiere kostenlos. Näpfe. Tiere dürfen sich frei bewegen, angeleint im Frühstücksraum/Rest. Grünflächen um das Haus. Tierarzt und Tierfuttereinkauf: 20 km. Tiere vor Ort: Hund.
Beschreibung: Unzählige Wanderwege (Plose, Würzjoch, Naturpark Puez Geisler). Im Winter direkt am Sessellift gelegen, 43 km Piste.

Villnöss

Oberpiskoihof

***

H K KT

St. Jakob 9, I-39040 Villnöss
Anna Pernthaler, Tel. und Fax 0039-0472-840188
info@oberpiskoihof.it, www.oberpiskoihof.it

Unterkunft: Ü; 4 FeWo (2 bis 8 Pers. Wohnküche, Schlafzimmer, Vorraum)
Preise: 2-4 Pers. 32-60 €/Tag, weitere Pers. je 16 €/Tag, Kinderermäßigung
Ausstattung: DU od. Bad, WC, KÜ, Sat-TV, glatte Böden, Balkon. Wäsche-/Brötchenservice. Eigene Alm, hofeigene Produkte, 2 Sonnenterrassen, Laube mit Pizzaofen, kostenlose Parkpl.
Tiere: Hunde, Katzen. Kleintiere a.A. Hunde, Katzen je 4 €/Tag. Decke, Fress-/Wassernapf. Tiere dürfen sich frei bewegen. Grünflächen um das Haus. Tierarzt: 10 km, Tierfuttereinkauf: 1,5 km. Tiere vor Ort: Katze, Bauernhoftiere.
Beschreibung: Stattlicher Erbhof (1280 m) direkt am Waldrand neben dem idyllischen St. Jakob Kirchlein gelegen, mit atemberaubendem Blick auf die Dolomiten und das Villnöss- und Eisacktal.

Brixen

Schloß Campan

***

P H K KT

Franz-v.-Unterrichter-Weg 2, I-39042 Brixen
Rudolf und Rita Unterrichter, Tel. 0039-0472-831136, Fax 0039-0472-208735
info@campan.it, www.campan.it

Unterkunft: Ü; 4 FeWo (Doppelbettzimmer, getrennte Wohnküche)
Preise: 2 bis 6 Pers. 16 bis 27 €/Tag, weitere Pers. 5 €/Tag
Ausstattung: DU, Bad, KÜ, TV, gl. Böden. Großer Park. Kostenl. Parkpl.
Tiere: Hunde, Katzen, Pferde. Kleintiere a.A. Pferde 5 €/Tag oder 30 €/Woche, andere Tiere kostenlos. Näpfe, Pferdeboxen, Reitkoppel. Hunde-/Pferdefuttervorrat. Tiere dürfen sich frei bewegen. Grünflächen um das Haus. Tierarzt/Tierfuttereinkauf: 2 km. Tiere vor Ort: Hunde, Pferde, Enten, Hühner.
Kinder: Spielplatz/-haus, Reitstall am Nachbarhof mit Reitkursen.
Beschreibung: Neu restaurierter historischer Ansitz im Herzen von Südtirol.

St. Ulrich

Classic Hotel am Stetteneck

★★★

H K KT

Reziastraße 14, I-39046 St. Ulrich
Marlies, Tel. 0039-0471-796563, Fax 0039-0471-796147
info@stetteneck.com, www.stetteneck.com

Unterkunft: Ü, ÜF, HP; 1 EZ, 10 DZ, 11 MB, 3 Suiten
Preise: EZ 49-224 €/Tag, DZ 98-298 €/Tag, Zuschlag HP 15 €
Ausstattung: DU, Bad, WC, TV, Tel., Minibar, Safe. Lift, Rest., Bar.
Tiere: Hunde, Katzen, Kleintiere a.A. Hunde und Katzen je 13 €/Tag. Tiere dürfen sich frei bewegen, angeleint im Hausbereich, kein Zutritt zu Frühstücksraum und Rest. Entfernung Grünanlagen: 200 m, Tierarzt: 30 km, Tierfuttereinkauf: 1 km. Tiere vor Ort: Hund.
Beschreibung: Das 1913 errichtete Gebäude liegt im Herzen von St. Ulrich. Die Wanderwege und Seilbahnen sind zu Fuß erreichbar.

Obereggen

App. Bergwald Mille Fiori

★★

H KT

Obereggen 20, I-39050 Obereggen
Erich Mayr, Tel. und Fax 0039-0471-615821

Unterkunft: Ü; 3 App. (Schlafzimmer, Wohnraum, Balkon)
Preise: 2 bis 5 Pers. 44 bis 85 €/Tag
Ausstattung: DU, WC, KÜ, TV, glatte Böden, Brötchenservice. Kostenlose Parkplätze.
Tiere: Hunde. Kleintiere a.A. Alle Tiere kostenlos. Fress-/Wassernapf. Tiere dürfen sich frei bewegen. Grünflächen rund um das Haus. Entfernung Tierarzt: 9,5 km, Tierfuttereinkauf: 1,5 km.
Beschreibung: Der herzhafte Vierjahreszeiten-Urlaub für Selbstversorger. Der ideale Treffpunkt inmitten des Ski-, Wander- und Klettertourengebietes Rosengarten und Latemar. Bitte Hausprospekt anfordern.

Klobenstein — Sonnenresidence Ritten ★★★

M.-Gamper-Weg 27, I-39054 Klobenstein/Ritten
Fam. Spögler, Tel. 0039-0471-356450, Fax 0039-0471-356143
contact@spoeglerhotels.com, www.spoeglerhotels.com

H K KT

Unterkunft: Ü; 37 App.
Preise: 1-3 Pers. 27-54 €/Tag, 2-4 Pers. 37,50-89,50 €/Tag, 4-6 Pers. 44,50-91,50 €/Tag, Endreinigung 31 € (nur bei Aufenthalt unter 7 Tagen)
Ausstattung: DU, Bad, WC, KÜ, Waschmaschine, gl. Böden/Teppichb. Wäsche-/Brötchenservice, Getränke. Hallenbad, Sauna, Solarium, Parkanlage. Kostenl. Parkpl., Parkhaus g.Geb.
Tiere: Hunde, Katzen. Kleintiere a.A. Hund/Katze 4 €/Tag. Tiere dürfen sich frei bewegen, außer Parkanlage, Spielplatz. Grünflächen um das Haus. Tierarzt: 5 km, Tierfuttereinkauf: 300 m.
Kinder: Spielzimmer, Spielplatz.
Beschreibung: Wanderparadies, 120 km Wanderwege. Historische Bahn. Bienenmuseum.

Sarntal — Residence Bergerhof ★★

Reinswald 1, I-39058 Sarntal
Familie Kofler, Tel. 0039-0471-625109, Fax 0039-0471-625684
info@residence-bergerhof.it, www.residence-bergerhof.it

P H K KT

Unterkunft: Ü, ÜF; 2 EZ, 5 DZ, 2 FeWo
Preise: EZ 25 €/Tag, DZ 50 €/Tag, FeWo 2-4 Pers. 35-60 €/Tag, weitere Pers. 8 €/Tag, Endreinigung 20 €
Ausstattung: FeWo: DU, WC, TV, KÜ, Tel. Zimmer: DU, WC, Balkon.
Tiere: Hunde, Katzen, Pferde. Kleintiere a.A. Pferd: Box je 5 €/Tag, Hunde je 2 €/Tag, Katzen kostenlos. Tiere angeleint im Hausbereich, kein Zutritt zum Frühstücksraum. Tierarzt: 5 km, Tierfuttereink.: 150 m. Tiere vor Ort: Pferde, Kühe.
Behind. Einr.: 2 Zimmer sind rollstuhlgerecht.
Beschreibung: Reitbetrieb für Hausgäste, Grillplatz. Wintersport, Kultur.

Oberbozen — Hotel Naturidylle Geyrerhof ★★★

Geirerweg 13, I-39059 Oberbozen/Ritten
Familie Ramoser, Tel. 0039-0471-345370, Fax 0039-0471-345373
info@geyrerhof.com, www.geyrerhof.com

P H K KT

Unterkunft: Ü, ÜF, HP; 2 EZ, 5 DZ, 5 MB, 10 Suiten, 2 FeWo
Preise: EZ 37,70-92 €/Tag, DZ 75,40-198 €/Tag, Zuschlag HP 14 €, MB/Suiten/FeWo a.A.
Ausstattung: Hotel: DU, Bad, WC, TV, Tel., Safe, gl. Böden/Teppichb. Rest., Bar. Kostenl. Parkpl. FeWo: DU, Bad, WC, KÜ, TV, Tel., gl. Böden/Teppichb., teilw. Balkon, Waschmaschine.
Tiere: Hunde, Katzen, Pferde. Kleintiere a.A. Pferd: Box/Auslauf 16,50 €/Tag, Hunde und Katzen je 9,60 €/Tag. Kleiner Vorrat an Pferdefutter. Tiere angeleint im Hausbereich, kein Zutritt zum Frühstücksraum. Riesige Grünflächen um das Haus, eingezäuntes Grundstück. Entfernung Tierarzt: 10 km, Tierfuttereinkauf: 1,5 km.
Beschreibung: Oase der Ruhe für Naturliebhaber und Genießer.

SÜDTIROL

Italien

Reise-Informationen:

Staatliches Italienisches Fremdenverkehrsamt ENIT
Kaiserstraße 65
D-60329 Frankfurt a.M.

Tel. ++49 (0)69 – 237 430
Fax ++49 (0)69 – 232 894

E-Mail: enit.ffm@t-online.de
Internet: www.enit-italia.de

Für die Einreise mit Hund und / oder Katze in EU-Mitgliedstaaten gelten folgende Bestimmungen:
Kennzeichnung mit Mikrochip oder gut lesbarer Tätowierung (Tätowierung wird nur bis 3. Juli 2011 anerkannt).
EU-Heimtierausweis mit dem Eintrag der gültigen Tollwutimpfung (Impfung vor mindestens 30 Tagen und höchstens 12 Monaten).

Maulkorb und Leine sind mitzuführen.

Hinweis:
Änderungen und evt. spezielle Bestimmungen **für die Einreise mit anderen Tieren** (z. B. amtstierärztliche Untersuchung an der Grenze, Cites-Papiere) erfahren Sie bei der zuständigen Botschaft oder Ihrem Amtstierarzt. Über die Mitnahmebedingungen für Tiere bei Flugreisen informieren Sie sich bitte bei der entsprechenden Fluggesellschaft.

Übersichtskarte Italien

Alphabetisches Ortsverzeichnis Italien

Willkommene Tiere:
H = Hund
K = Katze
KT = Kleintier
P = Pferd

🐾 = Hundestrand

ITALIEN

Montaione

Casa Baccelli

Via Santo Stefano 106, I-50050 Montaione (FI)
Toskana Spezial, Tel. 0039-0583-402301, Fax 0039-0583-402521
manuela.schmidt@toskanaspezial.de, www.toskanaspezial.de

H

Unterkunft: Ü; 6 FeWo (3 x 4 Pers, 2 x 6 Pers., 1 x 8 Pers.)
Preise: 4-8 Pers 443-1037 €/Woche, plus Heizkostenpauschale
Ausstattung: DU, WC, KÜ, TV, glatte Böden, Spülmaschine, Waschmaschine (allgem. Nutzung). Kostenl. Parkplätze. Jeden Morgen kommt ein "fahrender Bäcker" mit Brötchen.
Tiere: Hunde, kostenlos. Tiere dürfen sich frei bewegen. Grünflächen um das Haus. Tierarzt/Tierfuttereinkauf: 5 km.
Kinder: Garten mit Pool.
Beschreibung: Herrliche Panoramalage, 5 km von Montaione entfernt. Unterhalb der Anlage ist eine Fasanenzucht.

Vinci

Casa Carbonaia

Via S. Lucia 11, I-50059 Vinci (FI)
Toskana Spezial, Tel. 0039-0583-402301, Fax 0039-0583-402521
manuela.schmidt@toskanaspezial.de, www.toskanaspezial.de

H

Unterkunft: Ü; 7 FeWo (1 x 3 Pers, 1 x 4 Pers., 3 x 5 Pers., 2 x 6 Pers.)
Preise: 3-6 Pers 430-1170 €/Woche, Heizung nach Verbrauch
Ausstattung: DU, WC, KÜ, TV, Tel., glatte Böden, Mikrowelle, Waschmaschine (allgem. Nutzung). Kostenlose Parkplätze.
Tiere: Hunde, je 25 € pauschal. Tiere dürfen sich frei bewegen. Grünflächen um das Haus. Quellwasserteich, Bademöglichkeit für Hunde. Tierarzt: 10 km, Tierfuttereinkauf: 3 km. Tiere vor Ort: Golden Retriever Rüde „Truck".
Kinder: Weitläufige Gartenanlage mit Pool.
Beschreibung: Panoramalage ca. 35 km westlich von Florenz.

Buonconvento

Fattoria Pieve a Salti

Std. Prov.le di Pieve a Salti, I-53022 Buonconvento (SI)
Toskana Spezial, Tel. 0039-0583-402301, Fax 0039-0583-402521
manuela.schmidt@toskanaspezial.de, www.toskanaspezial.de

P H

Unterkunft: Ü, ÜF, HP; 27 DZ, 12 FeWo (je 2 bis 4 Personen)
Preise: DZ 98 €/Tag, Zuschl. HP 16 €, FeWo 469-685 €/Woche
Ausstattung: Hotel: DU, WC, TV, Tel., glatte Böden. Rest., Bar, Pool. FeWo: DU, WC, KÜ, Wellness- und Fitnessbereich.
Tiere: Hunde. Pferde a.A. Hunde je 3 €/Tag. Tiere angeleint im Hausbereich, kein Zutritt zu Frühstücksraum und Restaurant. Grünflächen um das Haus. Tierarzt und Tierfuttereinkauf: 3 km. Tiere vor Ort: Hunde, Pferde.
Beschreibung: Herstellung biologischer Produkte. Viel Natur, Wandermöglichkeit. Restaurant mit typisch toskanischer Küche.

Gragnano bei Lucca — Tenuta Gaetano Spadaro

Via dei Pieroni 76, I-55010 Gragnano (LU)
Toskana Spezial, Tel. 0039-0583-402301, Fax 0039-0583-402521
manuela.schmidt@toskanaspezial.de, www.toskanaspezial.de

H

Unterkunft: Ü; 1 FH (bis 6 Pers.), 4 FeWo (2 bis 4 Pers.)
Preise: 2-6 Pers 465-800 €/Woche, Heizung nach Verbrauch
Ausstattung: DU od. Bad, WC, KÜ, TV, gl. Böden. Kostenl. Parkpl.
Tiere: Hunde, je 20 € pauschal. Tiere dürfen sich frei bewegen, kein Zutritt zum Rest. Grünflächen um das Haus. Tierarzt: 5 km, Tierfuttereinkauf: 1 km.
Kinder: Garten mit Pool.
Beschreibung: Panoramalage in der sanften lucchesischen Hügellandschaft, ca. 12 km von Lucca entfernt. Olivenölherstellung. Bild rechts: Ferienhaus mit eigenem Garten.

Camigliano-Tofori bei Lucca — Fattoria Maionchi

Localita Tofori, I-55012 Camigliano (LU)
Toskana Spezial, Tel. 0039-0583-402301, Fax 0039-0583-402521
manuela.schmidt@toskanaspezial.de, www.toskanaspezial.de

H

Unterkunft: Ü; 6 FeWo (2 x 2 Pers., 3 x 4 Pers., 1 x 5 Pers.)
Preise: 2-5 Pers 360-950 €/Woche, Heizung nach Verbrauch
Ausstattung: DU, WC, KÜ, TV, glatte Böden. Kostenl. Parkplätze.
Tiere: Hunde, kostenlos. Tiere dürfen sich frei bewegen, kein Zutritt zum Rest. Grünflächen um das Haus. Tierarzt: 4 km, Tierfuttereinkauf: 1 km. Tiere vor Ort: Katzen, Hühner.
Kinder: Garten mit Pool.
Beschreibung: Alteingesessenes Weingut an der lucchesischen Weinstraße, 15 km von Lucca entfernt. Rest. vorhanden (3 x pro Woche offen), Weinprobe inkl., Frühstück vor Ort möglich.

Suvereto — Poggio al Turco ★★★

Via Montioni 205, I-57028 Suvereto (LI)
Adelheid Strickner, Tel. und Fax 0039-0565-845022 oder Tel. 0039-348-2638290
info@poggio-al-turco.it, www.poggio-al-turco.it

H K KT

Unterkunft: Ü; 1 FH, 2 FeWo, 4 App. (2x2 Zimmer, 4x1 Zimmer)
Preise: 2-8 Pers. 40-85 €/Tag, weit. Pers. 10 €/Tag. Energie n. Verbr.
Ausstattung: DU, WC, KÜ, Waschmasch., TV, gl. Böd. Brötchenservice.
Tiere: Hunde, Katzen. Kleintiere a.A. Hunde je 5 €/Tag, Katzen kostenlos. Willkommensleckerli, Decke. Tiere dürfen sich frei bewegen. Grünflächen um das Haus. Hundesee: 1 km, Hundestrand: 15 km, Tierarzt: 6 km, Tierfuttereinkauf: 1 km. Tiere vor Ort: Hund, Katzen.
Beschreibung: Der Landsitz liegt 15 km von der Küste entfernt auf einem Hügel mit schöner Aussicht. Naturpark Montioni.

Principina Terra

Fattoria la Principina

★★★★

Via delle Collacchie 465, I-58046 Principina Terra (GR)
Toskana Spezial, Tel. 0039-0583-402301, Fax 0039-0583-402521
manuela.schmidt@toskanaspezial.de, www.toskanaspezial.de

Unterkunft: Ü, ÜF, HP, VP; 136 Zimmer, 123 FeWo (2-10 Pers.)
Preise: DZ 100-200 €/Tag, Zuschl. HP 25 €, VP 50 €, FeWo a.A.
Ausstattung: Hotel: DU o. Bad, WC, TV, Tel., Minibar, glatte Böden. Restaurant, Bar, Pool, Wellness- und Fitnessbereich.
Tiere: Hunde, im Hotel je 10 €/Tag, FeWo 56 € pauschal. Tiere angeleint im Hausbereich, kein Zutritt zu Frühstücksraum/ Rest. Grünflächen um das Haus. Bester Hundestrand der Toskana 8 km entfernt. Tierarzt: 5 km, Tierfuttereinkauf: 3 km. Tiere vor Ort: Pfauen, Strauße, Pferde (Reitstall).
Beschreibung: Weitläufige Anlage mit Hotel und FeWos in div. Kategorien.

Grosseto

Fattoria San Lorenzo

Via Aurelia Antica, I-58100 Grosseto
Toskana Spezial, Tel. 0039-0583-402301, Fax 0039-0583-402521
manuela.schmidt@toskanaspezial.de, www.toskanaspezial.de

Unterkunft: Ü; 43 FeWo (2 bis 6 Pers., 1 bis 3 Schlafzimmer)
Preise: 2-6 Pers 414-1956 €/Woche, Heizung nach Verbrauch
Ausstattung: DU, WC, KÜ, TV, Tel., glatte Böden, Waschmaschine (allgem. Nutzung). Brötchenservice. Garten mit 3 Pools.
Tiere: Hunde, je 40 € pauschal im Juni bis September, sonst kostenlos. Tiere dürfen sich frei bewegen, kein Zutritt zu Frühstücksraum und Restaurant. Grünflächen um das Haus. Bester Hundestrand der Toskana 10 km entfernt. Tierarzt und Tierfuttereinkauf: 5 km.
Beschreibung: FeWos verteilt auf 3 Komplexe mit jeweils eigenem Pool.

Fotoimpressionen Italien

Gehen wir jetzt was Kühles trinken?

Relaxen am Strand von Rimini

Fotoimpressionen Italien

Urlaubs-Feeling

Fotoimpressionen Italien

Komm, spiel mit mir

Urlaub kann so schön sein

ITALIEN

Hundestrände Italien

Auch in der **Toskana** findet man inzwischen einige wenige Hundestrände. Der schönste Hundestrand liegt in der südlichen Toskana - der Maremma!

Zwischen Marina die Grosseto und Castiglione della Pescaia hat die Gemeinde einen ca. 500 m langen Abschnitt errichtet, an dem Sie als Hundfreund mit Ihrem vierbeinigen Begleiter Ihren Spass haben werden.

Die Einfahrt bzw. den Parkplatz erkennen Sie am Schild "Bar Fuori Rotta" etwa auf der Höhe des Campingplatzes "Le Marze".
Von hier laufen sie ca. 10 Minuten durch den Pinienwald Richtung Meer.
Direkt am Strandeingang erreichen Sie eine Bar. Davor steht eine Hundedusche: für 20 Cent können Sie hier entweder nach dem Baden Ihren Vierbeiner

abduschen (falls er sich das gefallen läßt) oder Sie füllen sich vorher einen der bereitgestellten Plastikeimer mit Wasser und nehmen diesen mit an den Strand. Nach der Bar laufen Sie nach

rechts und sehen schon das bunte Treiben der verschiedenen Hunderassen. Dieser Strandabschnitt ist flach abfallend, man läuft ziemlich lange ins tiefe Wasser, so dass auch kleine Hunde die Möglichkeit zur Abkühlung im Meer haben. Hier können Herrchen und Frauchen so richtig relaxen. Keiner schaut einen komisch an, wenn Hund wieder einmal aus Versehen beim Nachbarn übers Handtuch gelaufen ist. Und oftmals können Sie die schönsten Szenen zwischen Zwei- und Vierbeinern beobachten. Wenn Herrchen dann z.B. zur Seite rückt und auf der Liege noch Platz für seinen Hund macht!

Sonnenliegen und Sonnenschirme können am Strand ausgeliehen werden.

Spanien

Reise-Informationen:

Spanisches Fremdenverkehrsamt
Myliusstraße 14
D-60323 Frankfurt a.M.

Tel. ++49 (0)69 – 72 50 33
Fax: ++49 (0)69 – 72 53 13

E-Mail: frankfurt@tourspain.es
Internet: www.tourspain.es

Für die Einreise mit Hund und / oder Katze in EU-Mitgliedstaaten gelten folgende Bestimmungen:
Kennzeichnung mit Mikrochip oder gut lesbarer Tätowierung (Tätowierung wird nur bis 3. Juli 2011 anerkannt).
EU-Heimtierausweis mit dem Eintrag der gültigen Tollwutimpfung (Impfung vor mindestens 30 Tagen und höchstens 12 Monaten).

Maulkorb und Leine sind Pflicht.
Autogurt für Hunde vorgeschrieben.
An den meisten Badestränden gilt Hundeverbot.

Hinweis:
Änderungen und evt. spezielle Bestimmungen **für die Einreise mit anderen Tieren** (z. B. amtstierärztliche Untersuchung an der Grenze, Cites-Papiere) erfahren Sie bei der zuständigen Botschaft oder Ihrem Amtstierarzt. Über die Mitnahmebedingungen für Tiere bei Flugreisen informieren Sie sich bitte bei der entsprechenden Fluggesellschaft.

San Sebastián
Bilbao
Pamplona Iruñea
Valladolid
SPANIEN
Zaragoza
MADRID
València - S.188
València
Alicante - S.187
Alacant Alicante
Murcia
Cartagena
Granada
Málaga

Alicante

Hotel Sidi San Juan
★★★★★

Playa de San Juan, E-03540 Alicante
Carmen Gruner, Guest Relations, Tel. 0034-96-5161300, Fax 0034-96-5163346
reservas@sidisanjuan.com, www.hotelessidi.es

H K KT

Unterkunft: Ü, ÜF, HP, VP; 15 EZ, 148 DZ, 13 Suiten
Preise: EZ 164,78 bis 191,53 €/Tag, DZ 204,37 bis 238,61 €/Tag, Preise ohne Frühstück, Zuschlag HP 52,43 €, VP 70,62 €, Pauschalangebote a.A.
Ausstattung: DU, Bad, WC, TV, Radio, Telefon, Teppichboden, Minibar, Safe, Balkon, NR-Zimmer. Restaurant, Bar.
Sonstiges: Lift, Wellnessbereich, Fitnessbereich, Innen- und Außenpool, Tennis, Paddle, Fahrrad-Verleih. Parkhaus gegen Gebühr.
Tiere: Hunde, Katzen. Kleintiere a.A. Hunde, Katzen je 23 €/Tag. Decke, Näpfe. Tiere angeleint im Hausbereich, kein Zutritt zu Frühstücksraum/Rest. und Spielplatz. Eingezäuntes Grundstück. Grünflächen um das Haus. Tierarzt und Tierfuttereinkauf: 12 km.
Kinder: Kinderspielplatz mit Kinderpool, Märchenhaus mit Betreuung im Juli und August.
Behind. Einr.: Ein rollstuhlgerechtes Zimmer.
Beschreibung: Das 5-Sterne-Hotel Sidi San Juan liegt direkt am langen Sandstrand von San Juan und nur 12 km von Alicante entfernt. Alle Zimmer bieten Komfort und haben einen wunderschönen Blick auf das Meer. Die einmalige Lage und das vielfältige Angebot wie Wellness Center, Tennis- und Paddleplätze, Innen- und Außenpool, Golf etc. machen es möglich, sich aktiv zu erholen.

Valencia

Hotel Sidi Saler

★★★★★

H K KT

Playa el Saler, E-46012 Valencia
Natalia Manglano, Guest Relations, Tel. 0034-96-1610411, Fax 0034-96-1610838
reservas@sidisaler.com, www.hotelessidi.es

Unterkunft: Ü, ÜF, HP, VP; 30 EZ, 226 DZ, 16 Suiten

Preise: EZ 138,03 bis 228,98 €/Tag, DZ 176,55 bis 271,78 €/Tag, Preise ohne Frühstück, Zuschlag HP 52,43 €, VP 70,62 €, Pauschalangebote a.A.

Ausstattung: DU, Bad, WC, TV, Radio, Telefon, Teppichboden, Minibar, Safe, Balkon, NR-Zimmer, Restaurant, Bar.

Sonstiges: Lift, Wellnessbereich, Fitnessbereich, Innen- und Außenpool, Tennis, Mountainbike-Verleih. Kostenlose Parkplätze.

Tiere: Hunde, Katzen. Kleintiere a.A. Hunde, Katzen je 23 €/Tag. Decke, Näpfe. Tiere angeleint im Hausbereich, kein Zutritt zu Frühstücksraum, Restaurant und Spielplatz. Eingezäuntes Grundstück, Grünflächen um das Haus. Entfernung Tierarzt: 500 m, Tierfuttereinkauf: 200 m.

Kinder: Kinderspielplatz mit Kinderpool, Märchenhaus mit Betreuung im Juli und August.

Behind. Einr.: Ein rollstuhlgerechtes Zimmer.

Beschreibung: Das 5-Sterne-Hotel Sidi Saler liegt direkt am Strand im Naturpark Albufera. Alle Zimmer bieten Komfort und haben einen wunderschönen Blick auf das Meer. Die einmalige Lage und das vielfältige Angebot wie Wellness Center, Tennis, Innen- und Außenpool, Golf etc. machen es möglich, sich aktiv zu erholen. Der Naturpark Albufera ist 11 km südlich von Valencia gelegen. Dieses Gebiet und ein kleines Süsswassermeer mit einem Durchmesser von 6 km sind ein Paradies für Zugvögel und ein idelaler Erholungsort. Ab El Palmar kann man den See mit von ehemaligen Fischern gesteuerten Booten erkunden.

Fotoimpressionen Spanien

Spanische Küste

Kunst im Sand mit Hund

Reisebericht

Bitte schreiben Sie uns Ihre Erfahrungen. Sie helfen mit, den Qualitätsstandard für das Reisen mit Tieren zu optimieren. Jeder Einsender erhält von uns ein kleines „tierisches Dankeschön“.

Wir (Name/Adresse) . . . .

. . . .

waren mit unserem Tier verreist und haben folgende Erfahrungen gemacht:

Verreist mit welchem Tier? . . . .

Wann und wie lange? . . . .

Wo ? . . . .

. . . .

Land: . . . .
(möglichst komplette Adresse mit PLZ und Ort angeben)

Als Schulnote von 1 bis 6 vergeben wir: (bitte ankreuzen)

① ② ③ ④ ⑤ ⑥

Was uns gefiel: . . . .

. . . .

. . . .

Was uns nicht gefiel: . . . .

. . . .

. . . .

Der Keck Verlag freut sich auf Ihren Bericht. Unsere Anschrift finden Sie auf Seite 2 - oder per **E-Mail** an: **info@tierfreundliche-hotels.de**.

GESUCHT:

Tierfreundliche Hotels und Ferienwohnungen in Deutschland und dem europäischen Ausland

Sie sind ein tierfreundliches Hotel oder besitzen ein(e) tierfreundliche(s) Ferienwohnung/Ferienhaus. Dann nehmen Sie bitte mit uns Kontakt auf. Ein Eintrag auf unserer INTERNETSEITE ist jederzeit möglich unter www.tierfreundliche-hotels.de.

Das BUCH erscheint in regelmäßigen Abständen neu, wir merken Sie vor. Infos auf unserer Internetseite oder Sie fordern die Unterlagen per Fax bei uns an (Anschrift siehe Seite 2).

Fotomaterial

Für die Unterstützung in Form von Fotomaterial bedanken wir uns ganz herzlich bei:

S. Aksteiner: S. 21, 159
A. Dreyer: S. 33, 86, 108, 152, 155
Arj./O. Freudenberg: S. 111, 114, 153, 164, 189 und Titelfoto
H. Gredinger (Hotel Alpenblick, CH-8784 Braunwald): S. 136, 137
K. Hartstock (Villa Kassuhn, D-29416 Kassuhn): S. 54
A. König: S. 58, 72, 87, 96, 103, 104, 107, 150, 154, 155, 179, 180, 182, 183
Chr. A. Kühl: S. 16, 90, 101, 149
T. Mahr: S. 15, 29, 69, 74, 81, 161
B. Reutershahn: S. 53, 99, 102, 113, 139, 142, 183
S. Rogalski: S. 52, 80, 90, 113, 138, 165, 167
D. Schmidt/H. Jager: S. 65, 90, 160, 167
S. Schnellbacher: S. 22, 40, 68, 88, 90, 132, 168, 169
N. Selmi Klughardt: S. 41, 85, 90, 139, 145, 146, 154, 165, 182
T. Standhardt / V. Naumann: S. 2, 30, 82, 95, 114, 128, 166, 170, 178, 180, 184
A. M. Steckenbauer: S. 98
B. Weigert: S. 110, 130, 167

Gutscheinregeln

Auf der nächsten Seite finden Sie ausgewählte Restaurants, die beim Verzehr eines Hauptgerichtes (siehe auch „Was ist ein Hauptgericht?“) einen Gutschein im Wert von 2,50 Euro einlösen. Pro Hauptgericht ist nur ein Gutschein gültig.

Wichtig:

Bitte bringen Sie Ihren „Hotelführer für Zwei- und Vierbeiner“ mit, da der Gutschein **nur vom Gastgeber oder Service-Personal** aus dem Buch **herausgetrennt** werden darf.

Zeigen Sie bitte beim Bestellen des Hauptgerichtes an, dass Sie Ihren Gutschein nutzen möchten, da die Restaurants die Gutscheine kassentechnisch extra abrechnen.

Reservieren Sie sich gegebenenfalls vorher einen Tisch und klären Sie, ob Ihr Hund angeleint mit in das Restaurant darf.

Die Restaurant-Gutscheine sind gültig bis 31.12.2008.

Was ist ein Hauptgericht?

Ein Hauptgericht ist der Teil des Essens, der am meisten sättigt. Das Hauptgericht wird nach der Vorspeise (z.B. Suppe) serviert. Es besteht meist aus Fleisch oder Fisch und Beilagen.

Beispiele für Hauptgerichte:

Schweine-, Kalbs-, Rinder- oder Wildbraten, vegetarische Hauptgerichte, Nudel- und Pfannengerichte, Pizza (sofern sie als Hauptgerichte in der Speisekarte ausgewiesen sind). Im Zweifelsfall sprechen Sie sich bitte mit dem Restaurant ab.

Alle Vor- und Nachspeisen sowie Getränke bezahlen Sie bitte laut Speise- und Getränkekarte des Restaurants.

Beispiele für k e i n e Hauptgerichte:

Kinderteller, Kinderportionen, Brunch, Buffets, Suppen, Salate, Brotzeiten, Toastgerichte, Nachspeisen (ausgenommen, wenn in der Speisekarte als Hauptgericht bezeichnet).

Bei Nutzung in der Schweiz werden die Gutscheine zum Tageskurs in Schweizer Franken umgerechnet.

Gutscheinregeln

Allgemeine Bedingungen zur Nutzung der Restaurant-Gutscheine im „Hotelführer für Zwei- und Vierbeiner"

Alle Restaurantbetriebe haben sich dem Herausgeber des Buches gegenüber verpflichtet, die Gutscheine zu den angegebenen Bedingungen einzulösen.Wird oder kann ein Gutschein vom Restaurant nicht eingelöst werden, übernimmt der Herausgeber dafür keine Haftung. Dies gilt besonders bei Besitzerwechsel, Geschäftsschließung, Insolvenz etc.

Vertragspartner für die Einlösung des Gutscheins ist aussschließlich der Restaurantbetrieb. Pro Hauptgericht ist nur ein Gutschein gültig. Zeigen Sie bitte beim Bestellen des Hauptgerichtes an, dass Sie Ihren Gutschein nutzen möchten, da die Restaurants die Gutscheine kassentechnisch extra abrechnen.

Die Gutscheine sind nur gültig, wenn sie vom Restaurant-Personal aus dem Buch herausgetrennt werden. Bringen Sie deshalb zum Einlösen der Gutscheine Ihren „Hotelführer für Zwei- und Vierbeiner" mit.
Die Gutscheine sind nur gültig, wenn Bestellung und Verzehr der Hauptgerichte im Restaurant erfolgen; bei Abholung der Gerichte oder Anlieferung sprechen Sie die Anerkennung der Gutscheine bitte mit dem Restaurant ab.

Die Gutscheine sind **nicht gültig** bei Veranstaltungen **mit mehr als 5 Personen** (z.B. Hochzeiten, Geburtstage, Weihnachtsfeiern, Betriebsausflug etc.).

Der Herausgeber haftet nicht für Druckfehler, die Vollständigkeit der Angaben erfolgt ohne Gewähr.

Die nachstehend aufgeführten Restaurants

freuen sich auf Ihren Besuch!

Auf Ihren Besuch freuen sich die folgenden Gastwirte:

Atlanta Hotel International Leipzig, D-04416 Wachau b. Leipzig, S. 17
Hotel Bellevue, D-04626 Schmölln, S. 17
Waldhotel "Alte Hölle", D-14827 Wiesenburg/Mark, S. 20
Hotel Kleines Meer, D-17192 Waren, S. 22
Hotel Hanseatic Rügen, D-18586 Göhren/Rügen, S. 25
Hotel Roadhouse Kirchheim, D-36275 Kirchheim, S. 43
Schloßvilla Derenburg, D-38895 Derenburg, S. 45
Hotel Kelterhaus, D-54518 Osann-Monzel, S. 48
Hotel zum Rübezahl, D-59929 Brilon-Gudenhagen, S. 52
Hotel Brombach, D-59964 Medebach, S. 53
Hotel Die kleine Blume, D-66996 Erfweiler, S. 55
Gutshof Ziegelhütte, D-67480 Edenkoben, S. 56
Kur- u. Ferienhotel Faißt, D-77740 Bad Peterstal-Griesbach, S. 59
Hotel Waldwinkel, D-79682 Todtmoos, S. 61
Wochner's Hotel-Sternen, D-79859 Schluchsee, S. 63
Hotel Wolf, D-82487 Oberammergau, S. 65
Hotel Krone, D-91327 Gößweinstein, S. 76
Parkhotel Altmühltal, D-91710 Gunzenhausen, S. 77
Hotel Sonnenhof, D-93413 Cham, S. 79
Hotel Lohmühle, D-95444 Bayreuth, S. 83
Gasthof Grosch, D-96472 Rödental, S. 84
Hotel-Gasthof Nöth, D-97762 Hammelburg, S. 86
Genießergasthof Kutscherklause, A-3861 Eggern, S. 123
Bergwirt Schrammel, A-3910 Zwettl, S. 124
Bachleitner's Huntel, A-5241 Maria Schmolln, S. 125
Erlebnishotel Schmiedboden, A-6372 Oberndorf, S. 126
Gasthof Staud'nwirt, A-8990 Bad Aussee, S. 130
Hotel Campione, CH-6816 Bissone b. Lugano, S. 147
Hotel Seeblick, CH-9405 Wienacht, S. 150
Hotel Messnerwirt, I-39030 Olang, S. 171
Hotel Schlemmer, I-39040 Afers, S. 172

Gutschein

2,50 €

Je Hauptgericht = 1 Gutschein
Gültig bis 31.12. 2008

Hotelführer
für Zwei- und Vierbeiner

Gutschein
2,50 €
Je Hauptgericht = 1 Gutschein
Gültig bis 31.12. 2008
Hotelführer
für Zwei- und Vierbeiner

Gutschein
2,50 €
Je Hauptgericht = 1 Gutschein
Gültig bis 31.12. 2008
Hotelführer
für Zwei- und Vierbeiner

Gutschein
2,50 €
Je Hauptgericht = 1 Gutschein
Gültig bis 31.12. 2008
Hotelführer
für Zwei- und Vierbeiner

Gutschein
2,50 €
Je Hauptgericht = 1 Gutschein
Gültig bis 31.12. 2008
Hotelführer
für Zwei- und Vierbeiner

Gutschein
2,50 €
Je Hauptgericht = 1 Gutschein
Gültig bis 31.12. 2008
Hotelführer
für Zwei- und Vierbeiner

Gutschein
2,50 €
Je Hauptgericht = 1 Gutschein
Gültig bis 31.12. 2008
Hotelführer
für Zwei- und Vierbeiner

Gutschein
2,50 €
Je Hauptgericht = 1 Gutschein
Gültig bis 31.12. 2008
Hotelführer
für Zwei- und Vierbeiner

Gutschein
2,50 €
Je Hauptgericht = 1 Gutschein
Gültig bis 31.12. 2008
Hotelführer
für Zwei- und Vierbeiner

Gutschein
2,50 €
Je Hauptgericht = 1 Gutschein
Gültig bis 31.12. 2008
Hotelführer
für Zwei- und Vierbeiner

Gutschein
2,50 €
Je Hauptgericht = 1 Gutschein
Gültig bis 31.12. 2008
Hotelführer
für Zwei- und Vierbeiner

Gutschein
2,50 €
Je Hauptgericht = 1 Gutschein
Gültig bis 31.12. 2008
Hotelführer
für Zwei- und Vierbeiner

Gutschein
2,50 €
Je Hauptgericht = 1 Gutschein
Gültig bis 31.12. 2008
Hotelführer
für Zwei- und Vierbeiner

Gutschein
2,50 €
Je Hauptgericht = 1 Gutschein
Gültig bis 31.12. 2008
Hotelführer
für Zwei- und Vierbeiner

Gutschein
2,50 €
Je Hauptgericht = 1 Gutschein
Gültig bis 31.12. 2008
Hotelführer
für Zwei- und Vierbeiner

Gutschein
2,50 €
Je Hauptgericht = 1 Gutschein
Gültig bis 31.12. 2008
Hotelführer
für Zwei- und Vierbeiner

Gutschein
2,50 €
Je Hauptgericht = 1 Gutschein
Gültig bis 31.12. 2008
Hotelführer
für Zwei- und Vierbeiner

Gutschein
2,50 €
Je Hauptgericht = 1 Gutschein
Gültig bis 31.12. 2008
Hotelführer
für Zwei- und Vierbeiner

Gutschein
2,50 €
Je Hauptgericht = 1 Gutschein
Gültig bis 31.12. 2008
Hotelführer
für Zwei- und Vierbeiner

Gutschein
2,50 €
Je Hauptgericht = 1 Gutschein
Gültig bis 31.12. 2008
Hotelführer
für Zwei- und Vierbeiner

Bitte bringen Sie Ihren „Hotelführer für Zwei- und Vierbeiner“ in das Restaurant mit, da der Gutschein nur vom Gastgeber oder Service-Personal aus dem Buch herausgetrennt werden darf.

Gutschein

2,50 €

Je Hauptgericht = 1 Gutschein
Gültig bis 31.12. 2008

Hotelführer
für Zwei- und Vierbeiner

Gutschein

2,50 €

Je Hauptgericht = 1 Gutschein
Gültig bis 31.12. 2008

Hotelführer
für Zwei- und Vierbeiner

Gutschein

2,50 €

Je Hauptgericht = 1 Gutschein
Gültig bis 31.12. 2008

Hotelführer
für Zwei- und Vierbeiner

Gutschein

2,50 €

Je Hauptgericht = 1 Gutschein
Gültig bis 31.12. 2008

Hotelführer
für Zwei- und Vierbeiner

Gutschein

2,50 €

Je Hauptgericht = 1 Gutschein
Gültig bis 31.12. 2008

Hotelführer
für Zwei- und Vierbeiner

Gutschein

2,50 €

Je Hauptgericht = 1 Gutschein
Gültig bis 31.12. 2008

Hotelführer
für Zwei- und Vierbeiner

Gutschein

2,50 €

Je Hauptgericht = 1 Gutschein
Gültig bis 31.12. 2008

Hotelführer
für Zwei- und Vierbeiner

Gutschein

2,50 €

Je Hauptgericht = 1 Gutschein
Gültig bis 31.12. 2008

Hotelführer
für Zwei- und Vierbeiner

Gutschein

2,50 €

Je Hauptgericht = 1 Gutschein
Gültig bis 31.12. 2008

Hotelführer
für Zwei- und Vierbeiner

Gutschein

2,50 €

Je Hauptgericht = 1 Gutschein
Gültig bis 31.12. 2008

Hotelführer
für Zwei- und Vierbeiner

Gutschein

2,50 €

Je Hauptgericht = 1 Gutschein
Gültig bis 31.12. 2008

Hotelführer
für Zwei- und Vierbeiner

Gutschein

2,50 €

Je Hauptgericht = 1 Gutschein
Gültig bis 31.12. 2008

Hotelführer
für Zwei- und Vierbeiner

Gutschein

2,50 €

Je Hauptgericht = 1 Gutschein
Gültig bis 31.12. 2008

Hotelführer
für Zwei- und Vierbeiner

Gutschein

2,50 €

Je Hauptgericht = 1 Gutschein
Gültig bis 31.12. 2008

Hotelführer
für Zwei- und Vierbeiner

Gutschein

2,50 €

Je Hauptgericht = 1 Gutschein
Gültig bis 31.12. 2008

Hotelführer
für Zwei- und Vierbeiner

Gutschein

2,50 €

Je Hauptgericht = 1 Gutschein
Gültig bis 31.12. 2008

Hotelführer
für Zwei- und Vierbeiner

Gutschein

2,50 €

Je Hauptgericht = 1 Gutschein
Gültig bis 31.12. 2008

Hotelführer
für Zwei- und Vierbeiner

Gutschein

2,50 €

Je Hauptgericht = 1 Gutschein
Gültig bis 31.12. 2008

Hotelführer
für Zwei- und Vierbeiner

Gutschein

2,50 €

Je Hauptgericht = 1 Gutschein
Gültig bis 31.12. 2008

Hotelführer
für Zwei- und Vierbeiner

Bitte bringen Sie Ihren „Hotelführer für Zwei- und Vierbeiner“ in das Restaurant mit, da der Gutschein nur vom Gastgeber oder Service-Personal aus dem Buch herausgetrennt werden darf.

Notizen